Strafgesetzbuch

für das

Deutsche Reich.

Text-Ausgabe

mit Anmerkungen und Beilagen zum Gebrauch in
Militärstrafsachen

von

Karl Hecker,
Königl. Pr. Justiz-Rath und Divisions-Auditeur.

Berlin.
Druck und Verlag von G. Reimer.
1878.

Vorrede.

Strafbare Handlungen der Militärpersonen, welche nicht militärische Verbrechen oder Vergehen sind, werden nach den allgemeinen Strafgesetzen beurtheilt. (§ 3 D. Mil. StGB.) Diejenigen Bestimmungen, welche nach den Vorschriften des Deutschen Strafgesetzbuches für Verbrechen und Vergehen allgemein gelten, finden auch auf militärische Verbrechen und Vergehen entsprechende Anwendung. § 2 a. a. O.) Ueberhaupt finden die allgemeinen (Strafgesetze auf Militärpersonen insoweit Anwendung, als nicht die Militärgesetze ein Anderes bestimmen. (§ 10 RStGB.)

Die Abweichungen, welche bei Anwendung der allgemeinen Strafgesetze auf Militärpersonen durch die Militärgesetze bedingt werden, sind so mannigfach, daß die in dem vorliegenden Werke versuchte Kommentirung des Strafgesetzbuches für das Deutsche Reich zum Gebrauch in Militärstrafsachen einem wirklichen Bedürfnisse entsprechen und nicht nur Militärjuristen und Offizieren, sondern auch Civiljuristen und gebildeten Laien willkommen sein dürfte. Der

Verfasser hat in demselben der Praxis des Preußischen General-Auditoriats bis in die neueste Zeit Rechnung getragen; in der Form hat er sich die mit Recht so beliebt gewordene Rüdorff'sche Textausgabe des Strafgesetzbuches für das Deutsche Reich zum Muster genommen.

Dem Werke sind als Beilagen das Militärstrafgesetzbuch für das Deutsche Reich und Aufschlüsse über „Militärpersonen" (Begriff und Gerichtsstand) beigefügt.

Breslau, den 26. August 1878.

K. H.

Inhalt.

Abkürzungen.

E. G. = Einführungs-Gesetz.
D. Mil. StGB. = Militärstrafgesetzbuch für das Deutsche Reich.
Cirk. Schr. = Cirkular-Schreiben.
Ob. Tr. = Ober-Tribunal.
K. A. u. Kr. Art. = Kriegs-Artikel.
RStGB., oder: StGB. f. d. D. R. = Strafgesetzbuch für das Deutsche Reich.
Pr. A. K. O. = Preußische Allerhöchste Kabinets-Ordre.
Pr. Gen. Aud., oder: Gen.-Aud. = Preußisches General-Auditoriat.
R. Mil. Ges. = Reichs-Militär-Gesetz.

Literatur.

Brauer = Handbuch des Militärstrafrechts von Dr. Brauer, (Erlangen) 1872.

Fleck = Preußische Straf-Gerichtsordnung rc. von Eduard Fleck, (Berlin) 1873.

Keller Erl. = Erläuterungen zu den Kriegs-Artikeln rc. von C. Keller, (Berlin) 1877.

Keller Erl. z. d. D. St. O. = Erläuterungen zu den Disziplinar-Strafordnungen für das Heer u. die Marine, von C. Keller (Berlin) 1877.

Koppmann = Das Militär-Strafgesetzbuch für das Deutsche Reich rc. Mit Kommentar herausgegeben von Clemens Koppmann (Nördlingen) 1875.

Mein Kommentar z. D. Mil. StGB. = Das Militär-Strafgesetzbuch für das Deutsche Reich rc. erläutert durch Karl Hecker, (Berlin G. Reimer) 1877.

Meyer = Lehrbuch des Deutschen Strafrechts v. Hugo Meyer, (Erlangen) 1877.

Oppenhoff = Das Strafgesetzbuch für das Deutsche Reich erläutert durch Dr. F. C. Oppenhoff, 6. Ausgabe, herausgegeben von Th. F. Oppenhoff (Berlin) 1877.

Rüdorff = Strafgesetzbuch für das Deutsche Reich, Text-Ausgabe mit Anmerkungen 9. Auflage von H. Rüdorff, (Berlin) 1878.

Schwarze = Kommentar zum Strafgesetzbuch für das Deutsche Reich von Dr. Friedrich Oskar von Schwarze, (Leipzig) 1873.

Solms = Strafrecht und Strafprozeß für das Deutsche Heer, erläutert v. Solms, (Berlin) 1873.

Weiffenbach = Das Militär-Strafgesetzbuch für das Deutsche Reich, erläutert von Julius Weiffenbach, (Kassel) 1873.

Einführungs=Gesetz.

Vom 31. Mai 1870.

(Nach den durch § 2 Al. 2 des Reichsges. v. 16. April 1871 erfolgten Aenderungen.)

§ 1. Das Strafgesetzbuch für das Deutsche Reich (den Norddeutschen Bund) tritt im ganzen Umfange des Bundesgebietes mit dem 1. Januar 1872 (1871) in Kraft.

§ 2. Mit diesem Tage tritt das Reichs= (Bundes=) und Landesstrafrecht, insoweit dasselbe Materien betrifft, welche Gegenstand des Strafgesetzbuchs für das Deutsche Reich (den Norddeutschen Bund) sind, außer Kraft.

In Kraft bleiben die besonderen Vorschriften des Reichs= (Bundes=) und Landesstrafrechts, namentlich über strafbare Verletzungen der Preßpolizei=, Post=, Steuer=, Zoll=, Fischerei=, Jagd=, Forst= und Feldpolizei=Gesetze, über Mißbrauch des Vereins= und Versammlungsrechts und über den Holz= (Forst=) Diebstahl.

Bis zum Erlasse eines Reichs=(Bundes=)gesetzes über den Konkurs bleiben ferner diejenigen Strafvorschriften in Kraft, welche rücksichtlich des Konkurses in Landesgesetzen enthalten sind, insoweit dieselben sich auf Handlungen beziehen, über welche das Strafgesetzbuch für das Deutsche Reich (den Norddeutschen Bund) nichts bestimmt.

Die am 10. Febr. 1877 erlassene, d. R. G. Bl. S. 351 verkündete R. Konkurs-Ordnung tritt erst gleichzeitig mit dem Gerichtsverfassungsgesetze vom 27. Januar 1877 in Kraft. (cf. E. G. zur R. Konk.-Ordnung § 1.)

§ 3. Wenn in Landesgesetzen auf strafrechtliche Vorschriften, welche durch das Strafgesetzbuch für das Deutsche Reich (den Norddeutschen Bund) außer Kraft gesetzt sind, verwiesen wird, so treten die entsprechenden Vorschriften des letzteren an die Stelle der ersteren.

§ 4. Bis zum Erlasse der in den Artikeln 61 und 68 der Verfassung des Deutschen Reichs (Norddeutschen Bundes) vorbehaltenen Reichs-(Bundes-)gesetze sind die in den §§ 81, 88, 90, 307, 311, 312, 315, 322, 323 und 324 des Strafgesetzbuchs für das Deutsche Reich (den Norddeutschen Bund) mit lebenslänglichem Zuchthaus bedrohten Verbrechen mit dem Tode zu bestrafen, wenn sie in einem Theile des Bundesgebietes, welchen der Kaiser (Bundesfeldherr) in Kriegszustand (Art. 68 der Verfassung) erklärt hat, oder während eines gegen das Deutsche Reich (den Norddeutschen Bund) ausgebrochenen Krieges auf dem Kriegsschauplatze begangen werden.

Die Reichsverfassung bestimmt in Art. 61, Abs. 2: „Nach gleichmäßiger Durchführung der Kriegsorganisation des Deutschen Heeres wird ein umfassendes Reichs-Militärgesetz dem Reichstage und dem Bundesrathe zur verfassungsmäßigen Beschlußfassung vorgelegt werden.“ in Art. 68: „Der Kaiser kann, wenn die öffentliche Sicherheit in dem Bundesgebiete bedroht ist, einen jeden Theil desselben in Kriegszustand erklären. Bis zum Erlaß eines die Voraussetzungen, die Form der Verkündigung und die Wirkungen einer solchen Erklärung regelnden Reichsgesetzes gelten dafür die Vorschriften des Preußischen Gesetzes vom 4. Juni 1851.“ (Pr. G. S. für

1851. S. 451 ff.) Für Bayern bestimmt das R. G. v. 22. April 1871 § 7 A. 2 abweichend:

„An Stelle der Vorschriften des § 4 des (gedachten) Einführungsgesetzes hat es für Bayern bis auf Weiteres bei den einschlägigen Bestimmungen des Militärstrafrechts, sowie bei den sonstigen gesetzlichen Vorschriften über das Standrecht sein Bewenden."

Das in Art. 61 vorbehaltene Reichs-Militär-Gesetz ist am 2. Mai 1874 ergangen, das in Art. 68 vorbehaltene Reichsgesetz jedoch noch nicht. § 4 ist mithin noch jetzt wirksam.

§ 5. In landesgesetzlichen Vorschriften über Materien, welche nicht Gegenstand des Strafgesetzbuchs für das Deutsche Reich (den Norddeutschen Bund) sind, darf nur Gefängniß bis zu zwei Jahren, Haft, Geldstrafe, Einziehung einzelner Gegenstände und die Entziehung öffentlicher Aemter angedroht werden.

§ 5 bezieht sich nur auf diejenigen Strafvorschriften, welche künftig im Wege der Landesgesetzgebung erlassen werden.

§ 6. Vom 1. Januar 1872 (1871) ab darf nur auf die im Strafgesetzbuche für das Deutsche Reich (den Norddeutschen Bund) enthaltenen Strafarten erkannt werden.

Wenn in Landesgesetzen anstatt der Gefängniß- oder Geldstrafe Forst- oder Gemeinde-Arbeit angedroht oder nachgelassen ist, so behält es hierbei sein Bewenden.

§ 7. Vom 1. Januar 1872 (1871) ab verjähren Zuwiderhandlungen gegen die Vorschriften über die Entrichtung der Branntweinsteuer, der Biersteuer und der Postgefälle in drei Jahren.

§ 8. Der Landesgesetzgebung bleibt vorbehalten, Uebergangsbestimmungen zu treffen, um die in Kraft bleibenden Landesstrafgesetze mit den Vorschriften des Strafgesetzbuchs für das Deutsche Reich (den Norddeutschen Bund) in Uebereinstimmung zu bringen.

Für Preußen sind derartige Uebergangsbestimmungen nicht getroffen. cf. aber: J. M. Verf. v. 28. Dec. 1870 (J. M. Bl. S. 380).

Gesetz

betreffend

die Abänderung von Bestimmungen des Strafgesetzbuchs für das Deutsche Reich vom 15. Mai 1871 und die Ergänzung desselben.

Vom 26. Februar 1876.

Gesetzeskraft mit dem 20. März 1876.
(dem 14. Tage nach der am 6. 3. 76 in Berlin erfolgten Ausgabe des R. G. Bl. cf. Art. 2 der Reichsverf.)

Wir Wilhelm, von Gottes Gnaden Deutscher Kaiser, König von Preußen ꝛc., verordnen im Namen des Deutschen Reichs, nach erfolgter Zustimmung des Bundesraths und des Reichstags, was folgt:

Artikel I. Die §§ 4, 55, 64, 70 Nr. 2 und 3, 88, 95, 102, 103, 104, 113, 114, 117, 130a, 135, 140, 144, 145, 176, 177, 178, 183, 194, 200, 208, 223, 228, 232, 240, 241, 247, 263, 275 Nr. 2, 292, 296, 303, 319 321, 360 Nr. 3, 4, 7 und 12, 361 Nr. 6, 363, 366 Nr. 3, 8, 9 und 10, 367 Nr. 5, 8 und 10, 369 und 370 des Strafgesetzbuchs in der durch die Gesetze vom 15. Mai 1871 und 10. December 1871 festgestellten Fassung werden durch nachstehende, den bisherigen Zifferzahlen entsprechende Bestimmungen ersetzt:

Diese Abänderungen sind in der vorliegenden Ausgabe bei den betreffenden §§ vorgenommen und die so abgeänderten §§ durch einen * vor der Nr. des § bezeichnet.

Artikel II. Hinter die §§ 49, 103, 223, 296, 353 und 366 des Strafgesetzbuchs werden die folgenden neuen §§ 49a, 103a, 223a, 296a, 353a und 366a, hinter die Nr. 8 des § 361 wird die neue Nr. 9 eingestellt.

Diese Zusätze sind in der vorliegenden Ausgabe an den betreffenden Stellen eingefügt und die neuen §§ durch einen * vor der Nummer des § bezeichnet.

Artikel III. Bei den Handlungen, welche vor dem Inkrafttreten dieses Gesetzes begangen sind, wird das Erforderniß des Antrages auf Verfolgung, sowie die Zulässigkeit der Zurücknahme nach den bisherigen Gesetzen beurtheilt.

Artikel IV. Wo in dem Strafgesetzbuche der Betrag einer Geldstrafe oder einer Buße in der Thalerwährung ausgedrückt ist, tritt der entsprechende Betrag in Reichswährung an die Stelle.

Artikel V. Der Reichskanzler wird ermächtigt, den Text des Strafgesetzbuchs, wie er sich aus den in den Artikeln I., II. und IV. festgestellten Aenderungen der Fassung ergiebt, unter Weglassung der §§ 287 und 337 durch das Reichsgesetzblatt bekannt zu machen.*)

Urkundlich unter Unserer Höchsteigenhändigen Unterschrift und beigedrucktem Kaiserlichen Insiegel.

Gegeben Berlin, den 26. Februar 1876.

(L. S.) **Wilhelm.**

Fürst v. Bismarck.

---

*) Diese Bekanntmachung ist am 26. 2. 76. erfolgt. (R. G. Bl. S. 39 ff.

Strafgesetzbuch
für das Deutsche Reich.
vom 15. Mai 1871.*)

(Nach den durch das Gesetz v. 26. Februar 1876 festgestellten Aenderungen.)

Einleitende Bestimmungen.

§ 1. Eine mit dem Tode, mit Zuchthaus oder mit Festungshaft von mehr als fünf Jahren bedrohte Handlung ist ein Verbrechen.

Eine mit Festungshaft bis zu fünf Jahren, mit Gefängniß oder mit Geldstrafe von mehr als einhundertfunfzig Mark bedrohte Handlung ist ein Vergehen.

Eine mit Haft oder mit Geldstrafe bis zu einhundertfunfzig Mark bedrohte Handlung ist eine Uebertretung.

cf. § 1 D. Mil. StGB.

§ 2. Eine Handlung kann nur dann mit einer Strafe belegt werden, wenn diese Strafe gesetzlich bestimmt war, bevor die Handlung begangen wurde.

Bei Verschiedenheit der Gesetze von der Zeit der begangenen Handlung bis zu deren Aburtheilung ist das mildeste Gesetz anzuwenden.

cf. § 2. D. Mil. StGB.

---

*) cf. Reichsges. v. 15. 5. 71 u. 10. 12. 71.

§ 3. Die Strafgesetze des Deutschen Reichs finden Anwendung auf alle im Gebiete desselben begangenen strafbaren Handlungen, auch wenn der Thäter ein Ausländer ist.

*§ 4. Wegen der im Auslande begangenen Verbrechen und Vergehen findet in der Regel keine Verfolgung statt.

Jedoch kann nach den Strafgesetzen des Deutschen Reichs verfolgt werden:

1) ein Deutscher oder ein Ausländer, welcher im Auslande eine hochverrätherische Handlung gegen das Deutsche Reich oder einen Bundesstaat, oder ein Münzverbrechen, oder als Beamter des Deutschen Reichs oder eines Bundesstaats eine Handlung begangen hat, die nach den Gesetzen des Deutschen Reichs als Verbrechen oder Vergehen im Amte anzusehen ist;
2) ein Deutscher, welcher im Auslande eine landesverrätherische Handlung gegen das Deutsche Reich oder einen Bundesstaat, oder eine Beleidigung gegen einen Bundesfürsten begangen hat;
3) ein Deutscher, welcher im Auslande eine Handlung begangen hat, die nach den Gesetzen des Deutschen Reichs als Verbrechen oder Vergehen anzusehen und durch die Gesetze des Orts, an welchem sie begangen wurde, mit Strafe bedroht ist.

Die Verfolgung ist auch zulässig, wenn der Thäter bei Begehung der Handlung noch nicht Deutscher war. In diesem Falle bedarf es jedoch eines Antrages der zuständigen Behörde des Landes, in welchem die strafbare Handlung begangen worden, und das ausländische Strafgesetz ist anzuwenden, soweit dieses milder ist.

§ 5. Im Falle des § 4 Nr. 3 bleibt die Verfolgung ausgeschlossen, wenn

1) von den Gerichten des Auslandes über die Handlung rechtskräftig erkannt und entweder eine Freisprechung erfolgt oder die ausgesprochene Strafe vollzogen,
2) die Strafverfolgung oder die Strafvollstreckung nach den Gesetzen des Auslandes verjährt oder die Strafe erlassen, oder
3) der nach den Gesetzen des Auslandes zur Verfolgbarkeit der Handlung erforderliche Antrag des Verletzten nicht gestellt worden ist.

Zu §§ 4 u. 5: Die §§ 4 u. 5 sind durch § 7 des D. Mil. StGB. wesentlich modifizirt. Derselbe lautet: Strafbare Handlungen, welche von Militärpersonen im Auslande, während sie dort bei den Truppen oder sonst in dienstlicher Stellung sich befinden, begangen werden, sind ebenso zu bestrafen, als wenn diese Handlungen von ihnen im Bundesgebiete begangen wären.

Damit ist der Grundsatz: „Der Soldat trägt sein Gesetzbuch mit sich" zum Ausdruck gebracht. (Motive.)

Unter „strafbaren Handlungen" sind in § 7 a. a. O. nur (bürgerliche und militärische) Verbrechen und Vergehen, nicht aber Uebertretungen zu verstehen. Es folgt dies aus den Motiven, welche sich deutlich dahin aussprechen, daß nur eine Aenderung der §§ 4 u. 5, nicht aber des § 6 des R. StGB. beabsichtigt worden sei. (cf. meinen Kommentar zum D. Mil. StGB. Anm. 2 zu § 7.)

§ 6. Im Auslande begangene Uebertretungen sind

nur dann zu bestrafen, wenn dies durch besondere Gesetze oder durch Verträge angeordnet ist.

Daß § 6 auch für Militärpersonen gilt, ist in der Anm. zu §§ 4 u. 5 ausgeführt.

§ 7. Eine im Auslande vollzogene Strafe ist, wenn wegen derselben Handlung im Gebiete des Deutschen Reichs abermals eine Verurtheilung erfolgt, auf die zu erkennende Strafe in Anrechnung zu bringen.

§ 8. Ausland im Sinne dieses Strafgesetzes ist jedes nicht zum Deutschen Reiche gehörige Gebiet.

§ 9. Ein Deutscher darf einer ausländischen Regierung zur Verfolgung oder Bestrafung nicht überliefert werden.

§ 10. Auf deutsche Militärpersonen finden die allgemeinen Strafgesetze des Reichs insoweit Anwendung, als nicht die Militärgesetze ein Anderes bestimmen.

1) Wegen des Begriffs: Militärpersonen und des Gerichtsstandes derselben siehe Beilage I.

2) Militärische Verbrechen und Vergehen (auch die militärisch qualifizirten) werden nach dem D. Mil. StGB. v. 20. Juni 1872, strafbare Handlungen der Militärpersonen welche nicht militärische Verbrechen oder Vergehen sind, nach den allgemeinen Strafgesetzen beurtheilt, soweit nicht die Militärgesetze Abweichungen enthalten. (cf. § 3 D. Mil. StGB.) Die allgemeinen Strafgesetze kommen auch zur Anwendung, wenn bei bürgerlichen Verbrechen oder Vergehen nach §§ 55, 115 D. Mil. StGB. eine Straferhöhung geboten ist, da dadurch das Verbrechen oder Vergehen kein militärisches wird. Nach § 2 D. Mil. StGB. finden diejenigen Bestimmungen, welche nach den Vorschriften des Deutschen Strafgesetzbuches in Beziehung auf Verbrechen und Vergehen allgemein gelten, auch auf militärische Verbrechen und Vergehen entsprechende Anwendung. Ausnahmen von dieser Regel enthalten u. A. die §§ 7, 14, 15, 17, 29, 46, 47, 49—55, 57—60, 78, 81, 82, 83, 112, 127 ꝛc.

D. Mil. StGB. Das Strafensystem des D. Mil. StGB. ist im Wesentlichen auf das Strafensystem des Strafgesetzbuchs für das Deutsche Reich basirt. Es kommen daher auch gegen Militärpersonen wegen bürgerlicher Delikte — mit der in § 29 D. Mil. StGB. hinsichtlich der Geldstrafe getroffenen Beschränkung — die Strafarten des Reichsstrafgesetzbuches mit den festgesetzten Strafgrenzen zur Anwendung, nur sind hinsichtlich der Strafvollstreckung einige unbedeutende Abweichungen im militärischen Dienstinteresse für nothwendig erachtet worden. (cf. § 15 a. a. O.) Eine Umwandlung in Arrest (die einzige spezifisch militärische Strafart) findet nicht mehr statt. — Wegen der bei gemeinen Verbrechen und Vergehen zulässigen resp. gebotenen militärischen Nebenstrafen cf. §§ 31, 34, 37, 40 u. 42 D. Mil. StGB.

§ 11. Kein Mitglied eines Landtages oder einer Kammer eines zum Reiche gehörigen Staates darf außerhalb der Versammlung, zu welcher das Mitglied gehört, wegen seiner Abstimmung oder wegen der in Ausübung seines Berufes gethanen Aeußerung zur Verantwortung gezogen werden.

§ 12. Wahrheitsgetreue Berichte über Verhandlungen eines Landtages oder einer Kammer eines zum Reiche gehörigen Staates bleiben von jeder Verantwortlichkeit frei.

Erster Theil.

Von der Bestrafung der Verbrechen, Vergehen und Uebertretungen im Allgemeinen.

Erster Abschnitt.

Strafen.

§ 13. Die Todesstrafe ist durch Enthauptung zu vollstrecken.

§ 13 wird durch das D. Mil. StGB. (§§ 14, 45) insofern modifizirt, als an Militärpersonen die Todesstrafe durch Erschießen vollstreckt werden soll, wenn sie wegen eines militärischen Verbrechens, im Felde auch dann, wenn sie wegen eines nicht militärischen Verbrechens erkannt worden ist.

§ 14. Die Zuchthausstrafe ist eine lebenslängliche oder eine zeitige.

Der Höchstbetrag der zeitigen Zuchthausstrafe ist funfzehn Jahre, ihr Mindestbetrag Ein Jahr.

Wo das Gesetz die Zuchthausstrafe nicht ausdrücklich als eine lebenslängliche androht, ist dieselbe eine zeitige.

cf. § 19. — Auch das D. Mil. StGB. droht für verschiedene militärische Verbrechen Zuchthausstrafe an. Für diese gilt die Vorschrift des § 14 auch. (cf. § 2 D. Mil. StGB.)

§ 15. Die zur Zuchthausstrafe Verurtheilten sind in der Strafanstalt zu den eingeführten Arbeiten anzuhalten.

Sie können auch zu Arbeiten außerhalb der Anstalt, insbesondere zu öffentlichen oder von einer Staatsbehörde beaufsichtigten Arbeiten verwendet werden. Diese Art der Beschäftigung ist nur dann zulässig, wenn die Gefangenen dabei von anderen freien Arbeitern getrennt gehalten werden.

cf. § 2 D. Mil. StGB. An den zu Zuchthausstrafe verurtheilten Militärpersonen (gegen welche nach § 31 D. Mil. StGB. stets auf Entfernung aus dem Heere rc. zu erkennen ist) wird die Strafe durch die bürgerlichen Behörden vollstreckt, mag die Zuchthausstrafe wegen eines militärischen oder bürgerlichen Verbrechens erkannt sein. (§ 15 Abs. 3 D. Mil. StGB.)

§ 16. Der Höchstbetrag der Gefängnißstrafe ist fünf Jahre, ihr Mindestbetrag Ein Tag.

cf. § 74 Abs. 3. — § 16 Abs. 1 findet auf gemeine Vergehen

der Militärpersonen gleichfalls Anwendung, nicht aber auf militärische, zu welchen auch die militärisch qualifizirten gehören. Die für militärische Vergehen verwirkte Gefängnißstrafe beginnt mit 6 Wochen 1 Tage (da wo die Arreststrafen aufhören) und erstreckt sich bis zur Dauer von 15 Jahren. (cf. §§ 16, 17 D. Mil. StGB.)

Die zur Gefängnißstrafe Verurtheilten können in einer Gefangenanstalt auf eine ihren Fähigkeiten und Verhältnissen angemessene Weise beschäftigt werden; auf ihr Verlangen sind sie in dieser Weise zu beschäftigen.

Eine Beschäftigung außerhalb der Anstalt (§ 15) ist nur mit ihrer Zustimmung zulässig.

§ 16 (Abs. 2 u. 3) ist durch § 15 D. Mil. StGB. insofern modifizirt, als Militärpersonen, welche Gefängniß verwirken — gleichviel ob wegen militärischer oder bürgerlicher Vergehen — zu militärischen Zwecken und unter militärischer Aufsicht beschäftigt werden und Unteroffiziere und Gemeine auch ohne ihre Zustimmung außerhalb der Anstalt beschäftigt werden können. Durch diese Bestimmung ist die Beibehaltung der alten Preußischen Militär-Straf-Abtheilungen auf den Festungen (unter dem Namen Festungs-Gefängniß) ermöglicht worden, wenn auch nicht mehr auf Festungsstrafe sondern auf Gefängniß erkannt wird.

§ 17. Die Festungshaft ist eine lebenslängliche oder eine zeitige.

Der Höchstbetrag der zeitigen Festungshaft ist funfzehn Jahre, ihr Mindestbetrag ein Tag.

Abs. 2 gilt auch für Militärpersonen wenn sie wegen eines bürgerlichen Vergehens Festungshaft verwirken. (cf. § 10.) Die wegen eines militärischen Vergehens verwirkte Festungshaft beginnt mit sechs Wochen 1 Tage (da wo die Arreststrafen aufhören) erstreckt sich aber auch bis zu 15 Jahren (cf. §§ 16, 17 D. Mil. StGB.)

Wo das Gesetz die Festungshaft nicht ausdrücklich als eine lebenslängliche androht, ist dieselbe eine zeitige.

Die Strafe der Festungshaft besteht in Freiheitsentziehung mit Beaufsichtigung der Beschäftigung und Lebensweise der Gefangenen; sie wird in Festungen oder in anderen dazu bestimmten Räumen vollzogen.

cf. § 2 D. Mil. StGB. — „Die Beschäftigung der Festungsstubengefangenen auf eine ihren Fähigkeiten und Verhältnissen entsprechende Weise ist zu fördern; ein Zwang darf jedoch hierbei nicht ausgeübt werden." (Pr. Str. V. Rgl. § 158.)

§ 18. Der Höchstbetrag der Haft ist sechs Wochen, ihr Mindestbetrag Ein Tag.

Das D. Mil. StGB. droht für militärische Delikte Haft nicht an, es ist daher gegen Militärpersonen nur wegen Uebertretungen des gemeinen Strafrechts auf Haft zu erkennen. (cf. § 10.)

Die Strafe der Haft besteht in einfacher Freiheitsentziehung.

Dieselbe wird an Offizieren, Mitgliedern des Sanitätskorps und oberen Militärbeamten in einem Festungsgefängniß, an den übrigen Militärpersonen in den für den gelinden Arrest bestimmten Zellen vollstreckt. Eine Verkürzung der Gehaltskompetenzen wie bei der Gefängnißstrafe findet nicht statt. (Pr. Straf-Vollstr. Regl. § 15 u. Kriegsmin. Erl. v. 1. 9. 74 A. V. B. Nr. 171.)

§ 19. Bei Freiheitsstrafen wird der Tag zu vierundzwanzig Stunden, die Woche zu sieben Tagen, der Monat und das Jahr nach der Kalenderzeit gerechnet.

Die Dauer einer Zuchthausstrafe darf nur nach vollen Monaten, die Dauer einer anderen Freiheitsstrafe nur nach vollen Tagen bemessen werden.

cf. § 2 D. Mil. StGB. Bei der nach §§ 74 R. StGB. 54

D. Mil. StGB. gebotenen Erhöhung der Einsatzstrafe kann die Dauer der Zuchthausstrafe auch nach Tagen bemessen werden. cf. Oppenhoff Anm. 3 zu § 19. cf. ferner Einführ.-Ges. für Bayern Art. 39, 40.

§ 20. Wo das Gesetz die Wahl zwischen Zuchthaus- und Festungshaft gestattet, darf auf Zuchthaus nur dann erkannt werden, wenn festgestellt wird, daß die strafbar befundene Handlung aus einer ehrlosen Gesinnung entsprungen ist.

cf. §§ 2, 62 D. Mil. StGB. §§ 82—86, 88, 89, 94, 96, 98, 100, 105, 106 RStG.

§ 21. Achtmonatliche Zuchthausstrafe ist einer einjährigen Gefängnißstrafe, achtmonatliche Gefängnißstrafe einer einjährigen Festungshaft gleich zu achten.

cf. § 2 D. Mil. StGB. aber auch § 17 Abs. 2 a. a. O. demzufolge die wegen militärischer Verbrechen verwirkte Zuchthausstrafe, wenn dieselbe (in den Fällen der §§ 88, 98 D. Mil. StGB. und bei Versuch und Theilnahme an militärischen Verbrechen) auf eine kürzere als einjährige Dauer zu ermäßigen ist, nicht obiges Geltungsverhältniß Platz greifen, sondern an Stelle der Zuchthausstrafe Gefängniß von gleicher Dauer treten soll.

Ein Geltungsverhältniß zwischen Gefängniß resp. Festungshaft und den Arreststrafen existirt nicht. Es muß daher das Ermessen des Richters entscheiden. Man greift (nach Keller S. 101) am Wenigsten fehl, wenn man die Festungshaft dem Stuben- oder gelinden Arrest, Gefängniß dem mittleren sowohl wie dem strengen Arrest gleichstellt. (Näh. i. mein. Komm. z. D. Mil. StGB. S. 100.)

§ 22. Die Zuchthaus- und Gefängnißstrafe können sowohl für die ganze Dauer, wie für einen Theil der erkannten Strafzeit in der Weise in Einzelhaft vollzogen werden, daß der Gefangene unausgesetzt von anderen Gefangenen gesondert gehalten wird.

Die Einzelhaft darf ohne Zustimmung des Gefangenen die Dauer von drei Jahren nicht übersteigen.

cf. § 2 D. Mil. StGB.

§ 23. Die zu einer längeren Zuchthaus- oder Gefängnißstrafe Verurtheilten können, wenn sie drei Viertheile, mindestens aber ein Jahr der ihnen auferlegten Strafe verbüßt, sich auch während dieser Zeit gut geführt haben, mit ihrer Zustimmung vorläufig entlassen werden.

cf. § 2 D. Mil. StGB.

§ 24. Die vorläufige Entlassung kann bei schlechter Führung des Entlassenen oder, wenn derselbe den ihm bei der Entlassung auferlegten Verpflichtungen zuwiderhandelt, jederzeit widerrufen werden.

Der Widerruf hat die Wirkung, daß die seit der vorläufigen Entlassung bis zur Wiedereinlieferung verflossene Zeit auf die festgesetzte Strafdauer nicht angerechnet wird.

cf. § 2 D. Mil. StGB.

§ 25. Der Beschluß über die vorläufige Entlassung, sowie über einen Widerruf ergeht von der obersten Justiz-Aufsichtsbehörde. Vor dem Beschluß über die Entlassung ist die Gefängnißverwaltung zu hören.

Die einstweilige Festnahme vorläufig Entlassener kann aus dringenden Gründen des öffentlichen Wohls von der Polizeibehörde des Orts, an welchem der Entlassene sich aufhält, verfügt werden. Der Beschluß über den endgültigen Widerruf ist sofort nachzusuchen.

Führt die einstweilige Festnahme zu einem Widerrufe, so gilt dieser als am Tage der Festnahme erfolgt.

§ 26. Ist die festgesetzte Strafzeit abgelaufen, ohne

daß ein Widerruf der vorläufigen Entlassung erfolgt ist, so gilt die Freiheitsstrafe als verbüßt.

cf. § 2 D. Mil. StGB.

§ 27. Der Mindestbetrag der Geldstrafe ist bei Verbrechen und Vergehen drei Mark, bei Uebertretungen eine Mark.

§ 28. Eine nicht beizutreibende Geldstrafe ist in Gefängniß und, wenn sie wegen einer Uebertretung erkannt worden ist, in Haft umzuwandeln.

Ist bei einem Vergehen Geldstrafe allein oder an erster Stelle, oder wahlweise neben Haft angedroht, so kann die Geldstrafe in Haft umgewandelt werden, wenn die erkannte Strafe nicht den Betrag von sechshundert Mark und die an ihre Stelle tretende Freiheitsstrafe nicht die Dauer von sechs Wochen übersteigt.

War neben der Geldstrafe auf Zuchthaus erkannt, so ist die an deren Stelle tretende Gefängnißstrafe nach Maßgabe des § 21 in Zuchthausstrafe umzuwandeln.

Der Verurtheilte kann sich durch Erlegung des Strafbetrages, soweit dieser durch die erstandene Freiheitsstrafe noch nicht getilgt ist, von der letzteren freimachen.

§ 29. Bei Umwandlung einer wegen eines Verbrechens oder Vergehens erkannten Geldstrafe ist der Betrag von drei bis zu funfzehn Mark, bei Umwandlung einer wegen einer Uebertretung erkannten Geldstrafe der Betrag von einer bis zu funfzehn Mark einer eintägigen Freiheitsstrafe gleich zu achten.

Der Mindestbetrag der an Stelle einer Geldstrafe tretenden Freiheitsstrafe ist ein Tag, ihr Höchstbetrag bei

Haft sechs Wochen, bei Gefängniß ein Jahr. Wenn jedoch eine neben der Geldstrafe wahlweise angedrohte Freiheitsstrafe ihrer Dauer nach den vorgedachten Höchstbetrag nicht erreicht, so darf die an Stelle der Geldstrafe tretende Freiheitsstrafe den angedrohten Höchstbetrag jener Freiheitsstrafe nicht übersteigen.

cf. § 78 Abs. 2 RStGB.

§ 30. In den Nachlaß kann eine Geldstrafe nur dann vollstreckt werden, wenn das Urtheil bei Lebzeiten des Verurtheilten rechtskräftig geworden war.

Zu §§ 27—30. Die Militärstrafgesetze kennen, abgesehen von den Strafvorschriften gegen abwesende Deserteure keine Vergehen, welche mit Geldstrafe bedroht sind. Letztere kann daher nur wegen bürgerlicher Delikte unter der im § 29 D. Mil. StGB. enthaltenen Beschränkung erkannt werden.

§ 31. Die Verurtheilung zur Zuchthausstrafe hat die dauernde Unfähigkeit zum Dienste in dem Deutschen Heere und der Kaiserlichen Marine, sowie die dauernde Unfähigkeit zur Bekleidung öffentlicher Aemter von Rechts wegen zur Folge.

Unter öffentlichen Aemtern im Sinne dieses Strafgesetzes sind die Advokatur, die Anwaltschaft und das Notariat, sowie der Geschworenen- und Schöffendienst mitbegriffen.

Neben Zuchthaus muß gegen Militärpersonen, mag die Strafe wegen bürgerlicher oder militärischer Verbrechen verwirkt sein, (auch gegen Offiziere), stets auf Entfernung aus dem Heer erkannt werden. (§ 31 D. Mil. StGB.)

Diese Entfernung tritt von Rechts wegen ein, wenn gegen eine Person des Beurlaubtenstandes während der Beurlaubung (also vom Civilgericht) auf Zuchthaus erkannt ist (§ 42 D. Mil. StGB.)

§ 32. Neben der Todesstrafe und der Zuchthausstrafe kann auf den Verlust der bürgerlichen Ehrenrechte erkannt werden, neben der Gefängnißstrafe nur, wenn die Dauer der erkannten Strafe drei Monate erreicht und entweder das Gesetz den Verlust der bürgerlichen Ehrenrechte ausdrücklich zuläßt oder die Gefängnißstrafe wegen Annahme mildernder Umstände an Stelle von Zuchthausstrafe ausgesprochen wird.

Die Dauer dieses Verlustes beträgt bei zeitiger Zuchthausstrafe mindestens zwei und höchstens zehn Jahre, bei Gefängnißstrafe mindestens ein Jahr und höchstens fünf Jahre.

1) § 32 gilt auch für militärische Verbrechen und Vergehen, welche mit Todesstrafe, Zuchthaus und Gefängnißstrafe bedroht sind. (§ 2 D. Mil. StGB.) Das D. Mil. StGB. kennt nur „minder schwere" (d. h. objektiv nicht auch subjektiv leichtere) Fälle, nicht aber „mildernde Umstände"; da letztere aber sowohl die objektiv als auch die subjektiv leichteren umfassen (cf. Näheres in meinem Kommentar z. D. Mil. StGB. Anm. 11 zu § 58) so ist es unbedenklich, daß auch neben der wegen Annahme minder schwerer Fälle an Stelle der Zuchthausstrafe tretenden Gefängnißstrafe Ehrverlust zulässig ist, wenn die Gefängnißstrafe (bei Gesammt-Gefängniß eine Einzelstrafe) mindestens drei Monate beträgt.

Wegen der speziellen meist ausdrücklich zu erkennenden Folgen des Ehrverlustes für Militärpersonen cf. Anm. zu §§ 33, 34. Bürgerliche Ehrenstrafen sind ferner neben Freiheitsstrafen angedroht in den §§ 35 u. 38 RStGB.

2) Außer den bürgerlichen Ehrenstrafen (cf. §§ 32, 35, 38) sind neben Zuchthaus, Gefängniß und Festungshaft auch militärische Ehrenstrafen zulässig resp. geboten.

a) neben Zuchthaus: Entfernung aus dem Heer oder der Marine (auch gegen Offiziere) stets geboten und ausdrücklich auszusprechen § 31 D. Mil. StGB.

Die Entfernung tritt von Rechts wegen ein, wenn gegen eine Person des Beurlaubtenstandes während der Beurlaubung (also vom Civilgericht) auf Zuchthaus erkannt ist, § 42 D. Mil. StGB.

b) neben Gefängniß:

α) Entfernung aus dem Heer oder der Marine zulässig, wenn die Gefängnißstrafe (beim Zusammentreffen mehrerer strafbarer Handlungen eine Einzelstrafe) die Dauer von 5 Jahren übersteigt. (§ 31 Abs. 3 D. Mil. StGB. Cirk. des Pr. Gen. Aud. v. 19. 10. 77.)

β) Degradation und Dienstentlassung geboten, wenn die Gefängnißstrafe (ev. eine Einzelstrafe) mehr als ein Jahr beträgt und zulässig bei kürzerer aber mehr als sechswöchentlicher Dauer (§§ 34, 40 D. Mil. StGB. u. Keller Kriegs-Art. S. 14.) Gegen Pr. Landgendarmen ist neben Degradation gleichzeitig auf Entlassung aus der Gendarmerie zu erkennen (cf. § 48 Pr. Mil. StGB. vom 3. April 1845 u. § 2 Abs. 2 E. G. z. D. Mil. StGB. Wegen gebotener Dienstentlassung cf. ferner Anm. zu § 35.

γ) Amtsverlust zulässig bei Gefängniß (ev. einer Einzelstrafe) von längerer als einjähriger Dauer.

c) neben Festungshaft: Dienstentlassung und Amtsverlust zulässig, wenn die Festungshaft (ev. eine Einzelstrafe) mehr als ein Jahr beträgt. (§ 34 D. Mil. StGB. Keller Erl. zu den Kriegs-Art. S. 14.)

§ 33. Die Aberkennung der bürgerlichen Ehrenrechte bewirkt den dauernden Verlust der aus öffentlichen Wahlen für den Verurtheilten hervorgegangenen Rechte, ingleichen den dauernden Verlust der öffentlichen Aemter, Würden, Titel, Orden und Ehrenzeichen.

§ 34. Die Aberkennung der bürgerlichen Ehrenrechte

bewirkt ferner die Unfähigkeit, während der im Urtheile bestimmten Zeit

1) die Landeskokarde zu tragen;
2) in das Deutsche Heer oder in die Kaiserliche Marine einzutreten;
3) öffentliche Aemter, Würden, Titel, Orden und Ehrenzeichen zu erlangen;
4) in öffentlichen Angelegenheiten zu stimmen, zu wählen oder gewählt zu werden oder andere politische Rechte auszuüben;
5) Zeuge bei Aufnahme von Urkunden zu sein;
6) Vormund, Nebenvormund, Kurator, gerichtlicher Beistand oder Mitglied eines Familienraths zu sein, es sei denn, daß es sich um Verwandte absteigender Linie handele und die obervormundschaftliche Behörde oder der Familienrath die Genehmigung ertheile.

Zu §§ 33, 34. Gegen Offiziere muß neben dem Verlust der bürgerlichen Ehrenrechte stets auf Entfernung aus dem Heer od. d. Marine erkannt werden; gegen Gemeine und Unteroffiziere gleichfalls wenn die Dauer des Verlustes drei Jahre übersteigt. Bei Ehrverlust bis zu drei Jahren muß Versetzung in die 2. Klasse und gegen Unteroffiziere außerdem die Degradation (gegen Pr. Landgendarmen auch Entlassung aus der Gendarmerie) ausgesprochen werden, gegen Militärbeamte (im Felde) ist statt auf Versetzung in die 2. Klasse auf Amtsverlust zu erkennen. (cf. §§ 31, 37 Abs. 1, 153 D. Mil. StGB. 48 Pr. Mil. StGB. 2 E. G. z. D. Mil. StGB.)

Amtsverlust tritt bei Verhängung von Ehrverlust gegen Militärbeamte von Rechts wegen ein (§ 33 RStGB.)

Wird gegen eine Person des Beurlaubtenstandes während der Beurlaubung (also von einem Civilgericht) auf Verlust der bürgerlichen Ehrenrechte erkannt, so treten obige Folgen (ohne daß es eines Nachtragsverfahrens bedürfte) von Rechts wegen ein (§ 42 a. a. O.)

§ 35. Neben einer Gefängnißstrafe, mit welcher die Aberkennung der bürgerlichen Ehrenrechte überhaupt hätte verbunden werden können, kann auf die Unfähigkeit zur Bekleidung öffentlicher Aemter auf die Dauer von einem bis zu fünf Jahren erkannt werden.

Die Aberkennung der Fähigkeit zur Bekleidung öffentlicher Aemter hat den dauernden Verlust der bekleideten Aemter von Rechts wegen zur Folge.

Neben der Aberkennung der Fähigkeit rc. (§§ 35, 128, 129, 358) muß auf Dienstentlassung erkannt werden. (§ 34 Abs. 1 Nr. 1 D. Mil. StGB.)

§ 36. Die Wirkung der Aberkennung der bürgerlichen Ehrenrechte überhaupt, sowie der Fähigkeit zur Bekleidung öffentlicher Aemter insbesondere, tritt mit der Rechtskraft des Urtheils ein; die Zeitdauer wird von dem Tage berechnet, an dem die Freiheitsstrafe, neben welcher jene Aberkennung ausgesprochen wurde, verbüßt, verjährt oder erlassen ist.

cf. § 2 D. Mil. StGB. u. 43 ib.

§ 37. Ist ein Deutscher im Auslande wegen eines Verbrechens oder Vergehens bestraft worden, welches nach den Gesetzen des Deutschen Reichs den Verlust der bürgerlichen Ehrenrechte überhaupt oder einzelner bürgerlichen Ehrenrechte zur Folge hat oder zur Folge haben kann, so ist ein neues Strafverfahren zulässig, um gegen den in diesem Verfahren für schuldig Erklärten auf jene Folge zu erkennen.

§ 38. Neben einer Freiheitsstrafe kann in den durch das Gesetz vorgesehenen Fällen auf die Zulässigkeit von Polizei-Aufsicht erkannt werden.

Dies findet — da das D. Mil. StGB. Polizei-Aufsicht nicht

androht — nur auf bürgerliche Delikte der Militärpersonen Anwendung. Wegen Zulässigkeit von Polizei-Aufsicht im Falle des § 138 Abs. 2 D. Mil. StGB. cf. Anm. zu § 248 RStGB.

Die höhere Landespolizeibehörde erhält durch ein solches Erkenntniß die Befugniß, nach Anhörung der Gefängniß-Verwaltung den Verurtheilten auf die Zeit von höchstens fünf Jahren unter Polizei-Aufsicht zu stellen.

Diese Zeit wird von dem Tage berechnet, an welchem die Freiheitsstrafe verbüßt, verjährt oder erlassen ist.

§ 39. Die Polizei-Aufsicht hat folgende Wirkungen:

1) dem Verurtheilten kann der Aufenthalt an einzelnen bestimmten Orten von der höheren Landespolizeibehörde untersagt werden;
2) die höhere Landespolizeibehörde ist befugt, den Ausländer aus dem Bundesgebiete zu verweisen;
3) Haussuchungen unterliegen keiner Beschränkung hinsichtlich der Zeit, zu welcher sie stattfinden dürfen.

§ 40. Gegenstände, welche durch ein vorsätzliches Verbrechen oder Vergehen hervorgebracht, oder welche zur Begehung eines vorsätzlichen Verbrechens oder Vergehens gebraucht oder bestimmt sind, können, sofern sie dem Thäter oder einem Theilnehmer gehören, eingezogen werden.

Die Einziehung ist im Urtheile auszusprechen.

cf. § 2 D. Mil. StGB. u. 140 ib.

Geboten ist die Einziehung in den Fällen der §§ 152, 295, 369 Nr. 2 RStGB., zulässig im Fall des § 140 D. Mil. StGB. cf. sonst noch §§ 360, 367 RStGB.

§ 41. Wenn der Inhalt einer Schrift, Abbildung oder Darstellung strafbar ist, so ist im Urtheile auszusprechen, daß alle Exemplare, sowie die zu ihrer Herstellung bestimmten Platten und Formen unbrauchbar zu machen sind.

Diese Vorschrift bezieht sich jedoch nur auf die im Besitze des Verfassers, Druckers, Herausgebers, Verlegers oder Buchhändlers befindlichen und auf die öffentlich ausgelegten oder öffentlich angebotenen Exemplare.

Ist nur ein Theil der Schrift, Abbildung oder Darstellung strafbar, so ist, insofern eine Ausscheidung möglich ist, auszusprechen, daß nur die strafbaren Stellen und derjenige Theil der Platten und Formen, auf welchem sich diese Stellen befinden, unbrauchbar zu machen sind.

cf. § 2 D. Mil. StGB.

§ 42. Ist in den Fällen der §§ 40 und 41 die Verfolgung oder die Verurtheilung einer bestimmten Person nicht ausführbar, so können die daselbst vorgeschriebenen Maßnahmen selbstständig erkannt werden.

cf. § 2 D. Mil. StGB.

Zweiter Abschnitt.

Versuch.

§ 43. Wer den Entschluß, ein Verbrechen oder Vergehen zu verüben durch Handlungen, welche einen Anfang der Ausführung dieses Verbrechens oder Vergehens enthalten, bethätigt hat, ist, wenn das beabsichtigte Verbrechen oder Vergehen nicht zur Vollendung gekommen ist, wegen Versuches zu bestrafen.

Der Versuch eines Vergehens wird jedoch nur in den Fällen bestraft, in welchen das Gesetz dies ausdrücklich bestimmt.

1) Der Versuch einer Uebertretung ist nicht strafbar.

2) §§ 43ff. gelten auch für militärische Verbrechen und Vergehen (§ 2 D. Mil. StGB.). Demzufolge ist bei Vergehen der Versuch strafbar in den Fällen

a) der §§ 107, 120, 141, 148, 160, 169, 240, 242, 246, 253, 263, 289, 303—305, 339, 350, 352 RStGB.

b) der §§ 70, 78, 81, 117 D. Mil. StGB.

§ 44. Das versuchte Verbrechen oder Vergehen ist milder zu bestrafen, als das vollendete.

Ist das vollendete Verbrechen mit dem Tode oder mit lebenslänglichem Zuchthaus bedroht, so tritt Zuchthausstrafe nicht unter drei Jahren ein, neben welcher auf Zulässigkeit von Polizei-Aufsicht erkannt werden kann.

Ist das vollendete Verbrechen mit lebenslänglicher Festungshaft bedroht, so tritt Festungshaft nicht unter drei Jahren ein.

In den übrigen Fällen kann die Strafe bis auf ein Viertheil des Mindestbetrages der auf das vollendete Verbrechen oder Vergehen angedrohten Freiheits- und Geldstrafe ermäßigt werden. Ist hiernach Zuchthausstrafe unter einem Jahr verwirkt, so ist dieselbe nach Maßgabe des § 21 in Gefängniß zu verwandeln.

cf. § 2 D. Mil. StGB., aber auch (wegen Umwandlung von Zuchthaus in Gefängniß) § 17 ib. ferner Anm. zu § 21 RStGB.

§ 45. Wenn neben der Strafe des vollendeten Verbrechens oder Vergehens die Aberkennung der bürgerlichen Ehrenrechte zulässig oder geboten ist, oder auf Zulässigkeit von Polizei-Aufsicht erkannt werden kann, so gilt Gleiches bei der Versuchsstrafe.

cf. § 2 D. Mil. StGB. aber auch § 46 a. a. O. demzufolge

militärische Ehrenstrafen (§ 30 a. a. O.) auch wenn sie bei dem vollendeten militärischen oder bürgerlichen Verbrechen oder Vergehen geboten, neben der Versuchsstrafe nur zulässig sind. Diejenigen Folgen, welche das Gesetz von selbst an eine Verurtheilung knüpft, z. B. die nach § 31 D. Mil. StGB. an die Verurtheilung zu Zuchthausstrafe geknüpfte Entfernung aus dem Heer, treten auch selbstverständlich dann ein, wenn die Verurtheilung wegen Versuchs erfolgt ist.

§ 46. Der Versuch als solcher bleibt straflos, wenn der Thäter

1) die Ausführung der beabsichtigten Handlung aufgegeben hat, ohne daß er an dieser Ausführung durch Umstände gehindert worden ist, welche von seinem Willen unabhängig waren, oder
2) zu einer Zeit, zu welcher die Handlung noch nicht entdeckt war, den Eintritt des zur Vollendung des Verbrechens oder Vergehens gehörigen Erfolges durch eigene Thätigkeit abgewendet hat.

cf. § 2 D. Mil. StGB.

Dritter Abschnitt.

Theilnahme.

§ 47. Wenn Mehrere eine strafbare Handlung gemeinschaftlich ausführen, so wird Jeder als Thäter bestraft.

§ 47 gilt auch für Militärpersonen und zwar nicht nur für bürgerliche sondern auch für militärische Delikte (§ 2 D. Mil. StGB.) soweit er nicht durch § 47 D. Mil. StGB. modifizirt wird. Näheres darüber in d. Anm. zu § 48.

Vorgesetzte welche gemeinschaftlich mit Untergebenen eine strafbare Handlung d. h. hier ein militärisches oder bürgerliches Verbrechen oder Vergehen ausführen oder sich sonst daran betheiligen sind mit erhöhter Strafe zu belegen (§ 55 Nr. 1, 53 D. Mil. StGB.)

§ 48. Als Anstifter wird bestraft, wer einen Anderen zu der von demselben begangenen strafbaren Handlung durch Geschenke oder Versprechen, durch Drohung, durch Mißbrauch des Ansehens oder der Gewalt, durch absichtliche Herbeiführung oder Beförderung eines Irrthums oder durch andere Mittel vorsätzlich bestimmt hat.

Die Strafe des Anstifters ist nach demjenigen Gesetze festzusetzen, welches auf die Handlung Anwendung findet, zu welcher er wissentlich angestiftet hat.

cf. § 2 D. Mil. StGB. aber auch § 47 a. a. O.

Der Vorgesetzte, welcher durch Mißbrauch der Dienstgewalt (ohne Ertheilung von Befehlen) den Untergebenen zu einem militärischen oder bürgerlichen Verbrechen oder Vergehen anstiftet, wird (als Anstifter) mit erhöhter Strafe belegt. (§ 115 D. Mil. StGB. [§ 116 a. a. O. bedroht auch die erfolglose Anstiftung zu strafbaren Handlungen mit Strafe]). Beruht die Anstiftung auf Befehlen des Vorgesetzten und betraf der Befehl keine Dienstangelegenheit, so greift das eben Gesagte gleichfalls Platz. Handelt es sich aber um einen Befehl in Dienstsachen, so ist zunächst bei Uebertretungen der Vorgesetzte stets allein verantwortlich, also als Thäter (nicht als Anstifter) nach § 115 D. Mil. StGB. mit erhöhter Strafe zu belegen. Bei Verbrechen oder Vergehen ist er gleichfalls Thäter (allein verantwortlich) wenn der Untergebene nur nicht die Grenzen des Befehls überschritten hat, und wenn ihm nicht bekannt gewesen, daß der Befehl des Vorgesetzten eine Handlung betraf, welche ein bürgerliches oder militärisches Verbrechen oder Vergehen bezweckt, (wobei auf den schlichten Verstand des zum Gehorsam erzogenen Soldaten gebührende Rücksicht zu nehmen sein wird.) Er wird aber als Anstifter mit erhöhter Strafe belegt wenn der Untergebene die

Grenzen des Befehls überschritten oder wenn ihm der strafbare Zweck des Befehls bekannt gewesen. Der Untergebene ist in diesem Falle Theilnehmer. Näheres in meinem Kommentar z. D. Mil. StGB. Anm. zu § 47.

§ 49. Als Gehülfe wird bestraft, wer dem Thäter zur Begehung des Verbrechens oder Vergehens durch Rath oder That wissentlich Hülfe geleistet hat.

Die Beihülfe zu einer Uebertretung ist nicht strafbar.

Die Strafe des Gehülfen ist nach demjenigen Gesetze festzusetzen, welches auf die Handlung Anwendung findet, zu welcher er wissentlich Hülfe geleistet hat, jedoch nach den über die Bestrafung des Versuches aufgestellten Grundsätzen zu ermäßigen.

Eine Ausnahme von der Regel des § 49 behandelt § 143 Abs. 2 RStGB. cf. §§ 2 u. 17 D. Mil. StGB. § 44 RStGB. und Anm. zu § 21 RStGB.

*§ 49a. Wer einen Anderen zur Begehung eines Verbrechens oder zur Theilnahme an einem Verbrechen auffordert, oder wer eine solche Aufforderung annimmt, wird, so weit nicht das Gesetz eine andere Strafe androht, wenn das Verbrechen mit dem Tode oder mit lebenslänglicher Zuchthausstrafe bedroht ist, mit Gefängniß nicht unter drei Monaten, wenn das Verbrechen mit einer geringeren Strafe bedroht ist, mit Gefängniß bis zu zwei Jahren oder mit Festungshaft von gleicher Dauer bestraft.

Die gleiche Strafe trifft Denjenigen, welcher sich zur Begehung eines Verbrechens oder zur Theilnahme an einem Verbrechen erbietet, sowie Denjenigen, welcher ein solches Erbieten annimmt.

Es wird jedoch das lediglich mündlich ausgedrückte

Auffordern oder Erbieten, sowie die Annahme eines solchen nur dann bestraft, wenn die Aufforderung oder das Erbieten an die Gewährung von Vortheilen irgend welcher Art geknüpft worden ist.

Neben der Gefängnißstrafe kann auf Verlust der bürgerlichen Ehrenrechte und auf Zulässigkeit von Polizei-Aufsicht erkannt werden.

§ 49a findet auch auf militärische Verbrechen Anwendung (§ 2 D. Mil. StGB.). cf. ferner § 116 a. a. O. Wegen Ehrenstrafen Anm. zu §§ 32, 33, 34 RStGB. Wegen gebotener Straferhöhung § 55 D. Mil. StGB.

§ 50. Wenn das Gesetz die Strafbarkeit einer Handlung nach den persönlichen Eigenschaften oder Verhältnissen desjenigen, welcher dieselbe begangen hat, erhöht oder vermindert, so sind diese besonderen Thatumstände dem Thäter oder demjenigen Theilnehmer (Mitthäter, Anstifter, Gehülfe) zuzurechnen, bei welchem sie vorliegen.

(cf. § 2 D. Mil. StGB.). — Zu den straferhöhenden Thatumständen gehören z. B. auch die Verübung der That während der Ausübung des Dienstes unter Mißbrauch der Waffe ꝛc. (§§ 55 Nr. 2, 138 ꝛc. D. Mil. StGB.)

Vierter Abschnitt.

Gründe, welche die Strafe ausschließen oder mildern.*)

§ 51. Eine strafbare Handlung ist nicht vorhanden, wenn der Thäter zur Zeit der Begehung der Handlung

*) Gründe, welche die Strafe auch bei bürgerl. Verbr. und Vergehen erhöhen, enthalten die §§ 55, 115 D. Mil. StGB. In den das. vorgesehenen Fällen: (Gemeinschaft m. Untergebenen, Be-

sich in einem Zustande von Bewußtlosigkeit oder krankhafter Störung der Geistesthätigkeit befand, durch welchen seine freie Willensbestimmung ausgeschlossen war.

Dies gilt auch für militärische Verbrechen und Vergehen (§ 2 D. Mil. StGB.); jedoch findet § 51 auf Militärpersonen nur mit den in § 49 D. Mil. StGB. Abs. 1 u. 2 enthaltenen Beschränkungen Anwendung. Danach bildet unter Umständen die aus Furcht vor persönlicher Gefahr eingetretene Unzurechnungsfähigkeit keinen Strafausschließungsgrund, und bei Subordinationsvergehen und allen in Ausübung des Dienstes begangenen strafbaren Handlungen die selbstverschuldete Trunkenheit des Thäters keinen Strafmilderungsgrund. Dagegen schließt auch hier sinnlose Trunkenheit die Strafe aus. (Näheres in m. Komm. Anm. zu § 49.)

§ 52. Eine strafbare Handlung ist nicht vorhanden, wenn der Thäter durch unwiderstehliche Gewalt oder durch eine Drohung, welche mit einer gegenwärtigen, auf andere Weise nicht abwendbaren Gefahr für Leib oder Leben seiner selbst oder eines Angehörigen verbunden war, zu der Handlung genöthigt worden ist.

§ 52 findet mit der in der Anm. zu § 51 besprochenen in § 49 D. Mil. StGB. Abs. 1 enthaltenen Modifikation auch auf Militärpersonen und zwar wegen bürgerlicher und militärischer Delikte Anwendung (§ 2 D. Mil. StGB.).

Als Angehörige im Sinne dieses Strafgesetzes sind anzusehen Verwandte und Verschwägerte auf- und absteigender Linie, Adoptiv- und Pflege-Eltern und -Kinder, Ehegatten, Geschwister und deren Ehegatten und Verlobte.

---

stimmung ders. zur That, Ausüb. d. Dienstes, Mißbr. der Waffe, der dienstl. Befugnisse, Zusammenrottung, Verüb. vor einer Menschenm.) ist das Strafminimum stets zu überschreiten und unter Umst. (cf. § 53 a. a. O.) das doppelte Strafmaß zulässig.

Verwandte und Verschwägerte auf- und absteigender Linie sind eheliche und außereheliche Verwandte resp. Schwiegereltern, Schwiegerkinder, Stiefeltern und Stiefkinder.

§ 53. Eine strafbare Handlung ist nicht vorhanden, wenn die Handlung durch Nothwehr geboten war.

Nothwehr ist diejenige Vertheidigung, welche erforderlich ist, um einen gegenwärtigen rechtswidrigen Angriff von sich oder einem Anderen abzuwenden.

Die Ueberschreitung der Nothwehr ist nicht strafbar, wenn der Thäter in Bestürzung, Furcht oder Schrecken über die Grenzen der Vertheidigung hinausgegangen ist.

Dies gilt auch ohne jede Modifikation für militärische Verbrechen und Vergehen (§ 2 D. Mil. StGB.), jedoch wird unter Umständen zu prüfen sein, ob die Pflicht der Subordination oder das Recht der Nothwehr überwiegt (cf. Brauer S. 33). Wegen der Nothwehr des Vorgesetzten gegen Angriffe und gefährliche Unbotmäßigkeit Untergebener cf. § 124 D. Mil. StGB. Weg. rechtm. Waffengebr. Pr. Instr. v. 4. 7. 63. § 20 V. O. v. 30. 12. 20.

§ 54. Eine strafbare Handlung ist nicht vorhanden, wenn die Handlung außer dem Falle der Nothwehr in einem unverschuldeten, auf andere Weise nicht zu beseitigenden Nothstande zur Rettung aus einer gegenwärtigen Gefahr für Leib oder Leben des Thäters oder eines Angehörigen begangen worden ist.

(cf. § 52.) § 54 gilt für Militärpersonen sowohl wegen bürgerlicher wie wegen militärischer Delikte mit der durch die Dienstpflichten des Soldaten gegebenen Beschränkung. Letztere verlangen häufig, daß der Soldat in der Nothlage ausharrt. (cf. §§ 2, 49 Abs. 1 D. Mil. StGB. § 10 RStGB.) und Brauer S. 36.

*§ 55. Wer bei Begehung der Handlung das zwölfte Lebensjahr nicht vollendet hat, kann wegen derselben nicht strafrechtlich verfolgt werden.

Gegen denselben können jedoch nach Maßgabe der landesgesetzlichen Vorschriften die zur Besserung und Beaufsichtigung geeigneten Maßregeln getroffen werden. Insbesondere kann die Unterbringung in eine Erziehungs- oder Besserungs-Anstalt erfolgen, nachdem durch Beschluß der Vormundschafts-Behörde die Begehung der Handlung festgestellt und die Unterbringung für zulässig erklärt ist.

§ 56. Ein Angeschuldigter, welcher zu einer Zeit, als er das zwölfte, aber nicht das achtzehnte Lebensjahr vollendet hatte, eine strafbare Handlung begangen hat, ist freizusprechen, wenn er bei Begehung derselben die zur Erkenntniß ihrer Strafbarkeit erforderliche Einsicht nicht besaß.

In dem Urtheile ist zu bestimmen, ob der Angeschuldigte seiner Familie überwiesen oder in eine Erziehungs- oder Besserungsanstalt gebracht werden soll. In der Anstalt ist er so lange zu behalten, als die der Anstalt vorgesetzte Verwaltungsbehörde solches für erforderlich erachtet, jedoch nicht über das vollendete zwanzigste Lebensjahr.

Die §§ 56, 57 finden auf militärische Verbrechen oder Vergehen keine Anwendung (cf. § 50 D. Mil. StGB.) haben aber nach § 10 RStGB. im Uebrigen auch für Militärpersonen volle Geltung, dürften jedoch kaum praktisch werden, da die Waffenfähigkeit erst mit dem 17. Jahre beginnt und der Eintritt in's Heer kaum denjenigen gestattet werden dürfte, welche nicht die erforderliche Einsicht zur Erkenntniß der Strafbarkeit einer Handlung besitzen.

§ 57. Wenn ein Angeschuldigter, welcher zu einer Zeit, als er das zwölfte, aber nicht das achtzehnte Lebensjahr vollendet hatte, eine strafbare Handlung begangen hat, bei Begehung derselben die zur Erkenntniß ihrer

Strafbarkeit erforderliche Einsicht besaß, so kommen gegen ihn folgende Bestimmungen zur Anwendung:

1) ist die Handlung mit dem Tode oder mit lebenslänglichem Zuchthaus bedroht, so ist auf Gefängniß von drei bis zu funfzehn Jahren zu erkennen;
2) ist die Handlung mit lebenslänglicher Festungshaft bedroht, so ist auf Festungshaft von drei bis zu funfzehn Jahren zu erkennen;
3) ist die Handlung mit Zuchthaus oder mit einer anderen Strafart bedroht, so ist die Strafe zwischen dem gesetzlichen Mindestbetrage der angedrohten Strafart und der Hälfte des Höchstbetrages der angedrohten Strafe zu bestimmen.

   Ist die so bestimmte Strafe Zuchthaus, so tritt Gefängnißstrafe von gleicher Dauer an ihre Stelle;
4) ist die Handlung ein Vergehen oder eine Uebertretung, so kann in besonders leichten Fällen auf Verweis erkannt werden;
5) auf Verlust der bürgerlichen Ehrenrechte überhaupt oder einzelner bürgerlichen Ehrenrechte, sowie auf Zulässigkeit von Polizei-Aufsicht ist nicht zu erkennen.

Die Freiheitsstrafe ist in besonderen, zur Verbüßung von Strafen jugendlicher Personen bestimmten Anstalten oder Räumen zu vollziehen.

cf. die Anm. zu § 56.

§ 58. Ein Taubstummer, welcher die zur Erkenntniß der Strafbarkeit einer von ihm begangenen Handlung erforderliche Einsicht nicht besaß, ist freizusprechen.

§ 59. Wenn Jemand bei Begehung einer strafbaren

Handlung das Vorhandensein von Thatumständen nicht kannte, welche zum gesetzlichen Thatbestande gehören oder die Strafbarkeit erhöhen, so sind ihm diese Umstände nicht zuzurechnen.

Bei der Bestrafung fahrlässig begangener Handlungen gilt diese Bestimmung nur insoweit, als die Unkenntniß selbst nicht durch Fahrlässigkeit verschuldet ist.

§ 59 findet ohne jede Modifikation auch auf militärische Verbrechen und Vergehen Anwendung. (§ 2 D. Mil. StGB.)

§ 60. Eine erlittene Untersuchungshaft kann bei Fällung des Urtheils auf die erkannte Strafe ganz oder theilweise angerechnet werden.

§ 2 D. Mil. StGB. Da jedes Verhältniß zwischen der Untersuchungshaft und den Freiheitsstrafen fehlt, kann 1 Tag strenger Arrest und selbst 1 Tag Zuchthaus, gleich 1 Tage Untersuchungshaft gerechnet werden. Die erkannte Strafe darf auch im Tenor des Erkenntnisses nicht fehlen.

§ 61. Eine Handlung, deren Verfolgung nur auf Antrag eintritt, ist nicht zu verfolgen, wenn der zum Antrage Berechtigte es unterläßt, den Antrag binnen drei Monaten zu stellen. Diese Frist beginnt mit dem Tage, seit welchem der zum Antrage Berechtigte von der Handlung und von der Person des Thäters Kenntniß gehabt hat.

Die §§ 61—65 gelten auch für Militärpersonen hinsichtlich bürgerlicher Delikte. Fehlt der erforderliche Antrag so ist nicht „freizusprechen" sondern „die Verfolgung für unstatthaft", oder „zur Zeit für unstatthaft" zu erklären. Die Verfolgung eines militärischen Verbrechens oder Vergehens ist unabhängig von dem Antrage des Verletzten oder einer anderen zum Antrage berechtigten Person (§ 51 D. Mil. StGB.). Zu den militärischen Verbrechen gehören auch die militärisch qualifizirten wie z. B. Beleidigung eines Vorgesetzten (§ 91 D. Mil. StGB.) Beleidig. u. Mißhandl. Untergebener (§§ 121, 122 a. a. O.) u. A. Hier ist (auch wenn eine Beschwerde nicht vorliegt) stets von Amtswegen einzuschreiten. Auch die Verfolgung einzelner strafbarer Handlungen des gemeinen Strafrechts, nämlich des Diebstahls, der Unterschlagung, der Körperverletzung, der Verbr. oder Verg. gegen die Sittlichkeit soll nach §§ 127, 153 ff. D. Mil. StGB. für alle der Militärstrafgerichtsbarkeit unterworfenen Personen im Felde unabhängig vom Antrage des Verletzten oder einer andern zum Antrage berechtigten Person sein.

§ 62. Wenn von mehreren zum Antrage Berechtigten einer die dreimonatliche Frist versäumt, so wird hierdurch das Recht der übrigen nicht ausgeschlossen.

§ 63. Der Antrag kann nicht getheilt werden. Das gerichtliche Verfahren findet gegen sämmtliche an der Handlung Betheiligte (Thäter und Theilnehmer), sowie gegen den Begünstiger Statt, auch wenn nur gegen eine dieser Personen auf Bestrafung angetragen worden ist.

*§ 64. Die Zurücknahme des Antrages ist nur in den gesetzlich besonders vorgesehenen Fällen und nur bis zur Verkündung eines auf Strafe lautenden Urtheils zulässig.

Die rechtzeitige Zurücknahme des Antrages gegen eine der vorbezeichneten Personen hat die Einstellung des Verfahrens auch gegen die anderen zur Folge.

Zulässig ist die Rücknahme des Strafantrages danach nur in den Fällen der §§ 102—104, 194, 232, 247, 263, 292, 303, 370 Nr. 5 u. 6. Unzulässig ist sie insbesondere bei leichten vorsätzlichen sowie den durch Fahrlässigkeit verursachten Körperverletzungen (ohne Verletzung einer Amts-, Berufs- oder Gewerbspflicht) und bei Sachbeschädigung falls nicht das Vergehen gegen einen Angehörigen verübt ist. (§§ 232 u. 303.)

§ 65. Der Verletzte, welcher das achtzehnte Lebensjahr vollendet hat, ist selbstständig zu dem Antrage auf Bestrafung berechtigt.

So lange der Verletzte minderjährig ist, hat der gesetzliche Vertreter desselben, unabhängig von der eigenen Befugniß des Verletzten, das Recht, den Antrag zu stellen.

Bei bevormundeten Geisteskranken und Taubstummen ist der Vormund der zur Stellung des Antrages Berechtigte.

§ 66. Durch Verjährung wird die Strafverfolgung und die Strafvollstreckung ausgeschlossen.

cf. § 2 D. Mil. StGB.

§ 67. Die Strafverfolgung von Verbrechen verjährt,

wenn sie mit dem Tode oder mit lebenslänglichem Zuchthaus bedroht sind, in zwanzig Jahren;

wenn sie im Höchstbetrage mit einer Freiheitsstrafe von einer längeren als zehnjährigen Dauer bedroht sind, in funfzehn Jahren;

wenn sie mit einer geringeren Freiheitsstrafe bedroht sind, in zehn Jahren.

Die Strafverfolgung von Vergehen, die im Höchstbetrage mit einer längeren als dreimonatlichen Gefängnißstrafe bedroht sind, verjährt in fünf Jahren, von anderen Vergehen in drei Jahren.

Dies gilt auch von militärischen Verbrechen und Vergehen (§ 2 D. Mil. StGB.) Die Strafverfolgung der lediglich mit Arrest bedrohten auch der nach § 3 des Einf. Ges. ev. disziplinarisch zu ahndenden Vergehen verjährt demnach (trotz § 52 D. Mil. StGB.) in drei Jahren. (Näh. in mein. Kommentar zum D. Mil. StGB. Anm. 2 u. 5 zu § 52).

Die Strafverfolgung von Uebertretungen verjährt in drei Monaten.

cf. § 44 der Disziplinar-Strafordnung f. d. H.

Die Verjährung beginnt mit dem Tage, an welchem die Handlung begangen ist, ohne Rücksicht auf den Zeitpunkt des eingetretenen Erfolges.

§ 2 D. Mil. StGB. Ausnahme: § 76 a. a. O.

§ 68. Jede Handlung des Richters, welche wegen der begangenen That gegen den Thäter gerichtet ist, unterbricht die Verjährung.

Die Unterbrechung findet nur rücksichtlich desjenigen Statt, auf welchen die Handlung sich bezieht.

Nach der Unterbrechung beginnt eine neue Verjährung.

cf. § 2 D. Mil. StGB.

§ 69. Ist der Beginn oder die Fortsetzung eines Strafverfahrens von einer Vorfrage abhängig, deren Entscheidung in einem anderen Verfahren erfolgen muß, so ruht die Verjährung bis zu dessen Beendigung.

Dies trifft in den Fällen der §§ 164 Abs. 2, 171 Abs. 3, 172 und 191 RStGB. zu.

§ 70. Die Vollstreckung rechtskräftig erkannter Strafen verjährt, wenn

1) auf Tod oder lebenslängliches Zuchthaus oder auf lebenslängliche Festungshaft erkannt ist, in dreißig Jahren;
*2) auf Zuchthaus oder Festungshaft von mehr als zehn Jahren erkannt ist, in zwanzig Jahren;
*3) auf Zuchthaus bis zu zehn Jahren oder auf Festungshaft von fünf bis zu zehn Jahren oder Gefängniß

von mehr als fünf Jahren erkannt ist, in funfzehn Jahren;

4) auf Festungshaft oder Gefängniß von zwei bis zu fünf Jahren oder auf Geldstrafe von mehr als sechstausend Mark erkannt ist, in zehn Jahren;

5) auf Festungshaft oder Gefängniß bis zu zwei Jahren oder auf Geldstrafe von mehr als einhundertfunfzig bis zu sechstausend Mark erkannt ist, in fünf Jahren;

6) auf Haft oder auf Geldstrafe bis zu einhundertfunfzig Mark erkannt ist, in zwei Jahren.

ad 6: Ebenso wenn auf Arrest erkannt ist. (§ 52 D. Mil. StGB.) Weg. Verj. d. Strafverfolgung cf. Anm. zu § 67.

Die Verjährung beginnt mit dem Tage, an welchem das Urtheil rechtskräftig geworden ist.

§ 2 D. Mil. StGB. — Bei kriegs- und standrechtlichen Erkenntnissen tritt die Rechtskraft erst mit der Publikation ein.

§ 71. Die Vollstreckung einer wegen derselben Handlung neben einer Freiheitsstrafe erkannten Geldstrafe verjährt nicht früher, als die Vollstreckung der Freiheitsstrafe.

§ 72. Jede auf Vollstreckuug der Strafe gerichtete Handlung derjenigen Behörde, welcher die Vollstreckung obliegt, sowie die zum Zwecke der Vollstreckung erfolgende Festnahme des Verurtheilten unterbricht die Verjährung.

Nach der Unterbrechung der Vollstreckung der Strafe beginnt eine neue Verjährung.

cf. § 2 D. Mil. StGB. — In Contumazialf. w. Fahnenfl. empfiehlt es sich, die strafvollstreckende Behörde von Zeit zu Zeit zum Bericht aufzufordern, ob die Geldbuße eingezogen worden resp. aus welchem Grunde dies noch nicht angängig gewesen sei.

Fünfter Abschnitt.

Zusammentreffen mehrerer strafbarer Handlungen.

§ 73. Wenn eine und dieselbe Handlung mehrere Strafgesetze verletzt, so kommt nur dasjenige Gesetz, welches die schwerste Strafe, und bei ungleichen Strafarten dasjenige Gesetz, welches die schwerste Strafart androht, zur Anwendung.

cf. § 2 D. Mil. StGB.

§ 74. Gegen denjenigen, welcher durch mehrere selbstständige Handlungen mehrere Verbrechen oder Vergehen, oder dasselbe Verbrechen oder Vergehen mehrmals begangen und dadurch mehrere zeitige Freiheitsstrafen verwirkt hat, ist auf eine Gesammtstrafe zu erkennen, welche in einer Erhöhung der verwirkten schwersten Strafe besteht.

Auf Uebertretungen bezieht sich § 74 nicht, auf Haft ist stets gesondert zu erkennen (§ 77), Geldstrafen sind zu kumuliren (§ 78).

Bei dem Zusammentreffen ungleichartiger Freiheitsstrafen tritt diese Erhöhung bei der ihrer Art nach schwersten Strafe ein.

Das Maß der Gesammtstrafe darf den Betrag der verwirkten Einzelstrafen nicht erreichen und funfzehnjähriges Zuchthaus, zehnjähriges Gefängniß oder funfzehnjährige Festungshaft nicht übersteigen.

1) Für jede einzelne Strafthat wird die verwirkte Strafe einzeln festgesetzt. Von den verwirkten Einzelstrafen (deren Angabe i. d. Gründen unerläßl. ist. Gen. Aud. 8. 6. 75) ist die schwerste die „Einsatzstrafe", bei welcher die Erhöhung eintreten muß.

Die Gesammtstrafe bewegt sich zwischen Einsatzstrafe + 1 Tage und der Summe der Einzelstrafen — 1 Tage.

2) § 74 gilt auch für Militärpersonen, jedoch mit den in § 54 D. Mil. StGB. enthaltenen Modifikationen. Danach ist in allen Fällen mit alleiniger Ausnahme der Haft (cf. § 77 u. Anm. dazu) also auch im Falle des § 75, auf eine Gesammtstrafe zu erkennen, welche bei Gefängniß wegen militärischer Delikte die Dauer von 15 Jahren nicht übersteigen darf.

Ist die Gesammtstrafe wegen Zusammentreffens militärischer Verbrechen und Vergehen mit bürgerlichen Verbrechen und Vergehen zu erkennen, so darf die bei Bemessung der Gesammtstrafe in Betracht zu ziehende Summe der für bürgerliche Verbrechen und Vergehen arbitrirten Einzelstrafen fünfzehnjähriges Zuchthaus, zehnjähriges Gefängniß oder fünfzehnjährige Festungshaft nicht übersteigen und ist mithin ev. auf diesen Betrag zu reduziren. (§ 54 Abs. 1 D. Mil. StGB.)

Wegen des Verhältnisses der Arreststrafen zu den übrigen Freiheitsstrafen und unter sich cf. Anm. zu § 21 RStGB. und § 54 Abs. 2 D. Mil. StGB.

§ 75. Trifft Festungshaft nur mit Gefängniß zusammen, so ist auf jede dieser Strafarten gesondert zu erkennen.

Ist Festungshaft oder Gefängniß mehrfach verwirkt, so ist hinsichtlich der mehreren Strafen gleicher Art so zu verfahren, als wenn dieselben allein verwirkt wären.

Die Gesammtdauer der Strafen darf in diesen Fällen funfzehn Jahre nicht übersteigen.

§ 75 findet weder auf militärische noch auf bürgerliche Vergehen der Militärpersonen Anwendung. (cf. § 54 D. Mil. StGB. u. d. Anm. 2 zu § 74.) Es ist vielmehr beim Zusammentreffen von Festungshaft mit Gefängniß gegen Militärpersonen stets auf Gefängniß zu erkennen, die Dauer der Festungshaft ist bei Festsetzung der Gesammtstrafe in Gemäßheit des § 21 zu reduziren. Näh. in meinem Kommentar zum D. Mil. StGB. Anm. zu § 54.

§ 76. Die Verurtheilung zu einer Gesammtstrafe schließt die Aberkennung der bürgerlichen Ehrenrechte nicht aus, wenn diese auch nur neben einer der verwirkten Einzelstrafen zulässig oder geboten ist.

Ingleichen kann neben der Gesammtstrafe auf Zulässigkeit von Polizei-Aufsicht erkannt werden, wenn dieses auch nur wegen einer der mehreren strafbaren Handlungen statthaft ist.

1) Neben einer Gesammtgefängnißstrafe darf nur dann auf Verlust der bürgerlichen Ehrenrechte erkannt werden, wenn diese Ehrenstrafe neben einer Einzelstrafe zulässig ist und diese Einzelstrafe wenigstens drei Monate Gefängniß beträgt. (cf. § 32 RStGB. u. Oppenhoff Anm. 3 zu § 76.)

2) cf. § 2 D. Mil. StGB. u. § 54 Abs. 3 a. a. O.

§ 77. Trifft Haft mit einer anderen Freiheitsstrafe zusammen, so ist auf die erstere gesondert zu erkennen.

Auf eine mehrfach verwirkte Haft ist ihrem Gesammtbetrage nach, jedoch nicht über die Dauer von drei Monaten zu erkennen.

cf. Anm. zu § 18. — § 77 gilt auch für Militärpersonen. (cf. Anm. 2 zu § 74.) Insbesondere ist auch beim Zusammentreffen von Haft mit Arreststrafen stets gesondert auf Haft zu erkennen. Die einzelnen verwirkten Haftstrafen werden addirt.

Im mil. Dienstinteresse empfiehlt es sich, die erkannte Haftstrafe durch die erlittene Untersuchungshaft für verbüßt zu erachten. (§ 60.) Cirk. Schr. d. Pr. Gen. Aud. v. 24. 11. 71.

§ 78. Auf Geldstrafen, welche wegen mehrerer strafbarer Handlungen allein oder neben einer Freiheitsstrafe verwirkt sind, ist ihrem vollen Betrage nach zu erkennen.

Bei Umwandlung mehrerer Geldstrafen ist der Höchstbetrag der an die Stelle derselben tretenden Freiheitsstrafe zwei Jahre Gefängniß und, wenn die mehreren Geldstrafen nur wegen Uebertretungen erkannt worden sind, drei Monate Haft.

cf. § 29 RStGB. u. Anm. zu §§ 27—30.

§ 79. Die Vorschriften der §§ 74—78 finden auch Anwendung, wenn, bevor eine erkannte Strafe verbüßt, verjährt oder erlassen ist, die Verurtheilung wegen einer strafbaren Handlung erfolgt, welche vor der früheren Verurtheilung begangen war.

1) cf. Anm. zu § 74 ff.

2) Unter der „früheren Verurtheilung" ist die „rechtskräftige" zu verstehen. (Entscheid. des Pr. Ob. Trib. v. 16. 10. 72 u. 4. April 76. R. d. O. XIII, 529, XXVII, 244, Cirk. Schr. des Pr. Gen. Aud. v. 6. Nov. 1874.) In Entscheidungen anderer Deutscher Ober-Gerichtshöfe wird die Verkündigung des verurtheilenden Erkenntnisses verlangt.

Ein kriegs- und standrechtliches Erkenntniß wird erst mit der Publikation rechtskräftig.

3) Die in dem ersten Urtheil festgesetzte Strafe ist in einem Falle vorliegender Art bei der Festsetzung der Gesammtstrafe in dem zweiten Erkenntnisse als eine Einzelstrafe zu betrachten. Es empfiehlt sich, in derartigen Fällen dies in dem entscheidenden Theile des Urtheils bestimmt zum Ausdruck zu bringen und deshalb nachstehende Form zu wählen:

daß der Angeschuldigte wegen . . . . . mit Einschluß der von ihm aus dem kriegs-(stand-)rechtlichen Erkenntnisse vom . . ten . . . . zu verbüßenden Strafe mit einer Gesammtstrafe von . . . . . zu bestrafen.

Cirk. Schr. des Pr. Gen. Aud. v. 8. Juni 1875. Näheres in meinem Kommentar z. D. Mil. StGB. Anm. 7 zu § 54.

Zweiter Theil.
Von den einzelnen Verbrechen, Vergehen und Uebertretungen und deren Bestrafung.

Erster Abschnitt.
Hochverrath und Landesverrath. †)

§ 80. Der Mord und der Versuch des Mordes, welche an dem Kaiser, an dem eigenen Landesherrn, oder während des Aufenthalts in einem Bundesstaate an dem Landesherrn dieses Staates verübt worden sind, werden als Hochverrath mit dem Tode bestraft.

cf. § 93. — Auf Personen des Soldatenstandes finden die §§ 80 bis 93 gleichfalls Anwendung. (§ 56 D. M. StGB.) Wegen der Todesstrafe cf. § 13 u. d. Anm. dazu.

§ 81. Wer außer den Fällen des § 80 es unternimmt,

1) einen Bundesfürsten zu tödten, gefangen zu nehmen, in Feindes Gewalt zu liefern oder zur Regierung unfähig zu machen,
2) die Verfassung des Deutschen Reichs oder eines Bundesstaats oder die in demselben bestehende Thronfolge gewaltsam zu ändern,
3) das Bundesgebiet ganz oder theilweise einem fremden Staate gewaltsam einzuverleiben oder einen Theil desselben vom Ganzen loszureißen, oder

†) Wegen der neben Zuchthaus und Festungshaft gebotenen resp. zulässigen bürgerl. und milit. Ehrenstrafen cf. Anm. zu §§ 32—34. Wegen gebotener Straferhöhung cf. S. 29 unten.

4) das Gebiet eines Bundesstaates ganz oder theilweise einem anderen Bundesstaate gewaltsam einzuverleiben oder einen Theil desselben vom Ganzen loszureißen,

wird wegen Hochverraths mit lebenslänglichem Zuchthaus oder lebenslänglicher Festungshaft bestraft.

Sind mildernde Umstände vorhanden, so tritt Festungshaft nicht unter fünf Jahren ein.

Neben der Festungshaft kann auf Verlust der bekleideten öffentlichen Aemter, sowie der aus öffentlichen Wahlen hervorgegangenen Rechte erkannt werden.

cf. § 93 u. E. G. § 4 demzufolge im Falle des Kriegszustandes ꝛc. an Stelle der Zuchthausstrafe die Todesstrafe tritt. Um Zuchthausstrafe zu verhängen muß hier und in den Fällen der §§ 83 bis 86, 88, 89. (cf. auch §§ 94, 96, 98, 100, 105, 106 RStGB. 62 D. Mil. StGB.) die ehrlose Gesinnung festgestellt sein. (§ 20 RStGB.)

Dies dürfte in den meisten Fällen gegen Personen des Soldatenstandes wegen des konkurrirenden Treubruchs angezeigt sein.

§ 82. Als ein Unternehmen, durch welches das Verbrechen des Hochverraths vollendet wird, ist jede Handlung anzusehen, durch welche das Vorhaben unmittelbar zur Ausführung gebracht werden soll.

§ 83. Haben Mehrere die Ausführung eines hochverrätherischen Unternehmens verabredet, ohne daß es zum Beginn einer nach § 82 strafbaren Handlung gekommen ist, so werden dieselben mit Zuchthaus nicht unter fünf Jahren oder mit Festungshaft von gleicher Dauer bestraft.

Sind mildernde Umstände vorhanden, so tritt Festungshaft nicht unter zwei Jahren ein.

Neben der Festungshaft kann auf Verlust der bekleideten öffentlichen Aemter, sowie der aus öffentlichen Wahlen hervorgegangenen Rechte erkannt werden.

cf. §§ 20 RStGB. 59 D. Mil. StGB.

§ 84. Die Strafvorschriften des § 83 finden auch gegen Denjenigen Anwendung, welcher zur Vorbereitung eines Hochverraths entweder sich mit einer auswärtigen Regierung einläßt oder die ihm von dem Reiche oder einem Bundesstaate anvertraute Macht mißbraucht oder Mannschaften anwirbt oder in den Waffen einübt.

cf. §§ 20, 93.

§ 85. Wer öffentlich vor einer Menschenmenge, oder wer durch Verbreitung oder öffentlichen Anschlag oder öffentliche Ausstellung von Schriften oder anderen Darstellungen zur Ausführung einer nach § 82 strafbaren Handlung auffordert, wird mit Zuchthaus bis zu zehn Jahren oder Festungshaft von gleicher Dauer bestraft.

Sind mildernde Umstände vorhanden, so tritt Festungshaft von einem bis zu fünf Jahren ein.

cf. § 20.

§ 86. Jede andere, ein hochverrätherisches Unternehmen vorbereitende Handlung wird mit Zuchthaus bis zu drei Jahren oder Festungshaft von gleicher Dauer bestraft.

Sind mildernde Umstände vorhanden, so tritt Festungshaft von sechs Monaten bis zu drei Jahren ein.

cf. § 20.

§ 87. Ein Deutscher, welcher sich mit einer ausländischen Regierung einläßt, um dieselbe zu einem Kriege gegen das Deutsche Reich zu veranlassen, wird wegen

Landesverraths mit Zuchthaus nicht unter fünf Jahren und, wenn der Krieg ausgebrochen ist, mit lebenslänglichem Zuchthaus bestraft.

Sind mildernde Umstände vorhanden, so tritt Festungshaft von sechs Monaten bis zu fünf Jahren und, wenn der Krieg ausgebrochen ist, Festungshaft nicht unter fünf Jahren ein.

Neben der Festungshaft kann auf Verlust der bekleideten öffentlichen Aemter, sowie der aus öffentlichen Wahlen hervorgegangenen Rechte erkannt werden.

cf. § 93. — Eine Militärperson welche im Felde einen Landesverrath begeht wird wegen des militärischen Verbrechens des Kriegsverraths mit Zuchthaus nicht unter zehn Jahren oder mit lebenslänglichem Zuchthaus bestraft. (§§ 57 (cf. 61) 153, 155 bis 157, 160 D. Mil. StGB.)

*§ 88. Ein Deutscher, welcher während eines gegen das Deutsche Reich ausgebrochenen Krieges in der feindlichen Kriegsmacht Dienste nimmt oder die Waffen gegen das Deutsche Reich oder dessen Bundesgenossen trägt, wird wegen Landesverraths mit lebenslänglichem Zuchthaus oder lebenslänglicher Festungshaft bestraft.

Sind mildernde Umstände vorhanden, so tritt Festungshaft nicht unter fünf Jahren ein.

Ein Deutscher, welcher schon früher in fremden Kriegsdiensten stand, wird, wenn er nach Ausbruch des Krieges in der feindlichen Kriegsmacht verbleibt oder die Waffen gegen das Deutsche Reich oder dessen Bundesgenossen trägt, wegen Landesverraths mit Zuchthaus von zwei bis zu zehn Jahren oder mit Festungshaft von gleicher Dauer bestraft. Sind mildernde Umstände vorhanden, so tritt Festungshaft bis zu zehn Jahren ein.

Neben der Festungshaft kann auf Verlust der bekleideten öffentlichen Aemter, sowie der aus öffentlichen Wahlen hervorgegangenen Rechte erkannt werden.

cf. § 4 E. G. demzufolge im Falle des Kriegszustandes ꝛc. an Stelle der lebensl. Zuchthausstrafe die Todesstrafe tritt. cf. § 20 und Anm. zu § 87.

§ 89. Ein Deutscher, welcher vorsätzlich während eines gegen das Deutsche Reich ausgebrochenen Krieges einer feindlichen Macht Vorschub leistet oder den Truppen des Deutschen Reichs oder der Bundesgenossen desselben Nachtheil zufügt, wird wegen Landesverraths mit Zuchthaus bis zu zehn Jahren oder mit Festungshaft von gleicher Dauer bestraft. Sind mildernde Umstände vorhanden, so tritt Festungshaft bis zu zehn Jahren ein.

Neben der Festungshaft kann auf Verlust der bekleideten öffentlichen Aemter, sowie der aus öffentlichen Wahlen hervorgegangenen Rechte erkannt werden.

(cf. §§ 20 u. Anm. zu § 87.)

§ 90. Lebenslängliche Zuchthausstrafe trifft einen Deutschen, welcher vorsätzlich während eines gegen das Deutsche Reich ausgebrochenen Krieges

1) Festungen, Pässe, besetzte Plätze oder andere Vertheidigungsposten, ingleichen deutsche oder verbündete Truppen oder einzelne Offiziere oder Soldaten in feindliche Gewalt bringt;
2) Festungswerke, Schiffe oder andere Fahrzeuge der Kriegsmarine, Kassen, Zeughäuser, Magazine oder

andere Vorräthe von Waffen, Schießbedarf oder anderen Kriegsbedürfnissen in feindliche Gewalt bringt oder dieselben, sowie Brücken und Eisenbahnen zum Vortheil des Feindes zerstört oder unbrauchbar macht;

3) dem Feinde Mannschaften zuführt oder Soldaten des deutschen oder verbündeten Heeres verleitet, zum Feinde überzugehen;

4) Operationspläne oder Pläne von Festungen oder festen Stellungen dem Feinde mittheilt;

5) dem Feinde als Spion dient, oder feindliche Spione aufnimmt, verbirgt oder ihnen Beistand leistet, oder

6) einen Aufstand unter den deutschen oder verbündeten Truppen erregt.

Sind mildernde Umstände vorhanden, so tritt Festungshaft nicht unter fünf Jahren ein.

Neben der Festungshaft kann auf Verlust der bekleideten öffentlichen Aemter, sowie der aus öffentlichen Wahlen hervorgegangenen Rechte erkannt werden.

cf. § 93 u. E. G. § 4 demzufolge im Falle des Kriegszustandes ꝛc. an Stelle der lebenslänglichen Zuchthausstrafe die Todesstrafe eintreten soll. Mit dem Tode und zwar wegen „Kriegsverraths“ wird eine Militärperson bestraft, welche eine der im § 90 bezeichneten strafbaren Handlungen mit dem Vorsatze begeht, einer feindlichen Macht Vorschub zu leisten oder den Deutschen oder verbündeten Truppen Nachtheil zuzufügen. In minder schweren (d. h. objektiv leichteren) Fällen tritt Zuchthaus nicht unter zehn Jahren oder lebenslängliches Zuchthaus ein. (§§ 58 Nr. 1, 153, 155—157, 160 D. Mil. StGB. u. § 14 a. a. O.)

§ 91. Gegen Ausländer ist wegen der in den §§ 87,

89 und 90 bezeichneten Handlungen nach dem Kriegsgebrauche zu verfahren.

Begehen sie aber solche Handlungen, während sie unter dem Schutze des Deutschen Reichs oder eines Bundesstaates sich innerhalb des Bundesgebietes aufhalten, so kommen die in den §§ 87, 89 und 90 bestimmten Strafen zur Anwendung.

§ 92. Wer vorsätzlich

1) Staatsgeheimnisse oder Festungspläne, oder solche Urkunden, Aktenstücke oder Nachrichten, von denen er weiß, daß ihre Geheimhaltung einer anderen Regierung gegenüber für das Wohl des Deutschen Reichs oder eines Bundesstaates erforderlich ist, dieser Regierung mittheilt oder öffentlich bekannt macht;
2) zur Gefährdung der Rechte des Deutschen Reichs oder eines Bundesstaats im Verhältniß zu einer anderen Regierung, die über solche Rechte sprechenden Urkunden oder Beweismittel vernichtet, verfälscht oder unterdrückt, oder
3) ein ihm von Seiten des Deutschen Reichs oder von einem Bundesstaate aufgetragenes Staatsgeschäft mit einer anderen Regierung zum Nachtheile dessen führt, der ihm den Auftrag ertheilt hat,

wird mit Zuchthaus nicht unter zwei Jahren bestraft.

Sind mildernde Umstände vorhanden, so tritt Festungshaft nicht unter sechs Monaten ein.

cf. Anm. zu § 87.

§ 93. Wenn in den Fällen der §§ 80, 81, 83, 84,

87 bis 92 die Untersuchung eröffnet wird, so kann bis zu deren rechtskräftigen Beendigung das Vermögen, welches der Angeschuldigte besitzt, oder welches ihm später anfällt, mit Beschlag belegt werden.

Zweiter Abschnitt.

Beleidigung des Landesherrn. †)

§ 94. Wer einer Thätlichkeit gegen den Kaiser, gegen seinen Landesherrn oder während seines Aufenthalts in einem Bundesstaate einer Thätlichkeit gegen den Landesherrn dieses Staats sich schuldig macht, wird mit lebenslänglichem Zuchthaus oder lebenslänglicher Festungshaft, in minder schweren Fällen mit Zuchthaus nicht unter fünf Jahren oder mit Festungshaft von gleicher Dauer bestraft. Neben der Festungshaft kann auf Verlust der bekleideten öffentlichen Aemter, sowie der aus öffentlichen Wahlen hervorgegangenen Rechte erkannt werden.

(cf. § 20 RStGB.)

Sind mildernde Umstände vorhanden, so tritt Festungshaft nicht unter fünf Jahren ein.

*§ 95. Wer den Kaiser, seinen Landesherrn oder während seines Aufenthalts in einem Bundesstaate dessen Landesherrn beleidigt, wird mit Gefängniß nicht unter zwei Monaten oder mit Festungshaft von zwei Monaten bis zu fünf Jahren bestraft.

---

†) Wegen der neben Zuchthaus, Gefängniß und Festungshaft gebotenen resp. zulässigen bürgerlichen oder militärischen Ehrenstrafen cf. Anm. 1 u. 2 zu § 32 u. Anm. zu §§ 33, 34 a. a. O. Wegen gebotener Straferhöhung cf. S. 29 unten.

Neben der Gefängnißstrafe kann auf Verlust der bekleideten öffentlichen Aemter, sowie der aus öffentlichen Wahlen hervorgegangenen Rechte erkannt werden.

§ 96. Wer einer Thätlichkeit gegen ein Mitglied des landesherrlichen Hauses seines Staats oder gegen den Regenten seines Staats oder während seines Aufenthalts in einem Bundesstaate einer Thätlichkeit gegen ein Mitglied des landesherrlichen Hauses dieses Staats oder gegen den Regenten dieses Staats sich schuldig macht, wird mit Zuchthaus nicht unter fünf Jahren oder mit Festungshaft von gleicher Dauer, in minder schweren Fällen mit Zuchthaus bis zu fünf Jahren oder mit Festungshaft von gleicher Dauer bestraft.

(cf. § 20 RStGB.)

Sind mildernde Umstände vorhanden, so tritt Festungshaft von Einem bis zu fünf Jahren ein.

§ 97. Wer ein Mitglied des landesherrlichen Hauses seines Staats oder den Regenten seines Staats oder während seines Aufenthalts in einem Bundesstaate ein Mitglied des landesherrlichen Hauses dieses Staats oder den Regenten dieses Staats beleidigt, wird mit Gefäng= von Einem Monat bis zu drei Jahren oder mit Festungshaft von gleicher Dauer bestraft.

Dritter Abschnitt.

Beleidigung von Bundesfürsten. †)

§ 98. Wer außer dem Falle des § 94 sich einer

†) Wegen der neben Zuchthaus, Gefängniß und Festungshaft gebotenen resp. zulässigen bürgerlichen und militärischen Ehrenstrafen cf. Anm.

Thätlichkeit gegen einen Bundesfürsten schuldig macht, wird mit Zuchthaus von zwei bis zu zehn Jahren oder mit Festungshaft von gleicher Dauer bestraft.

(cf. § 20 RStGB.)

Sind mildernde Umstände vorhanden, so tritt Festungshaft von sechs Monaten bis zu zehn Jahren ein.

§ 99. Wer außer dem Falle des § 95 einen Bundesfürsten beleidigt, wird mit Gefängniß von Einem Monat bis zu drei Jahren oder mit Festungshaft von gleicher Dauer bestraft.

Die Verfolgung tritt nur mit Ermächtigung des Beleidigten ein.

§ 100. Wer außer dem Falle des § 96 sich einer Thätlichkeit gegen ein Mitglied eines bundesfürstlichen Hauses oder den Regenten eines Bundesstaats schuldig macht, wird mit Zuchthaus bis zu fünf Jahren oder mit Festungshaft von gleicher Dauer bestraft.

(cf. § 20 RStGB.)

Sind mildernde Umstände vorhanden, so tritt Festungshaft von Einem Monat bis zu drei Jahren ein.

§. 101. Wer außer dem Falle des § 97 den Regenten eines Bundesstaats beleidigt, wird mit Gefängniß von Einer Woche bis zu zwei Jahren oder mit Festungshaft von gleicher Dauer bestraft.

Die Verfolgung tritt nur mit Ermächtigung des Beleidigten ein.

---

zu §§ 32—34 RStGB. Wegen gebotener Straferhöhung cf. S. 20 unten.

Vierter Abschnitt.

Feindliche Handlungen gegen befreundete Staaten. †)

*§ 102. Ein Deutscher, welcher im Inlande oder Auslande, oder ein Ausländer, welcher während seines Aufenthalts im Inlande gegen einen nicht zum Deutschen Reiche gehörenden Staat oder dessen Landesherrn eine Handlung vornimmt, die, wenn er sie gegen einen Bundesstaat oder gegen einen Bundesfürsten begangen hätte, nach Vorschrift der §§ 81 bis 86 zu bestrafen sein würde, wird in den Fällen der §§ 81 bis 84 mit Festungshaft von Einem bis zu zehn Jahren oder, wenn mildernde Umstände vorhanden sind, mit Festungshaft von sechs Monaten bis zu zehn Jahren, in den Fällen der §§ 85 und 86 mit Festungshaft von Einem Monat bis zu drei Jahren bestraft, sofern in dem andern Staate dem Deutschen Reiche die Gegenseitigkeit verbürgt ist.

Die Verfolgung tritt nur auf Antrag der auswärtigen Regierung ein. Die Zurücknahme des Antrages ist zulässig.

*§ 103. Wer sich gegen den Landesherrn oder den Regenten eines nicht zum Deutschen Reiche gehörenden Staats einer Beleidigung schuldig macht, wird mit Gefängniß von Einer Woche bis zu zwei Jahren oder mit Festungshaft von gleicher Dauer bestraft, sofern in diesem Staate dem Deutschen Reiche die Gegenseitigkeit verbürgt ist.

---

†) Wegen der neben Zuchthaus, Gefängniß und Festungshaft gebotenen resp. zulässigen bürgerlichen oder militärischen Ehrenstrafen cf. Anm. zu § 32 RStGB. u. Anm. zu §§ 33, 34 a. a. O. Wegen gebotener Straferhöhung cf. S. 29 unten.

Die Verfolgung tritt nur auf Antrag der auswärtigen Regierung ein. Die Zurücknahme des Antrages ist zulässig.

*§ 103a. Wer ein öffentliches Zeichen der Autorität eines nicht zum Deutschen Reiche gehörenden Staats oder ein Hoheitszeichen eines solchen Staats böswillig wegnimmt, zerstört oder beschädigt oder beschimpfenden Unfug daran verübt, wird mit Geldstrafe bis zu sechshundert Mark oder mit Gefängniß bis zu zwei Jahren bestraft.

*§ 104. Wer sich gegen einen bei dem Reiche, einem bundesfürstlichen Hofe oder bei dem Senate einer der freien Hansestädte beglaubigten Gesandten oder Geschäftsträger einer Beleidigung schuldig macht, wird mit Gefängniß bis zu Einem Jahre oder mit Festungshaft von gleicher Dauer bestraft.

Die Verfolgung tritt nur auf Antrag des Beleidigten ein. Die Zurücknahme des Antrages ist zulässig.

Fünfter Abschnitt.

Verbrechen und Vergehen in Beziehung auf die Ausübung staatsbürgerlicher Rechte. †)

§ 105. Wer es unternimmt, den Senat oder die Bürgerschaft einer der freien Hansestädte, eine gesetzgebende Versammlung des Reichs oder eines Bundesstaats aus-

†) Wegen der neben Zuchthaus, Gefängniß und Festungshaft gebotenen resp. zulässigen bürgerlichen oder militärischen **Ehrenstrafen** cf. Anm. zu § 32 RStGB. u. Anm. zu §§ 33, 34 a. a. O. Wegen gebotener **Straferhöhung** cf. S. 29 unten.

einander zu sprengen, zur Fassung oder Unterlassung von Beschlüssen zu nöthigen oder Mitglieder aus ihnen gewaltsam zu entfernen, wird mit Zuchthaus nicht unter fünf Jahren oder mit Festungshaft von gleicher Dauer bestraft.

(cf. § 20 RStGB.)

Sind mildernde Umstände vorhanden, so tritt Festungshaft nicht unter Einem Jahre ein.

§ 106. Wer ein Mitglied einer der vorbezeichneten Versammlungen durch Gewalt oder durch Bedrohung mit einer strafbaren Handlung verhindert, sich an den Ort der Versammlung zu begeben oder zu stimmen, wird mit Zuchthaus bis zu fünf Jahren oder mit Festungshaft von gleicher Dauer bestraft.

cf. §§ 339 Abs. 3 u. 20 RStGB.

Sind mildernde Umstände vorhanden, so tritt Festungshaft bis zu zwei Jahren ein.

§ 107. Wer einen Deutschen durch Gewalt oder durch Bedrohung mit einer strafbaren Handlung verhindert, in Ausübung seiner staatsbürgerlichen Rechte zu wählen oder zu stimmen, wird mit Gefängniß nicht unter sechs Monaten oder mit Festungshaft bis zu fünf Jahren bestraft.

cf. § 339 Abs. 3.

Der Versuch ist strafbar.

§ 108. Wer in einer öffentlichen Angelegenheit mit der Sammlung von Wahl- oder Stimm-Zetteln oder -Zeichen oder mit der Führung der Beurkundungsverhandlung beauftragt, ein unrichtiges Ergebniß der Wahlhandlung vorsätzlich herbeiführt oder das Ergebniß verfälscht, wird mit Gefängniß von Einer Woche bis zu drei Jahren bestraft.

Wird die Handlung von Jemand begangen, welcher nicht mit der Sammlung der Zettel oder Zeichen oder einer anderen Verrichtung bei dem Wahlgeschäfte beauftragt ist, so tritt Gefängnißstrafe bis zu zwei Jahren ein.

Auch kann auf Verlust der bürgerlichen Ehrenrechte erkannt werden.

§ 109. Wer in einer öffentlichen Angelegenheit eine Wahlstimme kauft oder verkauft, wird mit Gefängniß von Einem Monat bis zu zwei Jahren bestraft; auch kann auf Verlust der bürgerlichen Ehrenrechte erkannt werden.

Zu §§ 108, 109: Wegen der neben Ehrverlust (cf. § 32) für Militärpersonen eintretenden und resp. ausdrücklich auszusprechenden Folgen cf. Anm. zu §§ 33, 34 RStGB.

Sechster Abschnitt.

Widerstand gegen die Staatsgewalt. †)

§ 110. Wer öffentlich vor einer Menschenmenge oder wer durch Verbreitung oder öffentlichen Anschlag oder öffentliche Ausstellung von Schriften oder anderen Darstellungen zum Ungehorsam gegen Gesetze oder rechtsgültige Verordnungen oder gegen die von der Origkeit innerhalb ihrer Zuständigkeit getroffenen Anordungen

†) Wegen der neben Zuchthaus und Gefängniß gebotenen rv. zulässigen bürgerlichen oder militärischen Ehrenstrafen cf. Anm 1 u. 2 zu § 32 RStGB. u. Anm. zu §§ 33, 34 a. a. O. Wegen geboter Straferhöhung cf. S. 29 unten.

auffordert, wird mit Geldstrafe bis zu sechshundert Mark oder mit Gefängniß bis zu zwei Jahren bestraft.

cf. §§ 29 D. Mil. StGB. ferner 100 a. a. O.

§ 111. Wer auf die vorbezeichnete Weise zur Begehung einer strafbaren Handlung auffordert, ist gleich dem Anstifter zu bestrafen, wenn die Aufforderung die strafbare Handlung oder einen strafbaren Versuch derselben zur Folge gehabt hat.

Ist die Aufforderung ohne Erfolg geblieben, so tritt Geldstrafe bis zu sechshundert Mark oder Gefängnißstrafe bis zu Einem Jahre ein. Die Strafe darf jedoch, der Art oder dem Maße nach, keine schwerere sein, als die auf die Handlung selbst angedrohte.

§ 112. Wer eine Person des Soldatenstandes, es sei des Deutschen Heeres oder der Kaiserlichen Marine, auffordert oder anreizt, dem Befehle des Oberen nicht Gehorsam zu leisten, wer insbesondere eine Person, welche zum Beurlaubtenstande gehört, auffordert oder anreizt, der Einberufung zum Dienste nicht zu folgen, wird mit Gefängniß bis zu zwei Jahren bestraft.

§ 112 gilt für Militärpersonen nicht, ist vielmehr durch die (weiter gehenden) Vorschriften der §§ 99—101 D. Mil. StGB. ersetzt.

*§ 113. Wer einem Beamten, welcher zur Vollstreckung von Gesetzen, von Befehlen und Anordnungen der Verwaltungsbehörden oder von Urtheilen und Verfügungen der Gerichte berufen ist, in der rechtmäßigen Ausübung seines Amtes durch Gewalt oder durch Bedrohung mit Gewalt Widerstand leistet, oder wer einen

solchen Beamten während der rechtmäßigen Ausübung seines Amtes thätlich angreift, wird mit Gefängniß von vierzehn Tagen bis zu zwei Jahren bestraft.

Sind mildernde Umstände vorhanden, so tritt Gefängnißstrafe bis zu Einem Jahre oder Geldstrafe bis zu Eintausend Mark ein.

Dieselben Strafvorschriften treten ein, wenn die Handlung gegen Personen, welche zur Unterstützung des Beamten zugezogen waren, oder gegen Mannschaften der bewaffneten Macht, oder gegen Mannschaften einer Gemeinde-, Schutz- oder Bürgerwehr in Ausübung des Dienstes begangen wird.

Sind die Mannschaften der bewaffneten Macht (zu welchen Militärbeamte nicht gehören) militärische Wachen, (§ 111 D. Mil. StGB.) so liegt, auch wenn die Ausübung der Dienstgewalt keine rechtmäßige war, ein Subordinationsverbrechen vor und es kommen gegen Militärpersonen die §§ 96, 97, 111 cf. 113, 153, 155 ff. D. Mil. StGB. zur Anwendung.

Die Landgendarmen gehören in Preußen zu den Mitgliedern der bewaffneten Macht, und sind „Militärpersonen" und nicht Beamte. (cf. Entsch. d. Pr. Ob. Trib. v. 10. 1. 78. Oppenhoff Rechtsprech. Bd. XIX. S. 16 ff. und Anm. 3 zu 28 Abschn.) Da dieselben in Preußen Vorgesetzte aller Gemeinen und Gefreiten sind (A. K. O. v. 19. Juli 73 Pr. Gen. Aud. v. 6. 11. 74) ist ein Widerstand gegen dieselben oder ein thätliches Vergreifen Seitens der Gemeinen und Gefreiten nach dem D. Mil. StGB. als Subordinationsverbrechen zu bestrafen, auch wenn sich die Gendarmen nicht in rechtmäßiger Ausübung der Dienstgewalt befunden haben (cf. §§ 96, 97 D. Mil. StGB.). (Wegen der Personen des Beurlaubtenstandes cf. § 113 D. Mil. StGB.) Gegenüber den Landgendarmen im Dienste haben die denselben im militärischen Range vorgehenden Militärpersonen nur in soweit die Befehls-Befugniß von Vorgesetzten, als sie deren wirkliche Dienstvorgesetzte sind, d. h. dem Gendarmerie-Korps selbst angehören oder sich bei demselben im Dienst befinden (Pr. A. K. O. v. 19. Juli 73) Das Vorgesetztenverhältniß der übrigen Offiziere ruht somit den Landgendarmen im Dienst gegenüber.

*§ 114. Wer es unternimmt, durch Gewalt oder Drohung eine Behörde oder einen Beamten zur Vornahme oder Unterlassung einer Amtshandlung zu nöthigen, wird mit Gefängniß nicht unter drei Monaten bestraft.

Sind mildernde Umstände vorhanden, so tritt Gefängnißstrafe bis zu zwei Jahren ein.

cf. § 96 D. Mil. StGB.

§ 115. Wer an einer öffentlichen Zusammenrottung, bei welcher eine der in den §§ 113 und 114 bezeichneten Handlungen mit vereinten Kräften begangen wird, Theil nimmt, wird wegen Aufruhrs mit Gefängniß nicht unter sechs Monaten bestraft.

Die Rädelsführer, sowie diejenigen Aufrührer, welche eine der in den §§ 113 und 114 bezeichneten Handlungen begehen, werden mit Zuchthaus bis zu zehn Jahren bestraft; auch kann auf Zulässigkeit von Polizei-Aufsicht erkannt werden.

Sind mildernde Umstände vorhanden, so tritt Gefängnißstrafe nicht unter sechs Monaten ein.

Da militärische Wachen Vorgesetztenqualität haben, die Landgendarmen stets Vorgesetzte der Gemeinen und Gefreiten sind (cf. Anm. zu § 113) so liegt in einschlagenden Fällen das militärische Verbrechen des militärischen Aufruhrs vor, bei welchem es übrigens der Oeffentlichkeit nicht bedarf. (cf. §§ 106—110 [cf. Nr. 3] D. Mil. StGB.)

§ 116. Wird eine auf öffentlichen Wegen, Straßen oder Plätzen versammelte Menschenmenge von dem zuständigen Beamten oder Befehlshaber der bewaffneten Macht aufgefordert, sich zu entfernen, so wird jeder der Versammelten, welcher nach der dritten Aufforderung sich nicht entfernt, wegen Auflaufs mit Gefängniß bis zu drei Monaten oder mit Geldstrafe bis zu Eintausendfünfhundert Mark bestraft.

Ist bei einem Auflaufe gegen die Beamten oder die bewaffnete Macht mit vereinten Kräften thätlicher Widerstand geleistet oder Gewalt verübt worden, so treten gegen diejenigen, welche an diesen Handlungen Theil genommen haben, die Strafen des Aufruhrs ein.

cf. §§ 29, 94, 106—110 D. Mil. StGB. u. Anm. zu § 115.

*§ 117. Wer einem Forst- oder Jagdbeamten, einem Waldeigenthümer, Forst- oder Jagdberechtigten, oder einem von diesen bestellten Aufseher, in der rechtmäßigen Ausübung seines Amtes oder Rechtes durch Gewalt oder durch Bedrohung mit Gewalt Widerstand leistet, oder wer eine dieser Personen während der Ausübung ihres Amtes oder Rechtes thätlich angreift, wird mit Gefängniß von vierzehn Tagen bis zu drei Jahren bestraft.

Ist der Widerstand oder der Angriff unter Drohung mit Schießgewehr, Aexten oder anderen gefährlichen Werkzeugen erfolgt, oder mit Gewalt an der Person begangen worden, so tritt Gefängnißstrafe nicht unter drei Monaten ein.

Sind mildernde Umstände vorhanden, so tritt in den Fällen des Absatz 1 Gefängnißstrafe bis zu Einem Jahre, in den Fällen des Absatz 2 Gefängnißstrafe nicht unter Einem Monate ein.

§ 118. Ist durch den Widerstand oder den Angriff eine Körperverletzung dessen, gegen welchen die Handlung begangen ist, verursacht worden, so ist auf Zuchthaus bis zu zehn Jahren zu erkennen.

Sind mildernde Umstände vorhanden, so tritt Gefängnißstrafe nicht unter drei Monaten ein.

§ 119. Wenn eine der in den §§ 117 und 118 bezeichneten Handlungen von Mehreren gemeinschaftlich begangen worden ist, so kann die Strafe bis um die Hälfte des angedrohten Höchstbetrages, die Gefängnißstrafe jedoch nicht über fünf Jahre erhöht werden.

§ 120. Wer einen Gefangenen aus der Gefangen-Anstalt oder aus der Gewalt der bewaffneten Macht, des Beamten oder desjenigen, unter dessen Beaufsichtigung, Begleitung oder Bewachung er sich befindet, vorsätzlich befreit oder ihm zur Selbstbefreiung vorsätzlich behülflich ist, wird mit Gefängniß bis zu drei Jahren bestraft.

Der Versuch ist strafbar.

Ist der Befreier der mit der Beaufsichtigung Beauftragte so greift das in § 121 und der Anm. dazu Gesagte Platz.

§ 121. Wer vorsätzlich einen Gefangenen, mit dessen Beaufsichtigung oder Begleitung er beauftragt ist, entweichen läßt oder dessen Befreiung befördert, wird mit Gefängniß bis zu drei Jahren bestraft.

Ist die Entweichung durch Fahrlässigkeit befördert worden, so tritt Gefängnißstrafe bis zu drei Monaten oder Geldstrafe bis zu dreihundert Mark ein.

Ist der Beauftragte ein Militärbeamter so kommen die §§ 347 RStGB. 154 D. Mil. StGB. gegen ihn zur Anwendung.

ist er Person des Soldatenstandes so unterliegt er der Strafbestimmung des § 144 D. Mil. StGB.

§ 122. Gefangene, welche sich zusammenrotten und mit vereinten Kräften die Anstaltsbeamten oder die mit der Beaufsichtigung Beauftragten angreifen, denselben Widerstand leisten oder es unternehmen, sie zu Handlungen oder Unterlassungen zu nöthigen, werden wegen Meuterei mit Gefängniß nicht unter sechs Monaten bestraft.

Gleiche Strafe tritt ein, wenn Gefangene sich zusammenrotten und mit vereinten Kräften einen gewaltsamen Ausbruch unternehmen.

Diejenigen Meuterer, welche Gewaltthätigkeiten gegen die Anstaltsbeamten oder die mit der Beaufsichtigung Beauftragten verüben, werden mit Zuchthaus bis zu zehn Jahren bestraft; auch kann auf Zulässigkeit von Polizei-Aufsicht erkannt werden.

Wegen militärischer Meuterei und militärischen Aufruhrs cf. §§ 103—105 u. 106—110 D. Mil. StGB. cf. auch Anm. zu § 115.

Siebenter Abschnitt.

Verbrechen und Vergehen wider die öffentliche Ordnung. †)

§ 123. Wer in die Wohnung, in die Geschäftsräume oder in das befriedete Besitzthum eines Anderen oder in

†) Wegen der neben Zuchthaus, Gefängniß und Festungshaft gebotenen resp. zulässigen bürgerlichen oder militärischen Ehrenstrafen cf. Anm. zu §§ 32—34 RStGB. Wegen gebotener Straferhöhung cf. S. 29 unten.

abgeschlossene Räume, welche zum öffentlichen Dienst bestimmt sind, widerrechtlich eindringt, oder wer, wenn er ohne Befugniß darin verweilt, auf die Aufforderung des Berechtigten sich nicht entfernt, wird wegen Hausfriedensbruches mit Gefängniß bis zu drei Monaten oder mit Geldstrafe bis zu dreihundert Mark bestraft.

Die Verfolgung tritt nur auf Antrag ein.

Ist die Handlung von einer mit Waffen versehenen Person oder von Mehreren gemeinschaftlich begangen worden, so tritt Gefängnißstrafe von Einer Woche bis zu Einem Jahre ein:

cf. §§ 342, 29 D. Mil. StGB. Im Falle des Abs. 3 ist ein Strafantrag nicht erforderlich. Wegen der „Waffen" des Soldaten cf. Anm. zu § 243, Nr. 5.

§ 124. Wenn sich eine Menschenmenge öffentlich zusammenrottet und in der Absicht, Gewaltthätigkeiten gegen Personen oder Sachen mit vereinten Kräften zu begehen, in die Wohnung, in die Geschäftsräume oder in das befriedete Besitzthum eines Anderen oder in abgeschlossene Räume, welche zum öffentlichen Dienste bestimmt sind, widerrechtlich eindringt, so wird jeder, welcher an diesen Handlungen Theil nimmt, mit Gefängniß von Einem Monat bis zu zwei Jahreu bestraft.

§ 125. Wenn sich eine Menschenmenge öffentlich zusammenrottet und mit vereinten Kräften gegen Personen oder Sachen Gewaltthätigkeiten begeht, so wird jeder, welcher an dieser Zusammenrottung Theil nimmt, wegen Landfriedensbruches mit Gefängniß nicht unter drei Monaten bestraft.

Die Rädelsführer, sowie diejenigen, welche Gewaltthätigkeiten gegen Personen begangen oder Sachen geplündert, vernichtet oder zerstört haben, werden mit Zuchthaus bis zu zehn Jahren bestraft; auch kann auf Zulässigkeit von Polizei-Aufsicht erkannt werden.

Sind mildernde Umstände vorhanden, so tritt Gefängnißstrafe nicht unter sechs Monaten ein.

§ 126. Wer durch Androhung eines gemeingefährlichen Verbrechens den öffentlichen Frieden stört, wird mit Gefängniß bis zu Einem Jahre bestraft.

§ 127. Wer unbefugterweise einen bewaffneten Haufen bildet oder befehligt oder eine Mannschaft, von der er weiß, daß sie ohne gesetzliche Befugniß gesammelt ist, mit Waffen oder Kriegsbedürfnissen versieht, wird mit Gefängniß bis zu zwei Jahren bestraft.

Wer sich einem solchen bewaffneten Haufen anschließt, wird mit Gefängniß bis zu Einem Jahre bestraft.

§ 128. Die Theilnahme an einer Verbindung, deren Dasein, Verfassung oder Zweck vor der Staatsregierung geheim gehalten werden soll, oder in welcher gegen unbekannte Obere Gehorsam oder gegen bekannte Obere unbedingter Gehorsam versprochen wird, ist an den Mitgliedern mit Gefängniß bis zu sechs Monaten, an den Stiftern und Vorstehern der Verbindung mit Gefängniß von Einem Monat bis zu Einem Jahre zu bestrafen.

cf. § 101 D. Mil. StGB.

Gegen Beamte kann auf Verlust der Fähigkeit zur Bekleidung öffentlicher Aemter auf die Dauer von Einem bis zu fünf Jahren erkannt werden.

§ 129. Die Theilnahme an einer Verbindung, zu deren Zwecken oder Beschäftigungen gehört, Maßregeln der Verwaltung oder die Vollziehung von Gesetzen durch ungesetzliche Mittel zu verhindern oder zu entkräften, ist an den Mitgliedern mit Gefängniß bis zu Einem Jahre, an den Stiftern und Vorstehern der Verbindung mit Gefängniß von drei Monaten bis zu zwei Jahren zu bestrafen.

Gegen Beamte kann auf Verlust der Fähigkeit zur Bekleidung öffentlicher Aemter auf die Dauer von Einem bis zu fünf Jahren erkannt werden.

§ 130. Wer in einer den öffentlichen Frieden gefährdenden Weise verschiedene Klassen der Bevölkerung zu Gewaltthätigkeiten gegen einander öffentlich anreizt, wird mit Geldstrafe bis zu sechshundert Mark oder mit Gefängniß bis zu zwei Jahren bestraft.

cf. § 29 D. Mil. StGB.

*§ 130a. Ein Geistlicher oder anderer Religionsdiener, welcher in Ausübung oder in Veranlassung der Ausübung seines Berufes öffentlich vor einer Menschenmenge, oder welcher in einer Kirche oder an einem anderen zu religiösen Versammlungen bestimmten Orte vor Mehreren Angelegenheiten des Staats in einer den öffentlichen Frieden gefährdenden Weise zum Gegenstande einer Verkündigung oder Erörterung macht, wird mit Gefängniß oder Festungshaft bis zu zwei Jahren bestraft.

Gleiche Strafe trifft denjenigen Geistlichen oder anderen Religionsdiener, welcher in Ausübung oder in Veranlassung der Ausübung seines Berufes Schriftstücke ausgiebt oder verbreitet, in welchen Angelegenheiten des Staats in einer den öffentlichen Frieden gefährdenden Weise zum Gegenstande einer Verkündigung oder Erörterung gemacht sind.

§ 131. Wer erdichtete oder entstellte Thatsachen, wissend, daß sie erdichtet oder entstellt sind, öffentlich behauptet oder verbreitet, um dadurch Staatseinrichtungen oder Anordnungen der Obrigkeit verächtlich zu machen, wird mit Geldstrafe bis zu sechshundert Mark oder mit Gefängniß bis zu zwei Jahren bestraft.

cf. § 29 D. Mil. StGB.

§ 132. Wer unbefugt sich mit Ausübung eines öffentlichen Amtes befaßt oder eine Handlung vornimmt, welche nur Kraft eines öffentlichen Amtes vorgenommen werden darf, wird mit Gefängniß bis zu Einem Jahre oder mit Geldstrafe bis zu dreihundert Mark bestraft.

(cf. §§ 29, 120 D. Mil. StGB.)

§ 133. Wer eine Urkunde, ein Register, Akten oder einen sonstigen Gegenstand, welche sich zur amtlichen Aufbewahrung an einem dazu bestimmten Orte befinden, oder welche einem Beamten oder einem Dritten amtlich übergeben worden sind, vorsätzlich vernichtet, bei Seite schafft oder beschädigt, wird mit Gefängniß bestraft.

Ist die Handlung in gewinnsüchtiger Absicht begangen, so tritt Gefängnißstrafe nicht unter drei Monaten ein; auch kann auf Verlust der bürgerlichen Ehrenrechte erkannt werden.

Wegen der neben Ehrverlust für Militärpersonen rc. eintretenden und resp. ausdrücklich auszusprechenden Folgen cf. Anm. zu §§ 33, 34 RStGB.

§ 134. Wer öffentlich angeschlagene Bekanntmachungen, Verordnungen, Befehle oder Anzeigen von Behörden oder Beamten böswillig abreißt, beschädigt oder verunstaltet, wird mit Geldstrafe bis zu dreihundert Mark oder mit Gefängniß bis zu sechs Monaten bestraft.

cf. § 29 D. Mil. StGB.

*§ 135. Wer ein öffentliches Zeichen der Autorität des Reichs oder eines Bundesfürsten oder ein Hoheitszeichen eines Bundesstaats böswillig wegnimmt, zerstört oder beschädigt, oder beschimpfenden Unfug daran verübt, wird mit Geldstrafe bis zu sechshundert Mark oder mit Gefängniß bis zu zwei Jahren bestraft.

cf. § 29 D. Mil. StGB.

§ 136. Wer unbefugt ein amtliches Siegel, welches von einer Behörde oder einem Beamten angelegt ist, um Sachen zu verschließen, zu bezeichnen oder in Beschlag zu nehmen, vorsätzlich erbricht, ablöst oder beschädigt oder den durch ein solches Siegel bewirkten amtlichen Verschluß aufhebt, wird mit Gefängniß bis zu sechs Monaten bestraft.

§ 137. Wer Sachen, welche durch die zuständigen Behörden oder Beamten gepfändet oder in Beschlag genommen worden sind, vorsätzlich bei Seite schafft, zerstört oder in anderer Weise der Verstrickung ganz oder theilweise entzieht, wird mit Gefängniß bis zu Einem Jahre bestraft.

§ 138. Wer als Zeuge, Geschworener oder Schöffe berufen, eine unwahre Thatsache als Entschuldigung vorschützt, wird mit Gefängniß bis zu zwei Monaten bestraft.

Dasselbe gilt von einem Sachverständigen, welcher zum Erscheinen gesetzlich verpflichtet ist.

Die auf das Nichterscheinen gesetzten Ordnungsstrafen werden durch vorstehende Strafbestimmung nicht ausgeschlossen.

§ 139. Wer von dem Vorhaben eines Hochverraths, Landesverraths, Münzverbrechens, Mordes, Raubes, Menschenraubes oder eines gemeingefährlichen Verbrechens zu einer Zeit, in welcher die Verhütung des Verbrechens möglich ist, glaubhafte Kenntniß erhält und es unterläßt, hiervon der Behörde oder der durch das Verbrechen bedrohten Person zur rechten Zeit Anzeige zu machen, ist, wenn das Verbrechen oder ein strafbarer Versuch desselben begangen worden ist, mit Gefängniß zu bestrafen.

Auf Personen des Soldatenstandes und im Felde resp. im Falle eines ausgebrochenen Krieges auf Militärbeamte und das Gefolge des Heeres finden außerdem die §§ 60, 77, 104, 105 D. Mil. StGB. Anwendung.

*§ 140. Wegen Verletzung der Wehrpflicht wird bestraft:

1) ein Wehrpflichtiger, welcher in der Absicht, sich dem Eintritte in den Dienst des stehenden Heeres oder der Flotte zu entziehen, ohne Erlaubniß entweder das Bundesgebiet verläßt oder nach erreichtem militärpflichtigen Alter sich außerhalb des Bundesgebietes aufhält: mit Geldstrafe von Einhundertfunfzig bis zu dreitausend Mark oder mit Gefängniß von Einem Monat bis zu Einem Jahre;
2) ein Offizier oder im Offizierrange stehender Arzt des Beurlaubtenstandes, welcher ohne Erlaubniß aus-

wandert: mit Geldstrafe bis zu dreitausend Mark oder mit Haft oder mit Gefängniß bis zu sechs Monaten;

3) ein jeder Wehrpflichtige, welcher nach öffentlicher Bekanntmachung einer vom Kaiser für die Zeit eines Krieges oder einer Kriegsgefahr erlassenen besonderen Anordnung in Widerspruch mit derselben auswandert: mit Gefängniß bis zu zwei Jahren, neben welchem auf Geldstrafe bis zu dreitausend Mark erkannt werden kann.

Der Versuch ist strafbar.

Das Vermögen des Angeschuldigten kann, insoweit als es nach dem Ermessen des Richters zur Deckung der den Angeschuldigten möglicherweise treffenden höchsten Geldstrafe und der Kosten des Verfahrens erforderlich ist, mit Beschlag belegt werden.

Vergl. § 360 Nr. 3. Staatsvertrag mit den Vereinigten Staaten v. Amerika v. 22. Febr. 1868. B. Indigenatsgesetz v. 1. Juni 1870. R. Mil. G. v. 2. 5. 74. D. Wehr-O. v. 28. 9. 75.

ad 1) Wegen der Pflicht zur Gestellung und der Pflichtverletzungen der Wehrpflichtigen cf. §§ 10 u. 33 R. Mil. Ges. v. 2. Mai 1874. cf. auch Art. 57 der Reichsverf. § 1 ff. des B. Ges. v. 9. Nov. 1867 (R. Verf. Ges. v. 16. Apr. 1871 § 2.)

Die nach der Aushebung resp. definitiven Annahme vorläufig in die Heimath entlassenen Rekruten und Freiwilligen, die bis zur Entscheidung über ihr ferneres Militärverhältniß zur Disposition der Ersatzbehörden entlassenen Mannschaften und die sog. Dispositionsurlauber sind nicht „Wehrpflichtige“ sondern gehören dem Beurlaubtenstande an, sind aber nach § 60 Nr. 3 (cf. § 56 Nr. 2—4 R. Mil. Ges. v. 2. Mai 1874) den Bestimmungen im 3. Abschnitte des Mil. StGB.'s vom 20. Juni 1872 über unerlaubte Entfernung und Fahnenflucht in gleicher Weise wie die Personen des aktiven Dienststandes unterworfen. Weg. Reserv. u. Wehrm. § 360 Nr. 3.

Verfahren ad 1 § 140 für Preußen: Ges. v. 10. März 1856, vom 1. Okt. 1879 ab: RStGB. §§ 470—476.

ad 2 u. 3) cf. § 60 Nr. 2 R. Mil. Ges. v. 2. Mai 1874. Verfahren für Preußen: Ges. v. 3. Mai 1852 u. Erl. des Pr. Just. Min. v. 1. 2. 75; v. 1. 10. 1879 ab: §§ 470—476 d. RStPO.

§ 141. Wer einen Deutschen zum Militärdienst einer ausländischen Macht anwirbt oder den Werbern der letzteren zuführt, ingleichen wer einen Deutschen Soldaten vorsätzlich zum Desertiren verleitet oder die Desertion desselben vorsätzlich befördert, wird mit Gefängniß von drei Monaten bis zu drei Jahren bestraft.

Der Versuch ist strafbar.

§ 141 wird soweit er die Verleitung zum Desertiren (cf. §§ 69 ff. D. Mil. StGB.) betrifft, für Militärpersonen und die denselben gleichgestellten Personen, insbesondere auch die in § 56 R. Mil. G. v. 2. 5. 74 sub 2—4 benannten in Anm. zu § 140 ad 1 aufgeführten Personen des Beurlaubtenstandes durch § 78 D. Mil. StGB. ersetzt. Die Nichtanzeige eines Desertionsvorhabens ist an Militärpersonen 2c. nach § 77 D. Mil. StGB. strafbar.

§ 142. Wer sich vorsätzlich durch Selbstverstümmelung oder auf andere Weise zur Erfüllung der Wehrpflicht untauglich macht oder durch einen Anderen untauglich machen läßt, wird mit Gefängniß nicht unter Einem Jahre bestraft; auch kann auf Verlust der bürgerlichen Ehrenrechte erkannt werden.

Dieselbe Strafe trifft denjenigen, welcher einen Anderen auf dessen Verlangen zur Erfüllung der Wehrpflicht untauglich macht.

Personen des Soldatenstandes des aktiven Dienststandes und die in § 56 R. Mil. Ges. v. 2. 5. 1874 sub 2—4 benannten — in Anm. zu § 140 ad 1 aufgeführten — Personen des Beurlaubtenstandes, welche sich nach der Einstellung resp. Aushebung dieses Vergehens schuldig machen, sind nicht nach § 142 RStGB. sondern nach §§ 81, 82 D. Mil. StGB. zu bestrafen.

§ 143. Wer in der Absicht, sich der Erfüllung der Wehrpflicht ganz oder theilweise zu entziehen, auf Täuschung berechnete Mittel anwendet, wird mit Gefängniß bestraft; auch kann auf Verlust der bürgerlichen Ehrenrechte erkannt werden.

Dieselbe Strafvorschrift findet auf den Theilnehmer Anwendung.

Auf Personen des Soldatenstandes des aktiven Dienststandes und die in § 56 R. Mil. Ges. v. 2. 5. 74 sub 2—4 benannten — in Anm. zu § 140 ad 1 aufgeführten — Personen des Beurlaubtenstandes, welche sich dieses Vergehens nach der Einstellung resp. Aushebung schuldig machen, findet statt des § 143 RStGB. der § 83 D. Mil. StGB. Anwendung.

*§ 144. Wer es sich zum Geschäfte macht, Deutsche unter Vorspiegelung falscher Thatsachen oder wissentlich mit unbegründeten Angaben oder durch andere auf Täuschung berechnete Mittel zur Auswanderung zu verleiten, wird mit Gefängniß von Einem Monat bis zu zwei Jahren bestraft.

*§ 145. Wer die vom Kaiser

zur Verhütung des Zusammenstoßens der Schiffe auf See,

über das Verhalten der Schiffer nach einem Zusammenstoße von Schiffen auf See, oder

in Betreff der Noth- und Lootsensignale für Schiffe auf See und auf den Küstengewässern erlassenen Verordnungen übertritt, wird mit Geldstrafe bis zu Eintausendfünfhundert Mark bestraft.

cf. Kaiserl. Verordnung v. 23. Dec. 1871 (RGBl. S. 475) v. 15. Aug. 1876 und Noth- und Lootsen-Signalordnung ꝛc. v. 14. Aug. eiusd. (RGBl. S. 189 u. 187.)

Achter Abschnitt.

Münzverbrechen und Münzvergehen. †)

§ 146. Wer inländisches oder ausländisches Metallgeld oder Papiergeld nachmacht, um das nachgemachte Geld als echtes zu gebrauchen oder sonst in Verkehr zu bringen, oder wer in gleicher Absicht echtem Gelde durch Veränderung an demselben den Schein eines höheren Werths oder verrufenem Gelde durch Veränderung an demselben das Ansehen eines noch geltenden giebt, wird mit Zuchthaus nicht unter zwei Jahren bestraft; auch ist Polizei-Aufsicht zulässig.

Sind mildernde Umstände vorhanden, so tritt Gefängnißstrafe ein.

§ 147. Dieselben Strafbestimmungen finden auf denjenigen Anwendung, welcher das von ihm auch ohne die vorbezeichnete Absicht nachgemachte oder verfälschte Geld als echtes in Verkehr bringt, sowie auf denjenigen, welcher nachgemachtes oder verfälschtes Geld sich verschafft und solches entweder in Verkehr bringt oder zum Zwecke der Verbreitung aus dem Auslande einführt.

---

†) Wegen der neben Zuchthaus und Gefängniß zulässigen resp. gebotenen bürgerlichen oder militärischen Ehrenstrafen cf. Anm. zu §§ 32 bis 34 RStGB. Wegen gebotener Straferhöhung cf. S. 29 unten.

§ 148. Wer nachgemachtes oder verfälschtes Geld als echtes empfängt und nach erkannter Unechtheit als echtes in Verkehr bringt, wird mit Gefängniß bis zu drei Monaten oder mit Geldstrafe bis zu dreihundert Mark bestraft.

Der Versuch ist strafbar.

cf. § 29 D. Mil. StGB.

§ 149. Dem Papiergelde werden gleich geachtet die auf den Inhaber lautenden Schuldverschreibungen, Banknoten, Actien oder deren Stelle vertretende Interimsscheine oder Quittungen, sowie die zu diesen Papieren gehörenden Zins-, Gewinnantheils- oder Erneuerungsscheine, welche von dem Reiche, dem Norddeutschen Bunde, einem Bundesstaate oder fremden Staate oder von einer zur Ausgabe solcher Papiere berechtigten Gemeinde, Korporation, Gesellschaft oder Privatperson ausgestellt sind.

§ 150. Wer echte, zum Umlauf bestimmte Metallgeldstücke durch Beschneiden, Abfeilen oder auf andere Art verringert und als vollgültig in Verkehr bringt, oder wer solche verringerte Münzen gewohnheitsmäßig oder im Einverständnisse mit dem, welcher sie verringert hat, als vollgültig in Verkehr bringt, wird mit Gefängniß bestraft, neben welchem auf Geldstrafe bis zu dreitausend Mark, sowie auf Verlust der bürgerlichen Ehrenrechte erkannt werden kann.

Der Versuch ist strafbar.

Wegen der neben Ehrverlust für Militärpersonen eintretenden und resp. ausdrücklich auszusprechenden Folgen cf. Anm. zu §§ 33, 34 RStGB.

§ 151. Wer Stempel, Siegel, Stiche, Platten oder andere zur Anfertigung von Metallgeld, Papiergeld oder dem letzteren gleich geachteten Papieren dienliche Formen zum Zwecke eines Münzverbrechens angeschafft oder angefertigt hat, wird mit Gefängniß bis zu zwei Jahren bestraft.

§ 152. Auf die Einziehung des nachgemachten oder verfälschten Geldes, sowie der im § 151 bezeichneten Gegenstände ist zu erkennen, auch wenn die Verfolgung oder Verurtheilung einer bestimmten Person nicht stattfindet.

Neunter Abschnitt.

Meineid. †)

§ 153. Wer einen ihm zugeschobenen, zurückgeschobenen oder auferlegten Eid wissentlich falsch schwört, wird mit Zuchthaus bis zu zehn Jahren bestraft.

cf. §§ 161, 163 RStGB.

§ 154. Gleiche Strafe trifft denjenigen, welcher vor einer zur Abnahme von Eiden zuständigen Behörde wissentlich ein falsches Zeugniß oder ein falsches Gutachten mit einem Eide bekräftigt oder den vor seiner Vernehmung geleisteten Eid wissentlich durch ein falsches Zeugniß oder ein falsches Gutachten verletzt.

Ist das falsche Zeugniß oder Gutachten in einer Strafsache zum Nachtheile eines Angeschuldigten abge=

†) Wegen der neben Zuchthaus und Gefängniß zuläßigen resp. gebotenen bürgerlichen oder militärischen Ehrenstrafen cf. Anm. zu §§ 32 bis 34 RStGB. Wegen gebotener Straferhöhung cf. S. 29 unten.

geben und dieser zum Tode, zu Zuchthaus oder zu einer anderen mehr als fünf Jahre betragenden Freiheitsstrafe verurtheilt worden, so tritt Zuchthausstrafe nicht unter drei Jahren nicht ein.

cf §§ 161, 163.

§ 155. Der Ableistung eines Eides wird gleich geachtet, wenn

1) ein Mitglied einer Religionsgesellschaft, welcher das Gesetz den Gebrauch gewisser Betheuerungsformeln an Stelle des Eides gestattet, eine Erklärung unter der Betheuerungsformel seiner Religionsgesellschaft abgiebt;
2) derjenige, welcher als Partei, Zeuge oder Sachverständigiger einen Eid geleistet hat, in gleicher Eigenschaft eine Versicherung unter Berufung auf den bereits früher in derselben Angelegenheit geleisteten Eid abgiebt, oder ein Sachverständiger, welcher als solcher ein- für allemal vereidet ist, eine Versicherung auf den von ihm geleisteten Eid abgiebt;
3) ein Beamter eine amtliche Versicherung unter Berufung auf seinen Diensteid abgiebt.

cf. §§ 161, 163.

§ 156. Wer vor einer zur Abnahme einer Versicherung an Eidesstatt zuständigen Behörde eine solche Versicherung wissentlich falsch abgiebt oder unter Berufung auf eine solche Versicherung wissentlich falsch aussagt, wird mit Gefängniß von Einem Monat bis zu drei Jahren bestraft.

cf. §§ 161 Abs. 2, 32, 163.

§ 157. Hat ein Zeuge oder Sachverständiger sich eines

Meineides (§§ 154, 155) oder einer falschen Versicherung an Eidesstatt schuldig gemacht, so ist die an sich verwirkte Strafe auf die Hälfte bis ein Viertheil zu ermäßigen, wenn

1) die Angabe der Wahrheit gegen ihn selbst eine Verfolgung wegen eines Verbrechens oder Vergehens nach sich ziehen konnte, oder
2) der Aussagende die falsche Aussage zu Gunsten einer Person, rücksichtlich welcher er die Aussage ablehnen durfte, erstattet hat, ohne über sein Recht, die Aussage ablehnen zu dürfen, belehrt worden zu sein.

Ist hiernach Zuchthausstrafe unter Einem Jahre verwirkt, so ist dieselbe nach Maßgabe des § 21 in Gefängnißstrafe zu verwandeln.

cf. §§ 161 Abs. 2, 32.

§ 158. Gleiche Strafermäßigung tritt ein, wenn derjenige, welcher sich eines Meineides oder einer falschen Versicherung an Eidesstatt schuldig gemacht hat, bevor eine Anzeige gegen ihn erfolgt oder eine Untersuchung gegen ihn eingeleitet und bevor ein Rechtsnachtheil für einen Anderen aus der falschen Aussage entstanden ist, diese bei derjenigen Behörde, bei welcher er sie abgegeben hat, widerruft.

cf. §§ 161 Abs. 2, 32.

§ 159. Wer es unternimmt, einen Anderen zur Begehung eines Meineides zu verleiten, wird mit Zuchthaus bis zu fünf Jahren, und wer es unternimmt, einen Anderen zur wissentlichen Abgabe einer falschen Versicherung an Eidesstatt zu verleiten, mit Gefängniß bis zu Einem Jahre bestraft.

cf. §§ 161 Abs. 2, 32.

§ 160. Wer einen Anderen zur Ableistung eines falschen Eides verleitet, wird mit Gefängniß bis zu zwei Jahren bestraft, neben welchem auf den Verlust der bürgerlichen Ehrenrechte erkannt werden kann, und wer einen Anderen zur Ableistung einer falschen Versichernng an Eidesstatt verleitet, wird mit Gefängniß bis zu sechs Monaten bestraft.

Der Versuch ist strafbar.

Der falsche Eid ist kein Meineid sondern nur ein thatsächlich unrichtiger Eid. Wegen der neben Ehrverlust für Militärpersonen eintretenden Folgen cf. Anm. zu §§ 33, 34 RStGB.

§ 161. Bei jeder Verurtheilung wegen Meineides, mit Ausnahme der Fälle in den §§ 157 und 158, ist auf Verlust der bürgerlichen Ehrenrechte und außerdem auf die dauernde Unfähigkeit des Verurtheilten, als Zeuge oder Sachverständiger eidlich vernommen zu werden, zu erkennen.

Hier (§§ 53—55) ist Ehrverlust geboten u. nicht nur zul. (§ 32.)

In den Fällen der §§ 156 bis 159 kann neben der Gefängnißstrafe auf Verlust der bürgerlichen Ehrenrechte erkannt werden.

Wegen der neben Ehrverlust für Militärpersonen eintretenden (ev. ausdrücklich auszusprechenden) Folgen cf. Anm. zu §§ 33, 34 RStGB. cf. auch § 32 a. a. O. u. Anm. dazu.

§ 162. Wer vorsätzlich einer durch eidliches Angelöbniß vor Gericht bestellten Sicherheit oder dem in einem Offenbarungseide gegebenen Versprechen zuwiderhandelt, wird mit Gefängniß bis zu zwei Jahren bestraft.

§ 163. Wenn eine der in den §§ 153 bis 156 bezeichneten Handlungen aus Fahrlässigkeit begangen worden ist, so tritt Gefängnißstrafe bis zu Einem Jahre ein.

Straflosigkeit tritt ein, wenn der Thäter, bevor eine Anzeige gegen ihn erfolgt oder eine Untersuchung gegen ihn eingeleitet und bevor ein Rechtsnachtheil für einen Anderen aus der falschen Aussage entstanden ist, diese bei derjenigen Behörde, bei welcher er sie abgegeben hat, widerruft.

Zehnter Abschnitt.

Falsche Anschuldigung.

§ 164. Wer bei einer Behörde eine Anzeige macht, durch welche er Jemand wider besseres Wissen der Begehung einer strafbaren Handlung oder der Verletzung einer Amtspflicht beschuldigt, wird mit Gefängniß nicht unter Einem Monat bestraft; auch kann gegen denselben auf Verlust der bürgerlichen Ehrenrechte erkannt werden.

So lange ein in Folge der gemachten Anzeige eingeleitetes Verfahren anhängig ist, soll mit dem Verfahren und mit der Entscheidung über die falsche Anschuldigung inne gehalten werden.

cf. §§ 69 RStGB. 139, 90, 91 D. Mil. StGB.

Wegen der neben Ehrverlust für Militärpersonen eintretenden Folgen und der neben Gefängniß zulässigen mil. Ehrenstrafen cf. Anm. zu §§ 32—34. Wegen Straferhöhung S. 29 unten.

§ 165. Wird wegen falscher Anschuldigung auf Strafe erkannt, so ist zugleich dem Verletzten die Befugniß zuzusprechen, die Verurtheilung auf Kosten des Schuldigen öffentlich bekannt zu machen. Die Art der Bekanntmachung, sowie die Frist zu derselben ist in dem Urtheile zu bestimmen.

Dem Verletzten ist auf Kosten des Schuldigen eine Ausfertigung des Urtheils zu ertheilen.

Elfter Abschnitt.

Vergehen, welche sich auf die Religion beziehen.

§ 166. Wer dadurch, daß er öffentlich in beschimpfenden Aeußerungen Gott lästert, ein Aergerniß giebt, oder wer öffentlich eine der christlichen Kirchen oder eine andere mit Corporationsrechten innerhalb des Bundesgebiets bestehende Religionsgesellschaft oder ihre Einrichtungen oder Gebräuche beschimpft, ingleichen wer in einer Kirche oder in einem anderen zu religiösen Versammlungen bestimmten Orte beschimpfenden Unfug verübt, wird mit Gefängniß bis zu drei Jahren bestraft.

§ 167. Wer durch eine Thätlichkeit oder Drohung Jemand hindert, den Gottesdienst einer im Staate bestehenden Religionsgesellschaft auszuüben, ingleichen wer in einer Kirche oder in einem anderen zu religiösen Versammlungen bestimmten Orte durch Erregung von Lärm oder Unordnung den Gottesdienst oder einzelne gottesdienstliche Verrichtungen einer im Staate bestehenden Religionsgesellschaft vorsätzlich verhindert oder stört, wird mit Gefängniß bis zu drei Jahren bestraft.

§ 168. Wer unbefugt eine Leiche aus dem Gewahrsam der dazu berechtigten Person wegnimmt, ingleichen wer unbefugt ein Grab zerstört oder beschädigt, oder wer an einem Grabe beschimpfenden Unfug verübt, wird mit Gefängniß bis zu zwei Jahren bestraft; auch kann auf Verlust der bürgerlichen Ehrenrechte erkannt werden.

Zu §§ 166—168: Wegen der neben Ehrverlust für Militärpersonen eintretenden Folgen cf. Anm. zu §§ 33, 34. Wegen der neben Gefängniß zulässigen militärischen Ehrenstrafen cf. Anm. 2 zu § 32. Wegen gebotener Straferhöhung S. 29 unten.

Zwölfter Abschnitt.

Verbrechen und Vergehen in Beziehung auf den Personenstand.

§ 169. Wer ein Kind unterschiebt oder vorsätzlich verwechselt, oder wer auf andere Weise den Personenstand eines Anderen vorsätzlich verändert oder unterdrückt, wird mit Gefängniß bis zu drei Jahren und, wenn die Handlung in gewinnsüchtiger Absicht begangen wurde, mit Zuchthaus bis zu zehn Jahren bestraft.

Der Versuch ist strafbar.

§ 170. Wer bei Eingehung einer Ehe dem anderen Theile ein gesetzliches Ehehinderniß arglistig verschweigt, oder wer den anderen Theil zur Eheschließung arglistig mittels einer solchen Täuschung verleitet, welche den Getäuschten berechtigt, die Gültigkeit der Ehe anzufechten, wird, wenn aus einem dieser Gründe die Ehe aufgelöst worden ist, mit Gefängniß nicht unter drei Monaten bestraft.

Die Verfolgung tritt nur auf Antrag des getäuschten Theils ein.

Zu §§ 169, 170. Wegen der neben Zuchthaus und Gefängniß gebotenen resp. zulässigen bürgerlichen und militärischen Ehrenstrafen und der neben Ehrverlust für Militärpersonen eintretenden resp. ausdrücklich auszusprechenden Folgen cf. Anm. zu §§ 32—34. Wegen Straferhöhung S. 29 unten.

Dreizehnter Abschnitt.

Verbrechen und Vergehen wider die Sittlichkeit. †)

§ 171. Ein Ehegatte, welcher eine neue Ehe eingeht, bevor seine Ehe aufgelöst, für ungültig oder nichtig erklärt worden ist, ingleichen eine unverheirathete Person, welche mit einem Ehegatten, wissend, daß er verheirathet ist, eine Ehe eingeht, wird mit Zuchthaus bis zu fünf Jahren bestraft.

Sind mildernde Umstände vorhanden, so tritt Gefängnißstrafe nicht unter sechs Monaten ein.

Die Verjährung der Strafverfolgung beginnt mit dem Tage, an welchem eine der beiden Ehen aufgelöst, für ungültig oder nichtig erklärt worden ist.

§ 172. Der Ehebruch wird, wenn wegen desselben die Ehe geschieden ist, an dem schuldigen Ehegatten, sowie dessen Mitschuldigen mit Gefängniß bis zu sechs Monaten bestraft.

Die Verfolgung tritt nur auf Antrag ein.

cf. Anm. zu § 179.

---

†) Wegen der neben Zuchthaus oder Gefängniß gebotenen resp. zulässigen bürgerlichen oder militärischen Ehrenstrafen und der Folgen des Ehrverlustes für Militärpersonen cf. Anm. zu §§ 32—34 RStGB. Wegen gebotener Straferhöhung S. 29 unten.

§ 173. Der Beischlaf zwischen Verwandten auf- und absteigender Linie wird an den ersteren mit Zuchthaus bis zu fünf Jahren, an den letzteren mit Gefängniß bis zu zwei Jahren bestraft.

Der Beischlaf zwischen Verschwägerten auf- und absteigender Linie, sowie zwischen Geschwistern, wird mit Gefängniß bis zu zwei Jahren bestraft.

Neben der Gefängnißstrafe kann auf Verlust der bürgerlichen Ehrenrechte erkannt werden.

Verwandte und Verschwägerte absteigender Linie bleiben straflos, wenn sie das achtzehnte Lebensjahr nicht vollendet haben.

§ 174. Mit Zuchthaus bis zu fünf Jahren werden bestraft:

1 Vormünder, welche mit ihren Pflegebefohlenen, Adoptiv- und Pflegeeltern, welche mit ihren Kindern, Geistliche, Lehrer und Erzieher, welche mit ihren minderjährigen Schülern oder Zöglingen unzüchtige Handlungen vornehmen;

2) Beamte, die mit Personen, gegen welche sie eine Untersuchung zu führen haben oder welche ihrer Obhut anvertraut sind, unzüchtige Handlungen vornehmen;

3) Beamte, Aerzte oder andere Medizinalpersonen, welche in Gefängnissen oder in öffentlichen, zur Pflege von Kranken, Armen oder anderen Hülflosen bestimmten Anstalten beschäftigt oder angestellt sind, wenn sie mit den in das Gefängniß oder in die

Anstalt aufgenommenen Personen unzüchtige Handlungen vornehmen.

Sind mildernde Umstände vorhanden, so tritt Gefängnißstrafe nicht unter sechs Monaten ein.

§ 175. Die widernatürliche Unzucht, welche zwischen Personen männlichen Geschlechts oder von Menschen mit Thieren begangen wird, ist mit Gefängniß zu bestrafen; auch kann auf Verlust der bürgerlichen Ehrenrechte erkannt werden.

*§ 176. Mit Zuchthaus bis zu zehn Jahren wird bestraft, wer

1) mit Gewalt unzüchtige Handlungen an einer Frauensperson vornimmt oder dieselbe durch Drohung mit gegenwärtiger Gefahr für Leib oder Leben zur Duldung unzüchtiger Handlungen nöthigt;
2) eine in einem willenlosen oder bewußtlosen Zustande befindliche oder eine geisteskranke Frauensperson zum außerehelichen Beischlafe mißbraucht, oder
3) mit Personen unter vierzehn Jahren unzüchtige Handlungen vornimmt oder dieselben zur Verübung oder Duldung unzüchtiger Handlungen verleitet.

Sind mildernde Umstände vorhanden, so tritt Gefängnißstrafe nicht unter sechs Monaten ein.

*§ 177. Mit Zuchthaus wird bestraft, wer durch Gewalt oder durch Drohung mit gegenwärtiger Gefahr für Leib oder Leben eine Frauensperson zur Duldung des außerehelichen Beischlafs nöthigt, oder wer eine Frauensperson zum außerehelichen Beischlafe mißbraucht, nachdem

er sie zu diesem Zwecke in einen willenlosen oder bewußtlosen Zustand versetzt hat.

Sind mildernde Umstände vorhanden, so tritt Gefängnißstrafe nicht unter Einem Jahre ein.

*§ 178. Ist durch eine der in den §§ 176 und 177 bezeichneten Handlungen der Tod der verletzten Person verursacht worden, so tritt Zuchthausstrafe nicht unter zehn Jahren oder lebenslängliche Zuchthausstrafe ein.

§ 179. Wer eine Frauensperson zu Gestattung des Beischlafs dadurch verleitet, daß er eine Trauung vorspiegelt oder einen anderen Irrthum in ihr erregt oder benutzt, in welchem sie den Beischlaf für einen ehelichen hielt, wird mit Zuchthaus bis zu fünf Jahren bestraft.

Sind mildernde Umstände vorhanden, so tritt Gefängnißstrafe nicht unter sechs Monaten ein.

Die Verfolgung tritt nur auf Antrag ein.

Im Felde ist die Verfolgung gegen Militärpersonen, das Gefolge des kriegführenden Heeres und die unter den Kriegsgesetzen stehenden Kriegsgefangenen unabhängig vom Antrage der Verletzten oder einer anderen zum Antrage berechtigten Person. cf. § 127. (§§ 153, 155—157, 158 u. 9 Nr. 4) D. Mil. StGB.

§ 180. Wer gewohnheitsmäßig oder aus Eigennutz durch seine Vermittelung oder durch Gewährung oder Verschaffung von Gelegenheit der Unzucht Vorschub leistet, wird wegen Kuppelei mit Gefängniß bestraft; auch kann auf Verlust der bürgerlichen Ehrenrechte, sowie auf Zulässigkeit von Polizei-Aufsicht erkannt werden.

Wegen der neben Ehrverlust für Militärpersonen eintretenden und resp. ausdrücklich auszusprechenden Folgen cf. Anm. zu § 33, 34 RStGB.

§ 181. Die Kuppelei ist, selbst wenn sie weder gewohnheitsmäßig, noch aus Eigennutz betrieben wird, mit Zuchthaus bis zu fünf Jahren zu bestrafen, wenn

1) um der Unzucht Vorschub zu leisten, hinterlistige Kunstgriffe angewendet worden sind, oder
2) der Schuldige zu den Personen, mit welchen die Unzucht getrieben worden ist, in dem Verhältniß von Eltern zu Kindern, von Vormündern zu Pflegebefohlenen, von Geistlichen, Lehrern oder Erziehern zu den von ihnen zu unterrichtenden oder zu erziehenden Personen steht.

Neben der Zuchthausstrafe ist der Verlust der bürgerlichen Ehrenrechte auszusprechen; auch kann auf Zulässigkeit von Polizei-Aufsicht erkannt werden.

Hier ist Ehrverlust geboten und nicht nur zulässig. (§ 32.)

§ 182. Wer ein unbescholtenes Mädchen, welches das sechszehnte Lebensjahr nicht vollendet hat, zum Beischlafe verführt, wird mit Gefängniß bis zu Einem Jahre bestraft.

Die Verfolgung tritt nur auf Antrag der Eltern oder des Vormundes der Verführten ein.

Im Felde ohne Antrag strafbar cf. Anm. zu § 179.

*§ 183. Wer durch eine unzüchtige Handlung öffentlich ein Aergerniß giebt, wird mit Gefängniß bis zu zwei Jahren oder mit Geldstrafe bis zu fünfhundert Mark bestraft.

cf. § 29 D. Mil. StGB.

Neben der Gefängnißstrafe kann auf Verlust der bürgerlichen Ehrenrechte erkannt werden.

§ 184. Wer unzüchtige Schriften, Abbildungen oder Darstellungen verkauft, vertheilt oder sonst verbreitet, oder an Orten, welche dem Publikum zugänglich sind, ausstellt oder anschlägt, wird mit Geldstrafe bis zu Dreihundert Mark oder mit Gefängniß bis zu sechs Monaten bestraft.

cf. § 29 D. Mil. StGB.

Vierzehnter Abschnitt.

Beleidigung.†)

Die in diesem Abschnitte enthaltenen Strafbestimmungen gelten rücksichtlich der Personen des Soldatenstandes nur bei Beleidigung von Civilisten und Kameraden. Beleidigung Vorgesetzter oder im Dienstrange Höherer und Beleidigung Untergebener sind militärische (militärisch qualifizirte) daher ohne Antrag verfolgbare Vergehen und nach §§ 91, 97, 121 D. Mil. StGB. zu bestrafen. Für letztere gelten aus diesem Abschnitte nur die §§ 190, 192 u. 193, welche zur Begriffsbestimmung der Beleidigung gehören; die §§ 188, 198, 199 u. 200 finden auf Beleidigung Vorgesetzter, im Dienstrange Höherer und Untergebener keine Anwendung. Näheres in meinem Kommentar z. D. Mil. StGB. Anm. zu § 2.

Beleidigungen von Civilpersonen und Kameraden sind (sobald der Strafantrag gestellt ist, welcher auch bei Beleidigung unter Kameraden nothwendig ist, widrigenfalls nur ein Disziplinarvergehen vorliegt) nach § 229 ff. Pr. Mil. StGO. v. 3. April 1845 ausnahmslos vom Militärgericht im Untersuchungsverfahren abzuurtheilen. Die Preuß. A. V. v. 20. Juli 1843 über das ehrengerichtliche Verfahren bei Beleidigungen unter Offizieren ist durch A. V. v. 2. Mai 1874 aufgehoben.

§ 185. Die Beleidigung wird mit Geldstrafe bis zu sechshundert Mark oder mit Haft oder mit Gefängniß bis

†) Wegen der neben Gefängnißstrafe zulässigen militärischen Ehrenstrafen cf. Anm. 2 zu § 32 RStGB. Wegen gebotener Straferhöhung S. 29 unten.

zu Einem Jahre und, wenn die Beleidigung mittels einer Thätlichkeit begangen wird, mit Geldstrafe bis zu eintausendfünfhundert Mark oder mit Gefängniß bis zu zwei Jahren bestraft.

1) cf. §§ 192—200, 233 RStGB. Wegen der Befugniß zur Veröffentlichung bei öffentlichen Beleidigungen (von Civilisten oder Kameraden) und des Begriffs der Oeffentlichkeit cf. Anm. zu § 200 RStGB.

2) Auf Geldstrafe darf gegen Personen des Soldatenstandes nicht erkannt werden, wenn durch die (nur auf Antrag strafbare) Beleidigung zugleich eine militärische Dienstpflicht verletzt worden ist (§ 29 D. Mil. StGB.). Da nun Kriegs-Art. 46 gebietet, daß der Soldat mit seinen Kameraden in Eintracht leben soll, so wird bei Beleidigung von Kameraden auf Geldstrafe nicht erkannt werden dürfen. Bei mangelndem Strafantrage ist die Beleidigung eines Kameraden reines Disziplinarvergehen und nur ev. gerichtlich auf Grund des § 92 D. Mil. StGB. als Ungehorsam zu bestrafen. (Näheres wegen Anwendung des § 92 in meinem Kommentar z. D. Mil. StGB. Anm. 4 zu § 92.)

§ 186. Wer in Beziehung auf einen Anderen eine Thatsache behauptet oder verbreitet, welche denselben verächtlich zu machen oder in der öffentlichen Meinung herabzuwürdigen geeignet ist, wird, wenn nicht diese Thatsache erweislich wahr ist, wegen Beleidigung mit Geldstrafe bis zu sechshundert Mark oder mit Haft oder mit Gefängniß bis zu Einem Jahre, und wenn die Beleidigung öffentlich oder durch Verbreitung von Schriften, Abbildungen oder Darstellungen begangen ist, mit Geldstrafe bis zu Eintausendfünfhundert Mark oder mit Gefängniß bis zu zwei Jahren bestraft.

1) cf. §§ 188, 190—200, 233 RStGB. Wegen der Befug-

niß zur Veröffentlichung bei öffentlichen Beleidigungen (von Civilisten oder Kameraden) und des Begriffs der Oeffentlichkeit cf. Anm. zu § 200 RStGB.

2) Wegen Zulässigkeit von Geldstrafen cf. Anm. 2 zu § 185.

§ 187. Wer wider besseres Wissen in Beziehung auf einen Anderen eine unwahre Thatsache behauptet oder verbreitet, welche denselben verächtlich zu machen oder in der öffentlichen Meinung herabzuwürdigen oder dessen Kredit zu gefährden geeignet ist, wird wegen verleumderischer Beleidigung mit Gefängniß bis zu zwei Jahren und, wenn die Verleumdung öffentlich oder durch Verbreitung von Schriften, Abbildungen oder Darstellungen begangen ist, mit Gefängniß nicht unter Einem Monat bestraft.

Sind mildernde Umstände vorhanden, so kann die Strafe bis auf Einen Tag Gefängniß ermäßigt, oder auf Geldstrafe bis zu neunhundert Mark erkannt werden.

1) cf. §§ 188, 193, 194—200 RStGB. Wegen Veröffentlichungsbefugniß bei öffentlichen Beleidigungen (von Civilisten oder Kameraden) und des Begriffs der Oeffentlichkeit cf. Anm. zu § 200.

2) Wegen Zulässigkeit von Geldstrafen cf. Anm. zu § 185.

§ 188. In den Fällen der §§ 186 und 187 kann auf Verlangen des Beleidigten, wenn die Beleidigung nachtheilige Folgen für die Vermögensverhältnisse, den Erwerb oder das Fortkommen des Beleidigten mit sich bringt, neben der Strafe auf eine an den Beleidigten zu erlegende Buße bis zum Betrage von sechstausend Mark erkannt werden.

Eine erkannte Buße schließt die Geltendmachung eines weiteren Entschädigungsanspruches aus.

cf. die Anm. zum 14. Abschn.

§ 189. Wer das Andenken eines Verstorbenen dadurch beschimpft, daß er wider besseres Wissen eine unwahre Thatsache behauptet oder verbreitet, welche denselben bei seinen Lebzeiten verächtlich zu machen oder in der öffentlichen Meinung herabzuwürdigen geeignet gewesen wäre, wird mit Gefängniß bis zu sechs Monaten bestraft.

Sind mildernde Umstände vorhanden, so kann auf Geldstrafe bis zu neunhundert Mark erkannt werden.

Die Verfolgung tritt nur auf Antrag der Eltern, der Kinder oder des Ehegatten des Verstorbenen ein.

§ 190. Ist die behauptete oder verbreitete Thatsache eine strafbare Handlung, so ist der Beweis der Wahrheit als erbracht anzusehen, wenn der Beleidigte wegen dieser Handlung rechtskräftig verurtheilt worden ist. Der Beweis der Wahrheit ist dagegen ausgeschlossen, wenn der Beleidigte wegen dieser Handlung vor der Behauptung oder Verbreitung rechtskräftig freigesprochen worden ist.

§ 190 gilt ausnahmsweise auch für die militärischen Vergehen der Beleidigung Vorgesetzter, im Dienstrange Höherer und Untergebener (cf. Anm. zum 14. Abschn.)

§ 191. Ist wegen der strafbaren Handlung zum Zwecke der Herbeiführung eines Strafverfahrens bei der Behörde Anzeige gemacht, so ist bis zu dem Beschlusse, daß die Eröffnung der Untersuchung nicht stattfinde, oder bis zur Beendigung der eingeleiteten Untersuchung mit dem Verfahren und der Entscheidung über die Beleidigung inne zu halten.

cf. § 69 RStGB.

§ 192. Der Beweis der Wahrheit der behaupteten oder verbreiteten Thatsache schließt die Bestrafung nach

Vorschrift des § 185 nicht aus, wenn das Vorhandensein einer Beleidigung aus der Form der Behauptung oder Verbreitung oder aus den Umständen, unter welchen sie geschah, hervorgeht.

§ 193. Tadelnde Urtheile über wissenschaftliche, künstlerische oder gewerbliche Leistungen, ingleichen Aeußerungen, welche zur Ausführung oder Vertheidigung von Rechten oder zur Wahrnehmung berechtigter Interessen gemacht werden, sowie Vorhaltungen und Rügen der Vorgesetzten gegen ihre Untergebenen, dienstliche Anzeigen oder Urtheile von Seiten eines Beamten und ähnliche Fälle sind nur insofern strafbar, als das Vorhandensein einer Beleidigung aus der Form der Aeußerung oder aus den Umständen, unter welchen sie geschah, hervorgeht.

Zu §§ 192, 193. Die §§ 192, 193 gelten ausnahmsweise auch für die militärischen Vergehen der Beleidigung Vorgesetzter, im Dienstr. Höherer und Untergebener (cf. Anm. zum 14. Abschn.)

*§ 194. Die Verfolgung einer Beleidigung tritt nur auf Antrag ein. Die Zurücknahme des Antrages (§§ 185 bis 193) ist zulässig.

Daß dies nur für Beleidigungen von Civilisten oder Kameraden gilt, die Beleidigungen Vorgesetzter und im Dienstrange Höherer sowie die Beleidigungen Untergebener aber als militärische Vergehen unabhängig von einem Strafantrage zu verfolgen sind, ist in der Anm. zum 14. Abschn. näher erörtert. (cf. § 51 D. Mil. StGB.)

§ 195. Sind Ehefrauen oder unter väterlicher Gewalt stehende Kinder beleidigt worden, so haben sowohl die Beleidigten, als deren Ehemänner und Väter das Recht, auf Bestrafung anzutragen.

§ 196. Wenn die Beleidigung gegen eine Behörde,

einen Beamten, einen Religionsdiener oder ein Mitglied der bewaffneten Macht, während sie in der Ausübung ihres Berufes begriffen sind, oder in Beziehung auf ihren Beruf, begangen ist, so haben außer den unmittelbar Betheiligten auch deren amtliche Vorgesetzte das Recht, den Strafantrag zu stellen.

Diese Befugniß steht nicht allein dem unmittelbar übergeordneten, sondern jedem Vorgesetzten zu.

§ 197. Eines Antrages bedarf es nicht, wenn die Beleidigung gegen eine gesetzgebende Versammlung des Reichs oder eines Bundesstaats, oder gegen eine andere politische Körperschaft begangen worden ist. Dieselbe darf jedoch nur mit Ermächtigung der beleidigten Körperschaft verfolgt werden.

§ 198. Ist bei wechselseitigen Beleidigungen von einem Theile auf Bestrafung angetragen worden, so ist der andere Theil bei Verlust seines Rechts verpflichtet, den Antrag auf Bestrafung spätestens vor Schluß der Verhandlung in erster Instanz zu stellen, hierzu aber auch dann berechtigt, wenn zu jenem Zeitpunkte die dreimonatliche Frist bereits abgelaufen ist.

§ 199. Wenn eine Beleidigung auf der Stelle erwidert wird, so kann der Richter beide Beleidiger oder einen derselben für straffrei erklären.

cf. § 233 RStGB.

*§ 200. Wird wegen einer öffentlich oder durch Verbreitung von Schriften, Darstellungen oder Abbildungen begangenen Beleidigung auf Strafe erkannt, so ist zugleich dem Beleidigten die Befugniß zuzusprechen, die

Verurtheilung auf Kosten des Schuldigen öffentlich bekannt zu machen. Die Art der Bekanntmachung, sowie die Frist zu derselben ist in dem Urtheil zu bestimmen.

Erfolgte die Beleidigung in einer Zeitung oder Zeitschrift, so ist der verfügende Theil des Urtheils auf Antrag des Beleidigten durch die öffentlichen Blätter bekannt zu machen, und zwar wenn möglich durch dieselbe Zeitung oder Zeitschrift und in demselben Theile und mit derselben Schrift, wie der Abdruck der Beleidigung geschehen.

Dem Beleidigten ist auf Kosten des Schuldigen eine Ausfertigung des Urtheils zu ertheilen.

Daß die Vorschrift des § 200 nur für Beleidigung von Civilisten (resp. Kameraden) nicht aber für die militärischen Vergehen der Beleidigung Vorgesetzter oder im Dienstrange Höherer und der Beleidigung Untergebener gilt, ist in der Anm. zum 14. Abschnitte erörtert.

Oeffentlich ist eine Beleidigung, selbst wenn sie an einem öffentlichen Orte stattfand nur dann, wenn sie von dritten Personen, unbestimmt von welchen und wie vielen wahrgenommen werden konnte, mithin nicht, wenn sie nur für die Wahrnehmung gewisser Personen bestimmt war und (von Zufälligkeiten abgesehen) nur von diesen Personen bemerkt werden konnte, sollten letztere auch einen größeren Kreis gebildet haben. (Oppenhoff Anm. 4 zu § 200 und die das. erwähnten Entscheidungen des Pr. Ob. Tr.)

Funfzehnter Abschnitt.

Zweikampf. †)

Der Zweikampf und die Herausforderung zum Zweikampf wird, wenn nicht der Fall des § 112 D. Mil. StGB. (cf. § 113 a. a. O.) vorliegt, gegen Militärpersonen (auch gegen Offiziere) nach den allgemeinen Landesgesetzen (§§ 201 ff. RStGB.) gestraft.

Die in Preußen gegen Offiziere hinsichtlich des Zweikampfes bisher in Geltung gewesene Verordnung II v. 20. Juli 1843 ist durch die Verordnung v. 2. Mai 1874, betreffend die Ehrengerichte der Offiziere im Preußischen Heere aufgehoben.

Beurlaubte (Reserve- und Landwehr-)Offiziere und die mit Vorbehalt der Dienstverpflichtung aus dem stehenden Heere ausgeschiedenen Offiziere haben wegen Herausforderung und Zweikampfs in Preußen den Militärgerichtsstand (§ 6 des Pr. Mil. StGB. vom 3. April 1845) seit Aufhebung der Verordnung v. 20. Juli 1843 aber nicht mehr wegen Theilnahme am Zweikampf, da § 6 Nr. 5 a. a. O. sich nur auf die Duellanten und nicht auf die Theilnehmer am Zweikampfe bezieht. (cf. Cirk. Schr. des Pr. Gen. Aud. v. 25. Sept. 1872 u. Nr. 7 der Allgem. Verf. derf. Behörde vom 6. Nov. 1874.)

Die besonderen, die Zweikämpfe der Studenten betreffenden Landesgesetze sind durch § 2 d. Einf.-Ges. für aufgehoben zu erachten. cf. Oppenhoff Anm. 4 zu § 201 und Entsch. d. Ob. Trib. v. 6. 6. 1877. Oppenhoff Rechtsprechung Bd. XVIII. S. 366.

§ 201.. Die Herausforderung zum Zweikampf mit tödtlichen Waffen, sowie die Annahme einer solchen Herausforderung wird mit Festungshaft bis zu sechs Monaten bestraft.

§ 202. Festungshaft von zwei Monaten bis zu zwei Jahren tritt ein, wenn bei der Herausforderung die Ab-

---

†) Neben Festungshaft von mehr als einjähriger Dauer ist Dienstentlassung zulässig. cf. § 34 D. Mil. StGB. u. Anm. 2 zu § 32 RStGB. Wegen gebotener Straferhöhung S. 20 unten.

sicht, daß einer von beiden Theilen das Leben verlieren soll, entweder ausgesprochen ist oder aus der gewählten Art des Zweikampfs erhellt.

§ 203. Diejenigen, welche den Auftrag einer Herausforderung übernehmen und ausrichten (Kartellträger), werden mit Festungshaft bis zu sechs Monaten bestraft.

Wegen des Gerichtsstandes der beurlaubten (Reserve- und Landwehr-)Offiziere in Preußen s. Anm. zum 15 Abschn.

§ 204. Die Strafe der Herausforderung und der Annahme derselben, sowie die Strafe der Kartellträger fällt weg, wenn die Parteien den Zweikampf vor dessen Beginn freiwillig aufgegeben haben.

§ 205. Der Zweikampf wird mit Festungshaft von drei Monaten bis zu fünf Jahren bestraft.

§ 206. Wer seinen Gegner im Zweikampf tödtet, wird mit Festungshaft nicht unter zwei Jahren, und wenn der Zweikampf ein solcher war, welcher den Tod des einen von Beiden herbeiführen sollte, mit Festungshaft nicht unter drei Jahren bestraft.

§ 207. Ist eine Tödtung oder Körperverletzung mittels vorsätzlicher Uebertretung der vereinbarten oder hergebrachten Regeln des Zweikampfs bewirkt worden, so ist der Uebertreter, sofern nicht nach den vorhergehenden Bestimmungen eine härtere Strafe verwirkt ist, nach den allgemeinen Vorschriften über das Verbrechen der Tödtung oder der Körperverletzung zu bestrafen.

*§ 208. Hat der Zweikampf ohne Sekundanten stattgefunden, so kann die verwirkte Strafe bis um die Hälfte, jedoch nicht über funfzehn Jahre erhöht werden.

§ 209. Kartellträger, welche ernstlich bemüht gewesen sind, den Zweikampf zu verhindern, Sekundanten, sowie zum Zweikampf zugezogene Zeugen, Aerzte und Wundärzte sind straflos.

Definition von Kartellträger s. in § 203. cf. auch Anm. dazu.

§ 210. Wer einen Anderen zum Zweikampf mit einem Dritten absichtlich, insonderheit durch Bezeigung oder Androhung von Verachtung anreizt, wird, falls der Zweikampf stattgefunden hat, mit Gefängniß nicht unter drei Monaten bestraft.

Wegen der neben Gefängniß zulässigen resp. gebotenen militärischen Ehrenstrafen cf. Anm. 2 zu § 32 RStGB.

Sechszehnter Abschnitt.

Verbrechen und Vergehen wider das Leben. †)

§ 211. Wer vorsätzlich einen Menschen tödtet, wird, wenn er die Tödtung mit Ueberlegung ausgeführt hat, wegen Mordes mit dem Tode bestraft.

cf. §§ 44, 49, 80, 216. Anm. zu § 13 RStGB.

§ 212. Wer vorsätzlich einen Menschen tödtet, wird, wenn er die Tödtung nicht mit Ueberlegung ausgeführt hat, wegen Todtschlages mit Zuchthaus nicht unter fünf Jahren bestraft.

§ 213. War der Todtschläger ohne eigene Schuld durch eine ihm oder einem Angehörigen zugefügte Mißhandlung oder schwere Beleidigung von dem Getödteten

---

†) Wegen der neben den im 16. Abschn. angedrohten Strafen zulässigen resp. gebotenen bürgerl. und mil. Ehrenstrafen cf. Anm. zu §§ 32, 33, 34. Wegen gebotener Straferhöhung S. 29 unten.

zum Zorne gereizt und hierdurch auf der Stelle zur That hingerissen worden, oder sind andere mildernde Umstände vorhanden, so tritt Gefängnißstrafe nicht unter sechs Monaten ein.

cf. wegen „Angehöriger" § 52 Abs. 2 RStGB.

§ 214. Wer bei Unternehmung einer strafbaren Handlung, um ein der Ausführung derselben entgegentretendes Hinderniß zu beseitigen oder um sich der Ergreifung auf frischer That zu entziehen, vorsätzlich einen Menschen tödtet, wird mit Zuchthaus nicht unter zehn Jahren oder mit lebenslänglichem Zuchthaus bestraft.

§ 215. Der Todtschlag an einem Verwandten aufsteigender Linie wird mit Zuchthaus nicht unter zehn Jahren oder mit lebenslänglichem Zuchthaus bestraft.

§ 216. Ist Jemand durch das ausdrückliche und ernstliche Verlangen des Getödteten zur Tödtung bestimmt worden, so ist auf Gefängniß nicht unter drei Jahren zu erkennen.

§ 217. Eine Mutter, welche ihr uneheliches Kind in oder gleich nach der Geburt vorsätzlich tödtet, wird mit Zuchthaus nicht unter drei Jahren bestraft.

Sind mildernde Umstände vorhanden, so tritt Gefängnißstrafe nicht unter zwei Jahren ein.

§ 218. Eine Schwangere, welche ihre Frucht vorsätzlich abtreibt oder im Mutterleibe tödtet, wird mit Zuchthaus bis zu fünf Jahren bestraft.

Sind mildernde Umstände vorhanden, so tritt Gefängnißstrafe nicht unter sechs Monaten ein.

Dieselben Strafvorschriften finden auf Denjenigen Anwendung, welcher mit Einwilligung der Schwangeren die Mittel zu der Abtreibung oder Tödtung bei ihr angewendet oder ihr beigebracht hat.

§ 219. Mit Zuchthaus bis zu zehn Jahren wird bestraft, wer einer Schwangeren, welche ihre Frucht abgetrieben oder getödtet hat, gegen Entgelt die Mittel hierzu verschafft, bei ihr angewendet oder ihr beigebracht hat.

§ 220. Wer die Leibesfrucht einer Schwangeren ohne deren Wissen oder Willen vorsätzlich abtreibt oder tödtet, wird mit Zuchthaus nicht unter zwei Jahren bestraft.

Ist durch die Handlung der Tod der Schwangeren verursacht worden, so tritt Zuchthausstrafe nicht unter zehn Jahren oder lebenslängliche Zuchthausstrafe ein.

§ 221. Wer eine wegen jugendlichen Alters, Gebrechlichkeit oder Krankheit hülflose Person aussetzt, oder wer eine solche Person, wenn dieselbe unter seiner Obhut steht oder wenn er für die Unterbringung, Fortschaffung oder Aufnahme derselben zu sorgen hat, in hülfloser Lage vorsätzlich verläßt, wird mit Gefängniß nicht unter drei Monaten bestraft.

Wird die Handlung von leiblichen Eltern gegen ihr Kind begangen, so tritt Gefängnißstrafe nicht unter sech Monaten ein.

Ist durch die Handlung eine schwere Körperverletzung der ausgesetzten oder verlassenen Person verursacht worden, so tritt Zuchthausstrafe bis zu zehn Jahren und, wenn durch die Handlung der Tod verursacht worden ist, Zuchthausstrafe nicht unter drei Jahren ein.

§ 222. Wer durch Fahrlässigkeit den Tod eines Menschen verursacht, wird mit Gefängniß bis zu drei Jahren bestraft.

Wenn der Thäter zu der Aufmerksamkeit, welche er aus den Augen setzte, vermöge seines Amtes, Berufes oder Gewerbes besonders verpflichtet war, so kann die Strafe bis auf fünf Jahre Gefängniß erhöht werden.

Ist der Tod durch unvorsichtige Behandlung von Waffen oder Munition verursacht worden, so kommt für Personen des Soldatenstandes der § 148 D. Mil. StGB. zur Anwendung.

Siebenzehnter Abschnitt.

Körperverletzung. †)

Die in diesem Abschnitte enthaltenen Strafbestimmungen gelten, soweit sie die vorsätzliche Körperverletzung betreffen, rücksichtlich der Personen des Soldatenstandes nur, wenn die Körperverletzung gegen Civilisten, Kameraden oder im Dienstrange Höhere verübt worden ist. Ist dieselbe gegen einen Vorgesetzten oder gegen einen Untergebenen verübt, so liegen die militärischen, ohne Antrag strafbaren Verbrechen resp. Vergehen des thätlichen Vergreifens an einem Vorgesetzten (§ 97 D. Mil. StGB.) resp. der Mißhandlung eines Untergebenen (§§ 122, 123 a. a. O.) vor, für welche selbstverständlich aus diesem Abschnitte lediglich die Definitionen (leichte und schwere Körperverletzung) nicht aber die übrigen Bestimmungen, insbesondere auch nicht die der §§ 231—233 Anwendung finden.

Wegen fahrlässiger Körperverletzungen kommen ausnahmslos die Bestimmungen dieses Abschnittes zur Anwendung, falls nicht der Fall des § 148 D. Mil. StGB. vorliegt.

*§ 223. Wer vorsätzlich einen Anderen körperlich

---

†) Wegen der neben Zuchthaus und Gefängniß gebotenen resp. zulässigen bürgerl. und milit. Ehrenstrafen cf. Anm. zu §§ 32—34. Wegen gebotener Straferhöhung cf. S. 29 unten u. Anm. zu §§ 223 aff.

mißhandelt oder an der Gesundheit beschädigt, wird wegen Körperverletzung mit Gefängniß bis zu drei Jahren oder mit Geldstrafe bis zu eintausend Mark bestraft.

Ist die Handlung gegen Verwandte aufsteigender Linie begangen, so ist auf Gefänguiß nicht unter Einem Monat zu erkennen.

1) Wegen des Strafantrages bei der sog. leichten Körperverletzung § 232 u. die Anm. dazu.

2) Wegen Zulässigkeit von Geldstrafen § 29 D. Mil. StGB.

*§ 223a. Ist die Körperverletzung mittels einer Waffe, insbesondere eines Messers oder eines anderen gefährlichen Werkzeuges, oder mittels eines hinterlistigen Ueberfalls, oder von Mehreren gemeinschaftlich, oder mittels einer das Leben gefährdenden Behandlung begangen, so tritt Gefängnißstrafe nicht unter zwei Monaten ein.

1) Diese (nicht im Erfolge, sondern in der Ausführung qualifizirte) sogenannte gefährliche Körperverletzung ist ohne Antrag strafbar cf. Anm. zu § 232. Ein gefährliches Werkzeug ist z. B. auch ein Knüppel, Stuhlbein, Bierseidel (cf. Oppenhoff Anm. 3 zu § 223a.)

2) Personen des Soldatenstandes unterliegen, wenn die gebrauchte Waffe zc. nicht die Dienstwaffe ist, der Bestimmung des § 223a (resp. 228) RStGB. in gleicher Weise wie Civilpersonen. Ist jedoch die (gefährliche) Körperverletzung mittels der Dienstwaffe verübt, so ist zu unterscheiden, ob die Waffe rechtswidrig gebraucht (d. h. ihrer Bestimmung nach aber rechtswidrig gebraucht) oder ob sie nur gemißbraucht ist (z. B. mit der Scheide geschlagen oder mit dem Säbelgriff gestoßen ist.) cf. Cirk. Schr. des Pr. Gen. Aud. v. 28. 3. 73 u. Keller Erl. S. 102.

a) Ist die Waffe rechtswidrig gebraucht, so konkurrirt mit § 223a (resp. 228) RStGB. ideell der § 149 D. Mil.

StGB., demzufolge „derjenige, welcher rechtswidrig von seiner Waffe Gebrauch macht vorbehaltlich der verwirkten höheren Strafe mit Gefängniß oder Festungshaft [von 6 Wochen 1 Tage cf. §§ 16, 17 a. a. O.] bis zu Einem Jahre" bestraft werden soll. Der rechtswidrige Waffengebrauch ist ein (selbstständig mit Strafe bedrohtes) militärisches Vergehen und kein bloßer Straferhöhungsgrund wie der Waffenmißbrauch des § 55 Nr. 2 a. a. O. (cf. Beilage I, 2 Nr. VIII). Darin ist durch den (durch die Novelle vom 6. Febr. 1876 eingeschobenen) § 223a keine Aenderung geschaffen worden. Die gefährliche Körperverletzung mittels rechtswidrigen Gebrauchs der Waffe ist daher ein militärisches Vergehen, sowohl wenn die im § 149 D. Mil. StGB. vorbehaltene härtere Strafe des § 223a RStGB. in Gemäßheit des § 73 RStGB. zur Anwendung kommen muß, als wenn (bei Annahme eines minder schweren Falles) in idealer Konkurrenz mit § 228 RStGB. die härtere Strafe des § 149 D. Mil. StGB. (mindestens 6 Wochen 1 Tag) Platz greift. (Entsch. des Gen. Aud. v. Juni 1878, welches damit seine frühere in dem Cirk. Schr. v. 16. Juni 1874 enthaltene, auch in meinem Kommentar z. D. Mil. StGB. vertretene Ansicht über die Natur des § 149 D. Mil. StGB. als bloßen Strafzumessungsgrundes aufgegeben hat.

b) Ist die Körperverletzung nur unter Mißbrauch der Waffe verübt, so bleibt das Vergehen ein gemeines (cf. Beilage I, 2 Nr. VIII) und es kommt (was insbesondere für den Fall des § 228 RStGB. wichtig ist) § 149 D. Mil. StGB. niemals zur Anwendung.

Wenn nun auch der § 55 Nr. 2 D. Mil. StGB. in den Fällen ad 2a und 2b eine Straferhöhung vorschreibt, so wird derselbe doch in der Praxis meist nicht angewendet, da angeblich „sonst ein und derselbe Umstand zweimal bei der Strafzumessung angerechnet werden würde" (Keller Erl. S. 105). Dies dürfte jedoch nicht ganz zutreffend sein, da der „Mißbrauch der Dienstwaffe" ein von der „Anwendung gefährlicher Werkzeuge 2c." sehr verschiedener

Umstand ist und nach § 55 D. Mil. StGB. die bei Mißbrauch der Dienstwaffe gebotene Straferhöhung nur dann ausgeschlossen sein soll, wenn „im D. Mil. StGB." besondere Bestimmungen getroffen worden sind. Hiernach ist ad a sowohl wie ad b bei Ausschluß mildernder Umstände der Strafmindestbetrag zwei Monate und ein Tag, im Falle des § 228 ad a sechs Wochen 1 Tag, ad b dagegen zwei Tage. Der entgegenstehenden Ansicht zufolge ist ad a und b bei Ausschluß mildernder Umstände der Strafmindestbetrag zwei Monate, im Falle des § 228 ad a sechs Wochen ein Tag, ad b dagegen ein Tag.

§ 224. Hat die Körperverletzung zur Folge, daß der Verletzte ein wichtiges Glied des Körpers, das Sehvermögen auf einem oder beiden Augen, das Gehör, die Sprache oder die Zeugungsfähigkeit verliert oder in erheblicher Weise dauernd entstellt wird, oder in Siechthum, Lähmung oder Geisteskrankheit verfällt, so ist auf Zuchthaus bis zu fünf Jahren oder Gefängniß nicht unter Einem Jahre zu erkennen.

1) Ist das Gehör nur auf einem Ohre verloren, so liegt nur eine leichte Körperverletzung (§ 223) vor. Die schwere Körperverletzung (§ 224 cf. 227) ist kein Antragsdelikt. (cf. § 232).

2) Wegen mildernder Umstände cf. § 228.

3) Wegen gebotener Straferhöhung cf. S. 29 unten. Wegen idealer Konkurrenz mit § 149 D. Mil. StGB. cf. das in Anm. 2 zu § 223a Gesagte.

§ 225. War eine der vorbezeichneten Folgen beabsichtigt und eingetreten, so ist auf Zuchthaus von zwei bis zu zehn Jahren zu erkennen.

§ 226. Ist durch die Körperverletzung der Tod des Verletzten verursacht worden, so ist auf Zuchthaus nicht unter drei Jahren oder Gefängniß nicht unter drei Jahren zu erkennen.

Wegen mildernder Umstände cf. § 228. Im Uebrigen cf. Anm. zu § 224.

§ 227. Ist durch eine Schlägerei oder durch einen von Mehreren gemachten Angriff der Tod eines Menschen oder eine schwere Körperverletzung (§ 224) verursacht worden, so ist jeder, welcher sich an der Schlägerei oder dem Angriffe betheiligt hat, schon wegen dieser Betheiligung mit Gefängniß bis zu drei Jahren zu bestrafen, falls er nicht ohne sein Verschulden hineingezogen worden ist.

cf. § 367 Nr. 10.

Ist eine der vorbezeichneten Folgen mehreren Verletzungen zuzuschreiben, welche dieselbe nicht einzeln, sondern nur durch ihr Zusammentreffen verursacht haben, so ist jeder, welchem eine dieser Verletzungen zur Last fällt, mit Zuchthaus bis zu fünf Jahren zu bestrafen.

Wegen mildernder Umstände cf. § 228. Im Uebrigen ad Abs. 1 u. 2 Anm. zu § 224.

*§ 228. Sind mildernde Umstände vorhanden, so ist in den Fällen des § 223 Absatz 2 und des § 223a auf Gefängniß bis zu drei Jahren oder Geldstrafe bis zu eintausend Mark, in den Fällen der §§ 224 und 227 Absatz 2 auf Gefängniß nicht unter Einem Monat, und im Falle des § 226 auf Gefängniß nicht unter drei Monaten zu erkennen.

1) Wegen Zulässigkeit von Geldstrafen cf. § 29 D. Mil. StGB.

2) Strafmindestbetrag bei ideeller Konkurrenz der §§ 223a 224, 227 Abs. (1 u.) 2, 228 mit § 149 D. Mil. StGB.: sechs Wochen 1 Tag. (cf. die Anm. zu den geb. §§.)

Liegt nur Mißbrauch der Waffe (§ 55 Nr. 2 D. Mil. StGB.) vor, so ist in allen Fällen das Strafminimum mindestens um 1 Tag zu überschreiten. (cf. jedoch Anm. 2 Abs. 2 zu § 223a.)

§ 229. Wer vorsätzlich einem Anderen, um dessen Gesundheit zu beschädigen, Gift oder andere Stoffe beibringt, welche die Gesundheit zu zerstören geeignet sind, wird mit Zuchthaus bis zu zehn Jahren bestraft.

Ist durch die Handlung eine schwere Körperverletzung verursacht worden, so ist auf Zuchthaus nicht unter fünf Jahren und, wenn durch die Handlung der Tod verursacht worden, auf Zuchthaus nicht unter zehn Jahren oder auf lebenslängliches Zuchthaus zu erkennen.

cf. §§ 224 (227).

§ 230. Wer durch Fahrlässigkeit die Körperverletzung eines Anderen verursacht, wird mit Geldstrafe bis zu neunhundert Mark oder mit Gefängniß bis zu zwei Jahren bestraft.

cf. § 29 D. Mil. StGB. wegen Zulässigkeit der Geldstrafe.

War der Thäter zu der Aufmerksamkeit, welche er au den Augen setzte, vermöge seines Amtes, Berufes oder Gewerbes besonders verpflichtet, so kann die Strafe auf drei Jahre Gefängniß erhöht werden.

Im Falle des § 230 Abs. 1 (nicht 2) ist ein Strafantrag erforderlich. (§ 232.) Im Felde überhaupt nicht. (cf. § 127 D. Mil. StGB.) Besteht die Fahrlässigkeit in unvorsichtiger Behandlung von Waffen oder Munition, so liegt das militärische (daher stets ohne Antrag strafbare) Vergehen des § 148 D. Mil. StGB. vor.

§ 231. In allen Fällen der Körperverletzung kann auf Verlangen des Verletzten neben der Strafe auf eine an denselben zu erlegende Buße bis zum Betrage von sechstausend Mark erkannt werden.

Eine erkannte Buße schließt die Geltendmachung eines weiteren Entschädigungsanspruches aus.

Für diese Buße haften die zu derselben Verurtheilten als Gesammtschuldner.

§ 231 findet auf die militärischen Verbrechen resp. Vergehen der §§ 97, 122, 123, 148 D. Mil. StGB. keine Anwendung. — (cf. Anm. z. 17 Abschn.)

*§ 232. Die Verfolgung leichter vorsätzlicher, sowie aller durch Fahrlässigkeit verursachter Körperverletzungen (§§ 223, 230) tritt nur auf Antrag ein, insofern nicht die Körperverletzung mit Uebertretung einer Amts-, Berufs- oder Gewerbspflicht begangen worden ist.

Ist das Vergehen gegen einen Angehörigen verübt, so ist die Zurücknahme des Antrages zulässig.

Die in den §§ 195, 196 und 198 enthaltenen Vorschriften finden auch hier Anwendung.

§ 223a ist in Abs. 1 nicht genannt, da er die ohne Antrag zu verfolgende „gefährliche" Körperverletzung und nicht die leichte behandelt. § 232 findet auf die militärischen Verbrechen resp. Vergehen der §§ 97, 122, 123, 148 D. Mil. StGB. keine Anwendung. (cf. Anm. z. 17. Abschn.) Begeht eine Militärperson im Felde eine Körperverletzung, so bedarf es keines Strafantrages. (cf. §§ 127, 153, 155 ff. D. Mil. StGB.)

§ 233. Wenn leichte Körperverletzungen mit solchen, Beleidigungen mit leichten Körperverletzungen oder letztere mit ersteren auf der Stelle erwidert werden, so kann der Richter für beide Angeschuldigte, oder für einen derselben eine der Art oder dem Maße nach mildere oder überhaupt keine Strafe eintreten lassen.

cf. Anm. zu § 231.

Achtzehnter Abschnitt.

Verbrechen und Vergehen wider die persönliche Freiheit. †)

§ 234. Wer sich eines Menschen durch List, Drohung oder Gewalt bemächtigt, um ihn in hülfloser Lage auszusetzen oder in Sklaverei, Leibeigenschaft oder in auswärtige Kriegs- oder Schiffsdienste zu bringen, wird wegen Menschenraubes mit Zuchthaus bestraft.

§ 235. Wer eine minderjährige Person durch List, Drohung oder Gewalt ihren Eltern oder ihrem Vormunde entzieht, wird mit Gefängniß und, wenn die Handlung in der Absicht geschieht, die Person zum Betteln oder zu gewinnsüchtigen oder unsittlichen Zwecken oder Beschäftigungen zu gebrauchen, mit Zuchthaus bis zu zehn Jahren bestraft.

§ 236. Wer eine Frauensperson wider ihren Willen durch List, Drohung oder Gewalt entführt, um sie zur Unzucht zu bringen, wird mit Zuchthaus bis zu zehn Jahren und, wenn die Entführung begangen wurde, um die Entführte zur Ehe zu bringen, mit Gefängniß bestraft.

Die Verfolgung tritt nur auf Antrag ein.

§ 237. Wer eine minderjährige, unverehelichte Frauensperson mit ihrem Willen, jedoch ohne Einwilligung ihrer Eltern oder ihres Vormundes, entführt, um sie zur Unzucht oder zur Ehe zu bringen, wird mit Gefängniß bestraft.

---

†) Wegen der neben Zuchthaus und Gefängniß zuläßigen resp. gebotenen bürgerlichen oder militärischen Ehrenstrafen cf. Anm. zu §§ 32 bis 34 RStGB. Wegen gebotener Straferhöhung cf. S. 20 unten.

Die Verfolgung tritt nur auf Antrag ein.

§ 238. Hat der Entführer die Entführte geheirathet, so findet die Verfolgung nur statt, nachdem die Ehe für ungültig erklärt worden ist.

§ 239. Wer vorsätzlich und widerrechtlich einen Menschen einsperrt oder auf andere Weise des Gebrauches der persönlichen Freiheit beraubt, wird mit Gefängniß bestraft.

Wenn die Freiheitsentziehung über eine Woche gedauert hat, oder wenn eine schwere Körperverletzung des der Freiheit Beraubten durch die Freiheitsentziehung oder die ihm während derselben widerfahrene Behandlung verursacht worden ist, so ist auf Zuchthaus bis zu zehn Jahren zu erkennen. Sind mildernde Umstände vorhanden, so tritt Gefängnißstrafe nicht unter Einem Monat ein.

Ist der Tod des der Freiheit Beraubten durch die Freiheitsentziehung oder die ihm während derselben widerfahrene Behandlung verursacht worden, so ist auf Zuchthaus nicht unter drei Jahren zu erkennen. Sind mildernde Umstände vorhanden, so tritt Gefängnißstrafe nicht unter drei Monaten ein.

Wegen der Pr. Landgendarmen cf. Anm. 3 zu § 341.

*§ 240. Wer einen Anderen widerrechtlich durch Gewalt oder durch Bedrohung mit einem Verbrechen oder Vergehen zu einer Handlung, Duldung oder Unterlassung nöthigt, wird mit Gefängniß bis zu Einem Jahre oder mit Geldstrafe bis zu sechshundert Mark bestraft.

Der Versuch ist strafbar.

cf. §§ 2 D. Mil. StGB. u. 29 a. a. O. Wegen der Pr. Landgendarmen Anm. 2 zu § 339.

*§ 241. Wer einen Anderen mit der Begehung eines Verbrechens bedroht, wird mit Gefängniß bis zu sechs Monaten oder mit Geldstrafe bis zu dreihundert Mark bestraft.

cf. §§ 2 D. Mil. StGB. u. 29 a. a. O.

Neunzehnter Abschnitt.

Diebstahl und Unterschlagung. †)

1) Ist der Diebstahl oder die Unterschlagung gegen Kameraden, Vorgesetzte, den Quartierwirth oder eine zu dessen Hausstande gehörige Person oder bei Ausübung des Dienstes resp. unter Verletzung eines militärischen Dienstverhältnisses an Sachen verübt worden, welche dem Thäter vermöge des Dienstes oder jenes Verhältnisses zugänglich oder anvertraut waren, so liegt das militärische — unter allen Umständen (auch im Falle des § 247 RStGB.) ohne Antrag strafbare — Vergehen des § 138 D. Mil. StGB. vor, welches (wenn nicht ein Verbrechen vorliegt, in welchem Falle die allgemeinen Strafgesetze Anwendung finden, cf. § 138 Abs. 2) im Minimum mit 14 Tagen mittlerem oder strengem Arrest, im Maximum ebenso wie die bürgerlichen Vergehen des Diebstahls und der Unterschlagung mit 5 Jahren Gefängniß bedroht ist. (Näheres in meinem Kommentare z. D. Mil. StGB. Anm. zu § 138.)

2) Bei Diebstahl und Unterschlagung kann, mag das Vergehen nach dem Militär- oder dem Civil-StGB. beurtheilt werden, auf Verlust der bürgerlichen Ehrenrechte erkannt werden, wenn die Strafe (ev. eine Einzelstrafe) drei Monate erreicht. Wenn aber auch auf Ehrverlust nicht erkannt wird, kann doch nach § 37 Abs. 2 D. Mil. StGB. unabhängig von der Höhe der

†) Wegen der neben den im 19. Abschnitt angedrohten Freiheitsstrafen zulässigen resp. gebotenen bürgerlichen und militärischen Ehrenstrafen cf. Anm. zu §§ 32—34 RStGB. Wegen gebotener Straferhöhung cf. S. 29 unten.

Strafe stets auf Versetzung in die 2. Klasse des Soldatenstandes, Degradation und Dienstentlassung (gegen Offiziere auch auf Entfernung aus dem Heer, gegen Militärbeamte auf Amtsverlust) erkannt werden. (cf. §§ 31, 34, 40, 43 D. Mil. StGB.) Es empfiehlt sich im militärischen Interesse, auf diese militärischen Ehrenstrafen stets dann zu erkennen, wenn nicht ganz besondere, womöglich in den Erkenntnißgründen hervorzuhebende Umstände eine Abstandnahme von der Verhängung derselben wünschenswerth erscheinen lassen. Gegen Personen des Beurlaubtenstandes, welche während der Beurlaubung (also vom Civilgericht) wegen Diebstahls oder Unterschlagung bestraft worden sind, kann ein besonderes Verfahren des Militärgerichts zur Entscheidung darüber angeordnet werden, ob auf Dienstentlassung oder Degradation zu erkennen ist. (§ 42 D. Mil. StGB.) Wegen der ev. von Rechtswegen (ohne Nachtragsverfahren) eintretenden militärischen Ehrenstrafen cf. Abs. 1 a. a. O.

3) Der Diebstahl unterscheidet sich von der Unterschlagnng lediglich dadurch, daß bei ihm die rechtswidrige Zueignung durch Wegnahme bewirkt wird, d. h. dadurch, daß der Thäter selbst oder durch eine fremde, ohne Dolus wirksame Kraft, die fremde bewegliche Sache ohne wirkliche oder vermeintliche Berechtigung und ohne Zustimmung des Besitzers oder Inhabers aus der fremden in die eigene Gewahrsam bringt, während bei der Unterschlagung die rechtswidrige Zueignung einer fremden bee weglichen Sache dadurch vollzogen wird, daß der Thäter di- ohne Wegnahme in seinen Besitz oder seine Gewahrsam gelangte (ihm z. B. geliehene, verpfändete, bei ihm niedergelegte oder von ihm gefundene) Sache behält und über dieselbe mit dem Bewußtsein als Eigenthümer disponirt, daß die Sache eine fremde und die Zueignung rechtswidrig sei. (Ein solches Disponiren als Eigenthümer ist z. B. auch in dem Verpfänden einer Sache zu finden.)

Dadurch daß der Herr seinem Dienstboten, der Offizier seinem Burschen, Sachen zur Ausführung einer aufgetragenen Arbeit, zur Beaufsichtigung, Verwahrung oder zeitweisen Benutzung in seinen eigenen Räumen überläßt, oder wenn er dem Dienstboten, dem Burschen ꝛc. die Schlüssel zu den die Sachen enthaltenden Gelassen anvertraut hat, geht die Gewahrsam nicht verloren. Dasselbe gilt von Sachen, welche in dienstlichen Räumen z. B. in der Kammer dem Soldaten zur Bearbeitung, Verpackung ꝛc. überlassen werden. (cf. Oppenhoff Anmerkungen zu § 242 und meinen Kommentar Anm. zu § 138 D. Mil. StGB.)

4) Wegen eigenmächtigen Beutemachens, Plünderung, Aneignung von Lebens-, Heil-, Feuerungs-, Transportmitteln ꝛc. im Felde, Leichenberaubung, Marodirens cf. D. Mil. StGB. Th. II. 1 Tit. 8 Abschn.

§ 242. Wer eine fremde bewegliche Sache einem Anderen in der Absicht wegnimmt, dieselbe sich rechtswidrig zuzueignen, wird wegen Diebstahls mit Gefängniß bestraft.

1) § 242 behandelt den einfachen Diebstahl (cf. § 244.) Wegen des Unterschiedes zwischen Diebstahl und Unterschlagung cf. Anm. 3 z. 19. Abschn.
2) Wegen des militärisch qualifizirten Diebstahls cf. Anm. 1 z. 19. Abschn.
3) Wegen bürgerlicher und militärischer Ehrenstrafen cf. §§ 248, 32 RStGB. u. die Anm. dazu, sowie Anm. 2 zum 19 Abschn.
4) Wegen sogenannter Entwendungen cf. § 370 RStGB.

Der Versuch ist strafbar.

cf. §§ 43—46 RStGB. — Wegen des Versuches des militärischen Vergehens des Diebstahls cf. §§ 43 Abs. 2 10 RStGB. 2 D. Mil. StGB. (Näheres in meinem Kommentar zum D. Mil. StGB. Anm. 16 zu § 138.)

§ 243. Auf Zuchthaus bis zu zehn Jahren ist zu erkennen, wenn

1) aus einem zum Gottesdienste bestimmten Gebäude

Gegenstände gestohlen werden, welche dem Gottesdienste gewidmet sind;

2) aus einem Gebäude oder umschlossenen Raume mittels Einbruchs, Einsteigens oder Erbrechens von Behältnissen gestohlen wird;

3) der Diebstahl dadurch bewirkt wird, daß zur Eröffnung eines Gebäudes oder der Zugänge eines umschlossenen Raumes, oder zur Eröffnung der im Inneren befindlichen Thüren oder Behältnisse falsche Schlüssel oder andere zur ordnungsmäßigen Eröffnung nicht bestimmte Werkzeuge angewendet werden;

4) auf einem öffentlichen Wege, einer Straße, einem öffentlichen Platze, einer Wasserstraße oder einer Eisenbahn, oder in einem Postgebäude oder dem dazu gehörigen Hofraume, oder auf einem Eisenbahnhofe eine zum Reisegepäck oder zu anderen Gegenständen der Beförderung gehörende Sache mittels Abschneidens oder Ablösens der Befestigungs- oder Verwahrungsmittel, oder durch Anwendung falscher Schlüssel oder anderer zur ordnungsmäßigen Eröffnung nicht bestimmter Werkzeuge gestohlen wird;

5) der Dieb oder einer der Theilnehmer am Diebstahle bei Begehung der That Waffen bei sich führt;

Die vorschriftsmäßige Bewaffnung des Soldaten ist an sich unverfänglich und nicht geeignet in den Fällen der §§ 243 Nr. 5, 250 Nr. 1 u. 123 Abs. 3 ein straferhöhendes Moment abzugeben. Ist jedoch durch die Umstände diese Unverfänglichkeit ausgeschlossen und eine besondere Gefährdung Anderer erkennbar, so kommen die §§ 243 Nr. 5, 250 Nr. 1 u. 123 Abs. 3 zur Anwendung. (cf. Schwarze S. 605 u. 380.)

6) zu dem Diebstahle Mehrere mitwirken, welche sich zur fortgesetzten Begehung von Raub oder Diebstahl verbunden haben, oder

7) der Diebstahl zur Nachtzeit in einem bewohnten Gebäude, in welches sich der Thäter in diebischer Absicht eingeschlichen, oder in welchem er sich in gleicher Absicht verborgen hatte, begangen wird, auch wenn zur Zeit des Diebstahls Bewohner in dem Gebäude nicht anwesend sind. Einem bewohnten Gebäude werden der zu einem bewohnten Gebäude gehörige umschlossene Raum und die in einem solchen befindlichen Gebäude jeder Art, sowie Schiffe, welche bewohnt werden, gleich geachtet.

Sind mildernde Umstände vorhanden, so tritt Gefängnißstrafe nicht unter drei Monaten ein.

§ 243 behandelt den sog. schweren Diebstahl (cf. § 244), welcher auch wenn die Requisite des § 138 D. Mil. StGB. zutreffen, nach den allgemeinen Strafgesetzen zu bestrafen ist. (§ 138 Abs. 2 a. a. O.) Im Uebrigen cf. Anm. zu § 242 RStGB.

§ 244. Wer im Inlande als Dieb, Räuber oder gleich einem Räuber oder als Hehler bestraft worden ist, darauf abermals eine dieser Handlungen begangen hat, und wegen derselben bestraft worden ist, wird, wenn er einen einfachen Diebstahl (§ 242) begeht, mit Zuchthaus bis zu zehn Jahren, wenn er einen schweren Diebstahl (§ 243) begeht, mit Zuchthaus nicht unter zwei Jahren bestraft.

Sind mildernde Umstände vorhanden, so tritt beim einfachen Diebstahl Gefängnißstrafe nicht unter drei Monaten, beim schweren Diebstahl Gefängnißstrafe nicht unter Einem Jahre ein.

Schwerer und einfacher Diebstahl nach mehrmaliger Vorbestrafung wegen Diebstahls ꝛc. Auch wenn die Requisite des § 138 D. Mil. StGB. vorliegen ist hier, weil die That ein Verbrechen ist, nach Abs. 2 a. a. O. auf die in § 244 RStGB. angedrohte Strafe zu erkennen.

Im Uebrigen siehe Anm. zu § 242.

§ 245. Die Bestimmungen des § 244 finden Anwendung, auch wenn die früheren Strafen nur theilweise verbüßt oder ganz oder theilweise erlassen sind, bleiben jedoch ausgeschlossen, wenn seit der Verbüßung oder dem Erlasse der letzten Strafe bis zur Begehung des neuen Diebstahls zehn Jahre verflossen sind.

Entscheidend ist nur der Zeitraum zwischen der vollständigen Verbüßung oder dem Erlasse der letzten Strafe und der neuen Begehung, wogegen der Zwischenraum zwischen der ersten Strafe und der zweiten Begehung ein größerer sein kann. cf. Beschl. des Pr. Gen. Aud. v. 28. März 1873 Nr. 2. Hugo Meyer S. 324. Oppenhoff Anm. 6 zu § 245.

§ 246. Wer eine fremde bewegliche Sache, die er in Besitz oder Gewahrsam hat, sich rechtswidrig zueignet, wird wegen Unterschlagung mit Gefängniß bis zu drei Jahren und, wenn die Sache ihm anvertraut ist, mit Gefängniß bis zu fünf Jahren bestraft.

Sind mildernde Umstände vorhanden, so kann auf Geldstrafe bis zu neunhundert Mark erkannt werden.

1) Wegen des Unterschiedes zwischen Unterschlagung und Diebstahl cf. Anm. 3 zum 19. Abschn.

2) Wegen der militärisch qualifizirten Unterschlagung cf. Anm. 1 u. 3 zum 19. Abschn. Die rechtswidrige Zueignung gefundener Sachen ist auch Unterschlagung. (cf. Anm. 3 a. a. O.)

Der Soldat kann in der Kasernenstube, in der Kammer, der Bursche in der Wohnung des Offiziers ꝛc. nichts finden sondern nur wegnehmen (also stehlen). cf. Anm. 3 a. a. O.

3) Wegen bürgerlicher und militärischer Ehrenstrafen cf. §§ 248, 32 RStGB. u. Anm. 2 z. 19. Abschn.

Der Versuch ist strafbar.

cf. §§ 43—46 RStGB. — Wegen des Versuches des militärischen Vergehens der Unterschlagung cf. §§ 43 Abs. 2, 10 RStGB. 2 D. Mil. StGB. Näheres in meinem Kommentar z. D. Mil. StGB. Anm. 16 zu § 138.

*§ 247. Wer einen Diebstahl oder eine Unterschlagung gegen Angehörige, Vormünder oder Erzieher begeht, oder wer einer Person, zu der er im Lehrlingsverhältnisse steht, oder in deren häuslicher Gemeinschaft er als Gesinde sich befindet, Sachen von unbedeutendem Werthe stiehlt oder unterschlägt, ist nur auf Antrag zu verfolgen. Die Zurücknahme des Antrages ist zulässig.

Wegen Angehöriger vgl. § 52 Abs. 2.

Auf das militärische Vergehen des Diebstahls oder der Unterschlagung findet diese Bestimmung keine Anwendung. (§ 51 D. Mil. StGB. u. Anm. zu 61 RStGB. (Näh. in mein. Komm. Anm. zu § 138.)

Im Felde ist auch das bürgerliche Vergehen des Diebstahls oder der Unterschlagung gegen Militärpersonen unabhängig von der Stellung eines Strafantrages zu verfolgen. (§ 127 D. Mil. StGB.)

Ein Diebstahl oder eine Unterschlagung, welche von Verwandten aufsteigender Linie gegen Verwandte absteigender Linie oder von einem Ehegatten gegen den anderen begangen worden ist, bleibt straflos.

Diese Bestimmungen finden auf Theilnehmer oder Begünstiger, welche nicht in einem der vorbezeichneten persönlichen Verhältnisse stehen, keine Anwendung.

§ 247 Abs. 2 findet auf das militärische Vergehen des Diebstahls und der Unterschlagung keine Anwendung, da § 138 D. Mil. StGB. keine analoge Bestimmung enthält. (cf. meinen Kommentar zum D. Mil. StGB. Anm. 1 zu § 2 u. 14 zu § 138.)

§ 248. Neben der wegen Diebstahls oder Unterschlagung erkannten Gefängnißstrafe kann auf Verlust der bürgerlichen Ehrenrechte, und neben der wegen Diebstahls erkannten Zuchthausstrafe auf Zulässigkeit von Polizei-Aufsicht erkannt werden.

Wegen der neben Ehrverlust für Militärpersonen eintretenden und resp. ausdrücklich auszusprechenden Folgen cf. Anm. zu §§ 33, 34 RStGB. Wegen sonstiger Zulässigkeit militärischer Ehrenstrafen bei Diebstahl und Unterschlagung cf. Anm. 2 zum 19. Abschn. Auf Zulässigkeit von Polizei-Aufsicht kann dem in Anm. 1 zum 13. Absch. Gesagten zufolge auch im Falle des § 138 Abs. 2 D. Mil. StGB. erkannt werden.

Zwanzigster Abschnitt.

Raub und Erpressung. †)

1) Wegen Zulässigkeit des Verlustes der bürgerlichen Ehrenrechte und der Polizeiaufsicht cf. §§ 256, 32 RStGB. Auch wenn Ehrverlust nicht eintritt kann bei Raub und Erpressung unabhängig von der Höhe der Strafe auf Versetzung in die 2. Klasse ꝛc. und Degradation, gegen Offiziere auf Entfernung aus dem Heer oder Dienstentlassung, gegen Militärbeamte auf Amtsverlust erkannt werden (cf. § 37 Abs. 2 Nr. 2 D. Mil. StGB. u. §§ 31, 34, 40, 43 a. a. O.) Gegen Personen des Beurlaubtenstandes, welche während der Beurlaubung (also vom Civilgericht) wegen Raubes oder Erpressung bestraft worden sind, kann ein besonderes Verfahren des Mi-

†) Wegen der neben Zuchthaus und Gefängniß zulässigen resp. gebotenen bürgerlichen oder militärischen Ehrenstrafen cf. Anm. zu §§ 32, 33, 34 RStGB. Wegen gebotener Straferhöhung cf. S. 29 unten.

litärgerichts zur Entscheidung darüber angeordnet werden, ob auf Dienstentlassung oder Degradation zu erkennen ist. (cf. § 42 D. Mil. StGB.) Wegen der ev. von Rechtswegen eintretenden militärischen Ehrenstrafen cf. Abs. 1 a. a. O.

2) Wegen Beutemachens, Plünderung, Aneignung von Lebensmitteln ꝛc. im Felde, Leichenberaubung, Marodirens cf. D. M. StGB. Th. II, Tit. 1. Abschn. 8.

§ 249. Wer mit Gewalt gegen eine Person oder unter Anwendung von Drohungen mit gegenwärtiger Gefahr für Leib oder Leben eine fremde bewegliche Sache einem Anderen in der Absicht wegnimmt, sich dieselbe rechtswidrig zuzueignen, wird wegen Raubes mit Zuchthaus bestraft.

Sind mildernde Umstände vorhanden, so tritt Gefängnißstrafe nicht unter sechs Monaten ein.

§ 250. Auf Zuchthaus nicht unter fünf Jahren ist zu erkennen, wenn

1) der Räuber oder einer der Theilnehmer am Raube bei Begehung der That Waffen bei sich führt;

   cf. Anm. zu § 243 Nr. 5.

2) zu dem Raube Mehrere mitwirken, welche sich zur fortgesetzten Begehung von Raub oder Diebstahl verbunden haben;

3) der Raub auf einem öffentlichen Wege, einer Straße, einer Eisenbahn, einem öffentlichen Platze, auf offener See oder einer Wasserstraße begangen wird;

4) der Raub zur Nachtzeit in einem bewohnten Gebäude (§ 243 Nr. 7) begangen wird, in welches sich der Thäter zur Begehung eines Raubes oder Diebstahls eingeschlichen oder sich gewaltsam Eingang

verschafft oder in welchem er sich in gleicher Absicht verborgen hatte, oder

5) der Räuber bereits einmal als Räuber oder gleich einem Räuber im Inlande bestraft worden ist. Die im § 245 enthaltenen Vorschriften finden auch hier Anwendung.

Sind mildernde Umstände vorhanden, so tritt Gefängnißstrafe nicht unter Einem Jahre ein.

§ 251. Mit Zuchthaus nicht unter zehn Jahren oder mit lebenslänglichem Zuchthaus wird der Räuber bestraft, wenn bei dem Raube ein Mensch gemartert oder durch die gegen ihn verübte Gewalt eine schwere Körperverletzung oder der Tod desselben verursacht worden ist.

§ 252. Wer, bei einem Diebstahle auf frischer That betroffen, gegen eine Person Gewalt verübt oder Drohungen mit gegenwärtiger Gefahr für Leib oder Leben anwendet, um sich im Besitze des gestohlenen Gutes zu erhalten, ist gleich einem Räuber zu bestrafen.

§ 253. Wer, um sich oder einem Dritten einen rechtswidrigen Vermögensvortheil zu verschaffen, einen Anderen durch Gewalt oder Drohung zu einer Handlung, Duldung oder Unterlassung nöthigt, ist wegen Erpressung mit Gefängniß nicht unter Einem Monat zu bestrafen.

Der Versuch ist strafbar.

cf. §§ 240 u. 43—46 RStGB.

§ 254. Wird die Erpressung durch Bedrohung mit Mord, mit Brandstiftung oder mit Verursachung einer Ueberschwemmung begangen, so ist auf Zuchthaus bis zu fünf Jahren zu erkennen.

§ 255. Wird die Erpressung durch Gewalt gegen eine Person oder unter Anwendung von Drohungen mit gegenwärtiger Gefahr für Leib oder Leben begangen, so ist der Thäter gleich einem Räuber zu bestrafen.

§ 256. Neben der wegen Erpressung erkannten Gefängnißstrafe kann auf Verlust der bürgerlichen Ehrenrechte und neben der wegen Raubes oder Erpressung erkannten Zuchthausstrafe auf Zulässigkeit von Polizei-Aufsicht erkannt werden.

Wegen der neben Ehrverlust für Militärpersonen rc. eintretenden und resp. ausdrücklich auszusprechenden Folgen cf. Anm. zu §§ 33, 34 RStGB. Wegen sonstiger Zulässigkeit militärischer Ehrenstrafen bei Raub und Erpressung cf. Anm. 1 z. 20. Abschn.

Einundzwanzigster Abschnitt.

Begünstigung und Hehlerei.†)

Wegen Zulässigkeit des Ehrverlustes und der Polizeiaufsicht cf. §§ 262, 32 RStGB. Auch wenn Ehrverlust nicht eintritt kann bei Hehlerei unabhängig von der Höhe der Strafe — also auch bei Gefängniß unter drei Monaten — stets auf Versetzung in die 2. Klasse und Degradation, gegen Offiziere auf Entfernung aus dem Heer oder Dienstentlassung, gegen Militärbeamte auf Amtsverlust erkannt werden. cf. §§ 37 Abs. 2 Nr. 2 (31, 34, 40, 43) D. Mil. StGB. Näheres in Anm. 2 zum 19. Abschnitt.

Gegen Personen des Beurlaubtenstandes, welche während der Beurlaubung (also vom Civilgericht) wegen Hehlerei bestraft worden sind, kann ein besonderes Verfahren des Militärgerichts zur

†) Wegen der neben Zuchthaus und Gefängniß zulässigen resp. gebotenen bürgerlichen oder militärischen Ehrenstrafen cf. Anm. zu §§ 32 bis 34 RStGB. Wegen gebotener Straferhöhung cf. S. 29 unten.

Entscheidung darüber angeordnet werden, ob auf Dienstentlassung oder Degradation zu erkennen ist. (§ 42 D. Mil. StGB.) Wegen der gegen dieselben ev. von Rechtswegen (ohne Nachtragsverfahren) eintretenden militärischen Ehrenstrafen cf. Abs. 1 a. a. O.

§ 257. Wer nach Begehung eines Verbrechens oder Vergehens dem Thäter oder Theilnehmer wissentlich Beistand leistet, um denselben der Bestrafung zu entziehen oder um ihm die Vortheile des Verbrechens oder Vergehens zu sichern, ist wegen Begünstigung mit Geldstrafe bis zu sechshundert Mark oder mit Gefängniß bis zu Einem Jahre und, wenn er diesen Beistand seines Vortheils wegen leistet, mit Gefängniß zu bestrafen. Die Strafe darf jedoch, der Art oder dem Maße nach, keine schwerere sein, als die auf die Handlung selbst angedrohte.

cf. § 29 D. Mil. StGB. wegen Zulässigkeit von Geldstrafen. Auch Begünstigung nach Verübung militärischer Verbrechen oder Vergehen ist nach diesem § zu bestrafen. (§ 2 D. Mil. StGB.)

Die Begünstigung ist straflos, wenn dieselbe dem Thäter oder Theilnehmer von einem Angehörigen gewährt worden ist, um ihn der Bestrafung zu entziehen.

cf. §§ 52 Abs. 2 RStGB. 2 D. Mil. StGB.

Die Begünstigung ist als Beihülfe zu bestrafen, wenn sie vor Begehung der That zugesagt worden ist. Diese Bestimmung leidet auch auf Angehörige Anwendung.

cf. §§ 49 RStGB. 2 D. Mil. StGB.

§ 258. Wer seines Vortheils wegen sich einer Begünstigung schuldig macht, wird als Hehler bestraft, wenn der Begünstigte

1) einen einfachen Diebstahl oder eine Unterschlagung begangen hat, mit Gefängniß,

2) einen schweren Diebstahl, einen Raub oder ein dem Raube gleich zu bestrafendes Verbrechen begangen hat, mit Zuchthaus bis zu fünf Jahren.

Sind mildernde Umstände vorhanden, so tritt Gefängnißstrafe nicht unter drei Monaten ein.

Diese Strafvorschriften finden auch dann Anwendung, wenn der Hehler ein Angehöriger ist.

cf. §§ 37 Abs. 2 Nr. 2 (31, 34, 40, 42, 43) D. Mil. StGB. 52 Abs. 2 RStGB.

§ 259. Wer seines Vortheils wegen Sachen, von denen er weiß oder den Umständen nach annehmen muß, daß sie mittels einer strafbaren Handlung erlangt sind, verheimlicht, ankauft, zum Pfande nimmt oder sonst an sich bringt oder zu deren Absatze bei Anderen mitwirkt, wird als Hehler mit Gefängniß bestraft.

Vgl. §§ 37 Abs. 2 Nr. 2 D. Mil. StGB. 31, 34, 40, 42, 43 a. a. O.

Unter strafbaren Handlungen sind hier bürgerliche und militärische Delikte insbesondere auch Uebertretungen zu verstehen. cf. § 2 D. Mil. StGB. Oppenhoff Anm. 5 zu § 259.

§ 260. Wer die Hehlerei gewerbs- oder gewohnheitsmäßig betreibt, wird mit Zuchthaus bis zu zehn Jahren bestraft.

§ 261. Wer im Inlande wegen Hehlerei einmal und wegen darauf begangener Hehlerei zum zweiten Male bestraft worden ist, wird, wenn sich die abermals begangene Hehlerei auf einen schweren Diebstahl, einen Raub oder ein dem Raube gleich zu bestrafendes Verbrechen bezieht, mit Zuchthaus nicht unter zwei Jahren bestraft.

Sind mildernde Umstände vorhanden, so tritt Gefängnißstrafe nicht unter Einem Jahre ein.

Bezieht sich die Hehlerei auf eine andere strafbare Handlung, so ist auf Zuchthaus bis zu zehn Jahren zu erkennen.

Sind mildernde Umstände vorhanden, so tritt Gefängnißstrafe nicht unter drei Monaten ein.

Die in dem § 245 enthaltenen Vorschriften finden auch hier Anwendung.

cf. §§ 37 Abs. 2 Nr. 2 D. Mil. StGB. 31, 34, 40, 42, 43 a. a. O.

§ 262. Neben der wegen Hehlerei erkannten Gefängnißstrafe kann auf Verlust der bürgerlichen Ehrenrechte und neben jeder Verurtheilung wegen Hehlerei auf Zulässigkeit von Polizei-Aufsicht erkannt werden.

Wegen der neben Ehrverlust für Militärpersonen eintretenden und resp. ausdrücklich auszusprechenden Folgen cf. Anm. zu §§ 33, 34. Wegen sonstiger Zulässigkeit militärischer Ehrenstrafen bei Hehlerei cf. Anm. zum 21. Abschn.

Zweiundzwanzigster Abschnitt.

Betrug und Untreue. †)

*§ 263. Wer in der Absicht, sich oder einem Dritten einen rechtswidrigen Vermögensvortheil zu verschaffen, das Vermögen eines Anderen dadurch beschädigt, daß er durch Vorspiegelung falscher oder durch Entstellung oder Unterdrückung wahrer Thatsachen einen Irrthum erregt

†) Wegen der neben Zuchthaus und Gefängniß zulässigen oder gebotenen bürgerlichen und militärischen Ehrenstrafen cf. Anm. zu §§ 32, 33, 34 RStGB. Wegen gebotener Straferhöhung cf. S. 29 unten.

oder unterhält, wird wegen Betruges mit Gefängniß bestraft, neben welchem auf Geldstrafe bis zu dreitausend Mark, sowie auf Verlust der bürgerlichen Ehrenrechte erkannt werden kann.

Auf Ehrverlust kann nur erkannt werden, wenn die Gefängnißstrafe (ev. Einzelstrafe) mindestens drei Monate beträgt. (§§ 32, 76 RStGB.) Auch wenn Ehrverlust nicht eintritt, ist gegen Personen des Soldatenstandes unabhängig von der Höhe der Strafe bei Betrug Versetzung in die 2. Klasse und Degradation, gegen Offiziere Entfernung aus dem Heer oder Dienstentlassung, gegen Militärbeamte Amtsverlust zulässig. cf. §§ 37 Abs. 2 Nr. 2 (31, 34, 40, 43) D. Mil. StGB.

Gegen Personen des Beurlaubtenstandes, welche während der Beurlaubung (also vom Civilgericht) wegen Betruges bestraft worden sind, kann ein besonderes Verfahren des Militärgerichts zur Entscheidung darüber angeordnet werden, ob auf Dienstentlassung oder Degradation zu erkennen ist. (§ 42 D. Mil. StGB.) Wegen der ev. von Rechtswegen (ohne Nachtragsverfahren) gegen dieselben eintretenden militärischen Ehrenstrafen cf. Abs. 1 a. a. O.

Sind mildernde Umstände vorhanden, so kann ausschließlich auf die Geldstrafe erkannt werden.

cf. § 29 D. Mil. StGB.

Der Versuch ist strafbar.

cf. §§ 43—46 RStGB.

Wer einen Betrug gegen Angehörige, Vormünder oder Erzieher begeht, ist nur auf Antrag zu verfolgen. Die Zurücknahme des Antrages ist zulässig.

Wegen des Begriffs Angehörige cf. § 52 Abs. 2 RStGB.

§ 264. Wer im Inlande wegen Betruges einmal und wegen darauf begangenen Betruges zum zweiten Male bestraft worden ist, wird wegen abermals begangenen Betruges mit Zuchthaus bis zu zehn Jahren und zugleich mit Geldstrafe von einhundertfunfzig bis zu sechstausend Mark bestraft.

Sind mildernde Umstände vorhanden, so tritt Gefängnißstrafe nicht unter drei Monaten ein, neben welcher zugleich auf Geldstrafe bis zu dreitausend Mark erkannt werden kann.

Die im § 245 enthaltenen Vorschriften finden auch hier Anwendung.

§ 265. Wer in betrügerischer Absicht eine gegen Feuersgefahr versicherte Sache in Brand setzt, oder ein Schiff, welches als solches oder in seiner Ladung oder in seinem Frachtlohn versichert ist, sinken oder stranden macht wird mit Zuchthaus bis zu zehn Jahren und zugleich mit Geldstrafe von einhundertfunfzig bis zu sechstausend Mark bestraft.

Sind mildernde Umstände vorhanden, so tritt Gefängnißstrafe nicht unter sechs Monaten ein, neben welcher auf Geldstrafe bis zu dreitausend Mark erkannt werden kann.

cf. §§ 37 Abs. 2 Nr. 2 (31, 34, 40, 42, 43) D. Mil. StGB.

§ 266. Wegen Untreue werden mit Gefängniß, neben welchem auf Verlust der bürgerlichen Ehrenrechte erkannt werden kann, bestraft:

1) Vormünder, Kuratoren, Güterpfleger, Sequester, Massenverwalter, Vollstrecker letztwilliger Verfügungen und Verwalter von Stiftungen, wenn sie absichtlich zum Nachtheile der ihrer Aufsicht anvertrauten Personen oder Sachen handeln;

2) Bevollmächtigte, welche über Forderungen oder andere Vermögensstücke des Auftraggebers absichtlich zum Nachtheile desselben verfügen;

3) Feldmesser, Versteigerer, Mäkler, Güterbestätiger, Schaffner, Wäger, Messer, Bracker, Schauer, Stauer und andere zur Betreibung ihres Gewerbes von der Obrigkeit verpflichtete Personen, wenn sie bei den ihnen übertragenen Geschäften absichtlich Diejenigen benachtheiligen, deren Geschäfte sie besorgen.

Wird die Untreue begangen, um sich oder einem Anderen einen Vermögensvortheil zu verschaffen, so kann neben der Gefängnißstrafe auf Geldstrafe bis zu dreitausend Mark erkannt werden.

Wegen der bei Ehrverlust für Militärpersonen eintretenden, ev. ausdrücklich auszusprechenden Folgen cf. Anm. zu §§ 33, 34. Wegen sonstiger Zulässigkeit militärischer Ehrenstrafen bei Betrug cf. Anm. zu § 263.

Dreiundzwanzigster Abschnitt.

Urkundenfälschung.†)

Wegen Verlustes der bürgerlichen Ehrenrechte cf. §§ 280, 32 RStGB. Auch wenn Ehrverlust nicht eintritt ist gegen Personen des Soldatenstandes bei Urkundenfälschung (bei Fälschung von Legitimationspapieren cf. § 363 RStGB. nicht) Versetzung in die 2. Klasse und Degradation, gegen Offiziere Entfernung aus dem Heer und Dienstentlassung, gegen Militärbeamte Amtsverlust zulässig cf. §§ 37 Abs. 2 Nr. 2 (31, 34, 40, 43) D. Mil. StGB.

†) Wegen der neben Zuchthaus und Gefängniß zulässigen resp. gebotenen bürgerlichen und militärischen Ehrenstrafen cf. Anm. zu §§ 32, 33, 34 RStGB. Wegen gebotener Straferhöhung cf. S. 20 unten.

Gegen Personen des Beurlaubtenstandes, welche während der Beurlaubung (also vom Civilgericht) wegen Urkundenfälschung bestraft worden sind, kann ein besonderes Verfahren des Militärgerichts darüber angeordnet werden, ob auf Dienstentlassung oder Degradation zu erkennen ist. cf. § 42 Abs. 2 D. Mil. StGB. Wegen der ev. von Rechtswegen (ohne Nachtragsverfahren) gegen dieselben eintretenden militärischen Ehrenstrafen cf. Abs. 1 a. a. O.

§ 267. Wer in rechtswidriger Absicht eine inländische oder ausländische öffentliche Urkunde oder eine solche Privat-Urkunde, welche zum Beweise von Rechten oder Rechtsverhältnissen von Erheblichkeit ist, verfälscht oder fälschlich anfertigt, und von derselben zum Zwecke einer Täuschung Gebrauch macht, wird wegen Urkundenfälschung mit Gefängniß bestraft.

Wegen sog. intellektueller Urkundenfälschung §§ 271 ff. Wegen Fälschung von Legitimationspapieren (Uebertretung) cf. § 363.

§ 268. Eine Urkundenfälschung, welche in der Absicht begangen wird, sich oder einem Anderen einen Vermögensvortheil zu verschaffen oder einem Anderen Schaden zuzufügen, wird bestraft, wenn

1) die Urkunde eine Privaturkunde ist, mit Zuchthaus bis zu fünf Jahren, neben welchem auf Geldstrafe bis zu dreitausend Mark erkannt werden kann;
2) die Urkunde eine öffentliche ist, mit Zuchthaus bis zu zehn Jahren, neben welchem auf Geldstrafe von einhundertfunfzig bis zu sechstausend Mark erkannt werden kann.

Sind mildernde Umstände vorhanden, so tritt Gefängnißstrafe ein, welche bei der Fälschung einer Privaturkunde nicht unter Einer Woche, bei der Fälschung einer öffentlichen Urkunde nicht unter drei Monaten betragen soll. Neben der Gefängnißstrafe kann zugleich auf Geldstrafe bis zu dreitausend Mark erkannt werden.

§ 269. Der fälschlichen Anfertigung einer Urkunde wird es gleich geachtet, wenn Jemand einem mit der Unterschrift eines Anderen versehenen Papiere ohne dessen Willen oder dessen Anordnungen zuwider durch Ausfüllung einen urkundlichen Inhalt giebt.

§ 270. Der Urkundenfälschung wird es gleich geachtet, wenn Jemand von einer falschen oder verfälschten Urkunde, wissend, daß sie falsch oder verfälscht ist, zum Zwecke einer Täuschung Gebrauch macht.

§ 271. Wer vorsätzlich bewirkt, daß Erklärungen, Verhandlungen oder Thatsachen, welche für Rechte oder Rechtsverhältnisse von Erheblichkeit sind, in öffentlichen Urkunden, Büchern oder Registern als abgegeben oder geschehen beurkundet werden, während sie überhaupt nicht oder in anderer Weise oder von einer Person in einer ihr nicht zustehenden Eigenschaft oder von einer anderen Person abgegeben oder geschehen sind, wird mit Gefängniß bis zu sechs Monaten oder mit Geldstrafe bis zu dreihundert Mark bestraft.

cf. § 348. Die §§ 271—273 behandeln die sog. intellektuelle Urkundenfälschung.

§ 272. Wer die vorbezeichnete Handlung in der Absicht begeht, sich oder einem Anderen einen Vermögensvortheil zu verschaffen oder einem Anderen Schaden zuzufügen, wird mit Zuchthaus bis zu zehn Jahren bestraft, neben welchem auf Geldstrafe von Einhundertfunfzig bis zu sechstausend Mark erkannt werden kann.

cf. § 349 RStGB.

Sind mildernde Umstände vorhanden, so tritt Gefängnißstrafe ein, neben welcher auf Geldstrafe bis zu dreitausend Mark erkannt werden kann.

§ 273. Wer wissentlich von einer falschen Beurkundung der im § 271 bezeichneten Art zum Zwecke einer Täuschung Gebrauch macht, wird nach Vorschrift jenes Paragraphen, und, wenn die Absicht dahin gerichtet war, sich oder einem Anderen einen Vermögensvortheil zu verschaffen oder einem Anderen Schaden zuzufügen, nach Vorschrift des § 272 bestraft.

§ 274. Mit Gefängniß, neben welchem auf Geldstrafe bis zu dreitausend Mark erkannt werden kann, wird bestraft, wer

1) eine Urkunde, welche ihm entweder überhaupt nicht oder nicht ausschließlich gehört, in der Absicht, einem Anderen Nachtheile zuzufügen, vernichtet, beschädigt oder unterdrückt, oder
2) einen Grenzstein oder ein anderes zur Bezeichnung einer Grenze oder eines Wasserstandes bestimmtes Merkmal in der Absicht, einem Anderen Nachtheil zuzufügen, wegnimmt, vernichtet, unkenntlich macht, verrückt oder fälschlich setzt.

§ 275. Mit Gefängniß nicht unter drei Monaten wird bestraft, wer

1) wissentlich von falschem oder gefälschtem Stempelpapier, von falschen oder gefälschten Stempelmar-

ken, Stempelblanketten, Stempelabdrücken, Post- oder Telegraphen-Freimarken oder gestempelten Brief-Couverts Gebrauch macht;

*2) unechtes Stempelpapier, unechte Stempelmarken, Stempelblankette oder Stempelabdrücke für Spielkarten, Pässe oder sonstige Drucksachen oder Schriftstücke, ingleichen wer unechte Post- oder Telegraphen-Freimarken oder gestempelte Brief-Couverts in der Absicht anfertigt, sie als echt zu verwenden, oder

3) echtes Stempelpapier, echte Stempelmarken, Stempelblankette, Stempelabdrücke, Post- oder Telegraphen-Freimarken oder gestempelte Brief-Couverts in der Absicht verfälscht, sie zu einem höheren Werthe zu verwenden.

§ 276. Wer wissentlich schon einmal zu stempelpflichtigen Urkunden, Schriftstücken oder Formularen verwendetes Stempelpapier oder schon einmal verwendete Stempelmarken oder Stempelblankette, ingleichen Stempelabdrücke, welche zum Zeichen stattgehabter Versteuerung gedient haben, zu stempelpflichtigen Schriftstücken verwendet, wird, außer der Strafe, welche durch die Entziehung der Stempelsteuer begründet ist, mit Geldstrafe bis zu sechshundert Mark bestraft.

§ 277. Wer unter der ihm nicht zustehenden Bezeichnung als Arzt oder als eine andere approbirte Medizinalperson oder unberechtigt unter dem Namen solcher Personen ein Zeugniß über seinen oder eines Anderen Gesundheitszustand ausstellt oder ein derartiges echtes Zeugniß verfälscht, und davon zur Täuschung von

Behörden oder Versicherungsgesellschaften Gebrauch macht, wird mit Gefängniß bis zu Einem Jahre bestraft.

§ 278. Aerzte und andere approbirte Medizinalpersonen, welche ein unrichtiges Zeugniß über den Gesundheitszustand eines Menschen zum Gebrauche bei einer Behörde oder Versicherungsgesellschaft wider besseres Wissen ausstellen, werden mit Gefängniß von Einem Monat bis zu zwei Jahren bestraft.

Gegen Militärärzte kommt unter Umständen § 139 D. Mil. StGB. zur Anwendung (cf. § 73 RStGB.).

§ 279. Wer, um eine Behörde oder eine Versicherungsgesellschaft über seinen oder eines Anderen Gesundheitszustand zu täuschen, von einem Zeugnisse der in den §§ 277 und 278 bezeichneten Art Gebrauch macht, wird mit Gefängniß bis zu Einem Jahre bestraft.

§ 280. Neben einer nach Vorschrift der §§ 267, 274, 275, 277 bis 279 erkannten Gefängnißstrafe kann auf Verlust der bürgerlichen Ehrenrechte erkannt werden.

Wegen der neben Ehrverlust für Militärpersonen eintretenden und ev. ausdrücklich auszusprechenden Folgen cf. Anm. zu §§ 33, 34. Wegen sonstiger Zulässigkeit militärischer Ehrenstrafen bei Urkundenfälschung cf. Anm. zum 23. Abschn.

Vierundzwanzigster Abschnitt.

Bankerutt.

§ 281. Kaufleute, welche ihre Zahlungen eingestellt haben, werden wegen betrüglichen Bankerutts mit Zuchthaus bestraft, wenn sie, in der Absicht ihre Gläubiger zu benachtheiligen,

1) Vermögensstücke verheimlicht oder bei Seite geschafft haben;
2) Schulden oder Rechtsgeschäfte anerkannt oder aufgestellt haben, welche ganz oder theilweise erdichtet sind;
3) Handelsbücher zu führen unterlassen haben, deren Führung ihnen gesetzlich oblag, oder
4) ihre Handelsbücher vernichtet oder verheimlicht oder so geführt oder verändert haben, daß dieselben keine Uebersicht des Vermögenszustandes gewähren.

Sind mildernde Umstände vorhanden, so tritt Gefängnißstrafe nicht unter drei Monaten ein.

§ 282. Mit Zuchthaus bis zu zehn Jahren wird bestraft, wer

1) im Interesse eines Kaufmanns, welcher seine Zahlungen eingestellt hat, Vermögensstücke desselben verheimlicht oder bei Seite geschafft hat, oder
2) im Interesse eines Kaufmanns, welcher seine Zahlungen eingestellt hat, oder um sich oder einem Anderen Vermögensvortheil zu verschaffen, erdichtete Forderungen im eigenen Namen oder durch vorgeschobene Personen geltend gemacht hat.

Sind mildernde Umstände vorhanden, so tritt Gefängnißstrafe oder Geldstrafe bis zu sechstausend Mark ein.

§ 283. Kaufleute, welche ihre Zahlungen eingestellt haben, werden wegen einfachen Bankerutts mit Gefängniß bis zu zwei Jahren bestraft, wenn sie

1) durch Aufwand, Spiel oder Differenzhandel mit

Waaren oder Börsenpapieren übermäßige Summen verbraucht haben oder schuldig geworden sind;

2) Handelsbücher zu führen unterlassen haben, deren Führung ihnen gesetzlich oblag, oder dieselben verheimlicht, vernichtet oder so unordentlich geführt haben, daß sie keine Uebersicht des Vermögenszustandes gewähren, oder

3) es unterlassen haben, die Bilanz ihres Vermögens in der gesetzlich vorgeschriebenen Zeit zu ziehen.

Fünfundzwanzigster Abschnitt.

Strafbarer Eigennutz und Verletzung fremder Geheimnisse. †)

§ 284. Wer aus dem Glücksspiele ein Gewerbe macht, wird mit Gefängniß bis zu zwei Jahren bestraft, neben welchem auf Geldstrafe von dreihundert bis zu sechstausend Mark, sowie auf Verlust der bürgerlichen Ehrenrechte erkannt werden kann.

cf. Anm. zu §§ 33, 34.

Ist der Verurtheilte ein Ausländer, so ist die Landespolizeibehörde befugt, denselben aus dem Bundesgebiete zu verweisen.

§ 285. Der Inhaber eines öffentlichen Versammlungsortes, welcher Glücksspiele daselbst gestattet oder zur Verheimlichung solcher Spiele mitwirkt, wird mit Geldstrafe bis zu Eintausendfünfhundert Mark bestraft.

---

†) Wegen der neben Gefängniß zuläßigen resp. gebotenen bürgerlichen oder militärischen Ehrenstrafen cf. Anm. zu §§ 32—34 RStGB. Wegen gebotener Straferhöhung cf. S. 29 unten.

§ 286. Wer ohne obrigkeitliche Erlaubniß öffentliche Lotterien veranstaltet, wird mit Gefängniß bis zu zwei Jahren oder mit Geldstrafe bis zu dreitausend Mark bestraft.

cf. § 29 D. Mil. StGB.

Den Lotterien sind öffentlich veranstaltete Ausspielungen beweglicher oder unbeweglicher Sachen gleich zu achten.

§ 287. (Fällt weg.) †)

§ 288. Wer bei einer ihm drohenden Zwangsvollstreckung in der Absicht, die Befriedigung des Gläubigers zu vereiteln, Bestandtheile seines Vermögens veräußert oder bei Seite schafft, wird mit Gefängniß bis zu zwei Jahren bestraft.

Die Verfolgung tritt nur auf Antrag des Gläubigers ein.

§ 289. Wer seine eigene bewegliche Sache, oder eine fremde bewegliche Sache zu Gunsten des Eigenthümers derselben, dem Nutznießer, Pfandgläubiger oder demjenigen,

---

†) Der § 287 ist ersetzt durch den § 14 des Gesetzes über Markenschutz vom 30. Nov. 1874 (Reichs-G.-Bl. S. 143 ff. cf. Art. V. d. Ges. v. 26. 2. 76), welcher lautet:

„Wer Waaren oder deren Verpackung wissentlich mit einem nach Maßgabe dieses Gesetzes zu schützenden Waarenzeichen oder mit dem Namen oder der Firma eines inländischen Producenten oder Handeltreibenden widerrechtlich bezeichnet, oder wissentlich dergleichen widerrechtlich bezeichnete Waaren in Verkehr bringt oder feilhält, wird mit Geldstrafe von einhundertfunfzig bis dreitausend Mark oder mit Gefängniß bis zu sechs Monaten bestraft und ist dem Verletzten zur Entschädigung verpflichtet.

Die Strafverfolgung tritt nur auf Antrag ein."

welchem an der Sache ein Gebrauchs- oder Zurückbehaltungsrecht zusteht, in rechtswidriger Absicht wegnimmt, wird mit Gefängniß bis zu drei Jahren oder mit Geldstrafe bis zu neunhundert Mark bestraft.

cf. § 29 D. Mil. StGB.

Neben der Gefängnißstrafe kann auf Verlust der bürgerlichen Ehrenrechte erkannt werden.

cf. § 32 u. Anm. zu §§ 33, 34 RStGB.

Der Versuch ist strafbar.

cf. §§ 43—46 RStGB.

Die Verfolgung tritt nur auf Antrag ein.

Die Bestimmungen des § 247, Absatz 2 und 3 finden auch hier Anwendung.

§ 290. Oeffentliche Pfandleiher, welche die von ihnen in Pfand genommenen Gegenstände unbefugt in Gebrauch nehmen, werden mit Gefängniß bis zu Einem Jahre, neben welchem auf Geldstrafe bis zu neunhundert Mark erkannt werden kann, bestraft.

§ 291. Wer die bei den Uebungen der Artillerie verschossene Munition, oder wer Bleikugeln aus den Kugelfängen der Schießstände der Truppen sich widerrechtlich zueignet, wird mit Gefängniß bis zu Einem Jahre oder mit Geldstrafe bis zu neunhundert Mark bestraft.

Auch gegen Militärpersonen kommt § 291 (nicht § 138 D. Mil. StGB.) unter der in § 29 D. Mil. StGB. enthaltenen Beschränkung zur Anwendung. cf. meinen Kommentar zum D. Mil. StGB. Anm. 17 zu § 138.

*§ 292. Wer an Orten, an denen zu jagen er nicht berechtigt ist, die Jagd ausübt, wird mit Geldstrafe bis

zu dreihundert Mark oder mit Gefängniß bis zu drei Monaten bestraft.

cf. § 29 D. Mil. StGB.

Ist der Thäter ein Angehöriger des Jagdberechtigten, so tritt die Verfolgung nur auf Antrag ein. Die Zurücknahme des Antrages ist zulässig.

cf. §§ 52 Abs. 2 368 Nr. 10 RStGB.

§ 293. Die Strafe kann auf Geldstrafe bis zu sechshundert Mark oder auf Gefängniß bis zu sechs Monaten erhöht werden, wenn dem Wilde nicht mit Schießgewehr oder Hunden, sondern mit Schlingen, Netzen, Fallen oder anderen Vorrichtungen nachgestellt, oder wenn das Vergehen während der gesetzlichen Schonzeit, in Wäldern, zur Nachtzeit oder gemeinschaftlich von Mehreren begangen wird.

§ 294. Wer unberechtigtes Jagen gewerbsmäßig betreibt, wird mit Gefängniß nicht unter drei Monaten bestraft; auch kann auf Verlust der bürgerlichen Ehrenrechte, sowie auf Zulässigkeit von Polizei-Aufsicht erkannt werden.

cf. Anm. zu §§ 33, 34 wegen der neben Ehrverlust für Militärpersonen eintretenden und ev. auszusprechenden Folgen.

§ 295. Neben der durch das Jagdvergehen verwirkten Strafe ist auf Einziehung des Gewehrs, des Jagdgeräths und der Hunde, welche der Thäter bei dem unberechtigten Jagen bei sich geführt hat, ingleichen der Schlingen, Netze, Fallen und anderen Vorrichtungen zu erkennen, ohne Unterschied, ob sie dem Verurtheilten gehören oder nicht.

*§ 296. Wer zur Nachtzeit, bei Fackellicht oder unter

Anwendung schädlicher oder explodirender Stoffe unberechtigt fischt oder krebst, wird mit Geldstrafe bis zu sechshundert Mark oder mit Gefängniß bis zu sechs Monaten bestraft.

cf. § 29 D. Mil. StGB.

*§ 296a. Ausländer, welche in den Deutschen Küstengewässern unbefugt fischen, werden mit Geldstrafe bis zu sechshundert Mark oder mit Gefängniß bis zu sechs Monaten bestraft.

Neben der Geld- oder Gefängnißstrafe ist auf Einziehung der Fanggeräthe, welche der Thäter bei dem unbefugten Fischen bei sich geführt hat, ingleichen der in dem Fahrzeug enthaltenen Fische zu erkennen, ohne Unterschied, ob die Fanggeräthe und Fische dem Verurtheilten gehören oder nicht.

§ 297. Ein Reisender oder Schiffsmann, welcher ohne Vorwissen des Schiffers, ingleichen ein Schiffer, welcher ohne Vorwissen des Rheders Gegenstände an Bord nimmt, welche das Schiff oder die Ladung gefährden, indem sie die Beschlagnahme oder Einziehung des Schiffes oder der Ladung veranlassen können, wird mit Geldstrafe bis zu Eintausendfünfhundert Mark oder mit Gefängniß bis zu zwei Jahren bestraft.

§ 298. Ein Schiffsmann, welcher mit der Heuer entläuft, oder sich verborgen hält, um sich dem übernommenen Dienst zu entziehen, wird, ohne Unterschied, ob das Vergehen im Inlande oder im Auslande begangen worden ist, mit Gefängniß bis zu Einem Jahre bestraft.

§ 299. Wer einen verschlossenen Brief oder eine

andere verschlossene Urkunde, die nicht zu seiner Kenntnißnahme bestimmt ist, vorsätzlich und unbefugter Weise eröffnet, wird mit Geldstrafe bis zu dreihundert Mark oder mit Gefängniß bis zu drei Monaten bestraft.

cf. § 29 D. Mil. StGB.

Die Verfolgung tritt nur auf Antrag ein.

§ 300. Rechtsanwalte, Advokaten, Notare, Vertheidiger in Strafsachen, Aerzte, Wundärzte, Hebammen, Apotheker, sowie die Gehülfen dieser Personen werden, wenn sie unbefugt Privatgeheimnisse offenbaren, die ihnen kraft ihres Amtes, Standes oder Gewerbes anvertraut sind, mit Geldstrafe bis zu Eintausendfünfhundert Mark oder mit Gefängnißstrafe bis zu drei Monaten bestraft.

cf. § 29 D. Mil. StGB.

Die Verfolgung tritt nur auf Antrag ein.

§ 301. Wer in gewinnsüchtiger Absicht und unter Benutzung des Leichtsinns oder der Unerfahrenheit eines Minderjährigen sich von demselben Schuldscheine, Wechsel, Empfangsbekenntnisse, Bürgschafts-Instrumente oder eine andere, eine Verpflichtung enthaltende Urkunde ausstellen oder auch nur mündlich ein Zahlungsversprechen ertheilen läßt, wird mit Gefängniß bis zu sechs Monaten oder mit Geldstrafe bis zu Eintausendfünfhundert Mark bestraft.

cf. § 29 D. Mil: StGB.

Die Verfolgung tritt nur auf Antrag ein.

§ 302. Wer in gewinnsüchtiger Absicht und unter Benutzung des Leichtsinns und der Unerfahrenheit eines Minderjährigen sich von demselben unter Verpfändung der Ehre, auf Ehrenwort, eidlich oder unter ähnlichen Versicherungen oder Betheuerungen die Zahlung einer Geldsumme oder die Erfüllung einer anderen, auf Gewährung geldwerther Sachen gerichteten Verpflichtung aus einem Rechtsgeschäfte versprechen läßt, wird mit Gefängniß bis zu Einem Jahre oder mit Geldstrafe bis zu dreitausend Mark bestraft.

cf. § 29 D. Mil. StGB.

Neben der Gefängnißstrafe kann auf Verlust der bürgerlichen Ehrenrechte erkannt werden.

cf. Anm. zu §§ 33, 34.

Dieselbe Strafe trifft denjenigen, welcher sich eine Forderung, von der er weiß, daß deren Berichtigung ein Minderjähriger in der vorbezeichneten Weise versprochen hat, abtreten läßt.

Die Verfolgung tritt nur auf Antrag ein.

Sechsundzwanzigster Abschnitt.

Sachbeschädigung. †)

*§ 303. Wer vorsätzlich und rechtswidrig eine fremde Sache beschädigt oder zerstört, wird mit Geldstrafe bis zu Eintausend Mark oder mit Gefängniß bis zu zwei Jahren bestraft.

Wegen Zulässigkeit von Geldstrafen cf. § 29 D. Mil. StGB. Konkurriren die §§ 303 RStGB. und 55 D. Mil. StGB. so darf niemals auf Geldstrafe erkannt werden. Ist die fremde Sache ein Dienstgegenstand, so liegt das militärische daher stets ohne An-

†) Wegen der neben Gefängniß zulässigen resp. gebotenen bürgerlichen oder militärischen Ehrenstrafen cf. Anm. §§ 32, 33, 34 RStGB. Wegen gebotener Straferhöhung cf. S. 29 unten.

trag strafbare Vergehen des § 137 D. Mil. StGB. vor. Fahrlässige Beschädigung ꝛc. begründet nur einen Civilanspruch; ist aber ein Dienstgegenstand fahrlässig beschädigt oder zerstört so liegt ein Disziplinarvergehen vor, welches als fahrlässige Beschädigung, Verderbenlassen ꝛc. von Dienstgegenständen ev. auf Grund des § 92 D. Mil. StGB. (cf. K. A. 37) gerichtlich geahndet werden kann.

Fahrlässige erhebliche Beschädigung eines Schiffes oder dessen Zubehörs bei Wahrnehmung des Dienstes wird dagegen nach §§ 142 (cf. 166 Abs. 1) D. Mil. StGB. als militärisches Vergehen bestraft.

Der Versuch ist strafbar.

cf. §§ 43—46 RStGB. Wegen des Versuches der Beschädigung oder Zerstörung eines Dienstgegenstandes cf. §§ 43 Abs. 2 RStGB. 2 D. Mil. StGB. (Näh. in mein. Komm. Anm. zu §§ 2, 137.)

Die Verfolgung tritt nur auf Antrag ein.

cf. Anm. zu Abs. 1, Satz 2.

Ist das Vergehen gegen einen Angehörigen verübt, so ist die Zurücknahme des Antrages zulässig.

Wegen Angehöriger § 52 Abs. 2 RStGB.

§ 304. Wer vorsätzlich und rechtswidrig Gegenstände der Verehrung einer im Staate bestehenden Religionsgesellschaft, oder Sachen, die dem Gottesdienste gewidmet sind, oder Grabmäler, öffentliche Denkmäler, Gegenstände der Kunst, der Wissenschaft oder des Gewerbes, welche in öffentlichen Sammlungen aufbewahrt werden oder öffentlich aufgestellt sind, oder Gegenstände, welche zum öffentlichen Nutzen oder zur Verschönerung öffentlicher Wege, Plätze oder Anlagen dienen, beschädigt oder zerstört, wird mit Gefängniß bis zu drei Jahren oder mit Geldstrafe bis zu Eintausendfünfhundert Mark bestraft.

cf. § 29 D. Mil. StGB.

Neben der Gefängnißstrafe kann auf Verlust der bürgerlichen Ehrenrechte erkannt werden.

cf. § 32 RStGB. Wegen der neben Ehrverlust für Militärpersonen eintretenden und ev. ausdrücklich auszusprechenden Folgen cf. Anm. zu §§ 33, 34 RStGB.

Der Versuch ist strafbar.

cf. §§ 43—46 RStGB.

§ 305. Wer vorsätzlich und rechtswidrig ein Gebäude, ein Schiff, eine Brücke, einen Damm, eine gebaute Straße, eine Eisenbahn oder ein anderes Bauwerk, welche fremdes Eigenthum sind, ganz oder theilweise zerstört, wird mit Gefängniß nicht unter Einem Monat bestraft.

Wegen fahrlässiger Beschädigung eines Schiffes cf. § 142 D. Mil. StGB. und Anm. zu § 303 Abs. 1.

Der Versuch ist strafbar.

cf. §§ 43—46 RStGB.

Siebenundzwanzigster Abschnitt.

Gemeingefährliche Verbrechen und Vergehen. †)

§ 306. Wegen Brandstiftung wird mit Zuchthaus bestraft, wer vorsätzlich in Brand setzt

1) ein zu gottesdienstlichen Versammlungen bestimmtes Gebäude;
2) ein Gebäude, ein Schiff oder eine Hütte, welche zur Wohnung von Menschen dienen, oder
3) eine Räumlichkeit, welche zeitweise zum Aufenthalt

†) Wegen der neben Zuchthaus und Gefängniß zulässigen resp. gebotenen bürgerlichen oder militärischen Ehrenstrafen cf. Anm. zu §§ 32—34 RStGB. Wegen gebotener Straferhöhung S. 20 unten.

von Menschen dient, und zwar zu einer Zeit, während welcher Menschen in derselben sich aufzuhalten pflegen.

cf. §§ 265, 325 RStGB.

§ 307. Die Brandstiftung (§ 306) wird mit Zuchthaus nicht unter zehn Jahren, oder mit lebenslänglichem Zuchthaus bestraft, wenn

1) der Brand den Tod eines Menschen dadurch verursacht hat, daß dieser zur Zeit der That in einer der in Brand gesetzten Räumlichkeiten sich befand;
2) die Brandstiftung in der Absicht begangen worden ist, um unter Begünstigung derselben Mord oder Raub zu begehen oder einen Aufruhr zu erregen, oder
3) der Brandstifter, um das Löschen des Feuers zu verhindern oder zu erschweren, Löschgeräthschaften entfernt oder unbrauchbar gemacht hat.

cf. §§ 325 RStGB. u. 4 des Einf. Ges.

§ 308. Wegen Brandstiftung wird mit Zuchthaus bis zu zehn Jahren bestraft, wer vorsätzlich Gebäude, Schiffe, Hütten, Bergwerke, Magazine, Waarenvorräthe, welche auf dazu bestimmten öffentlichen Plätzen lagern, Vorräthe von landwirthschaftlichen Erzeugnissen oder von Bau- oder Brennmaterialien, Früchte auf dem Felde, Waldungen oder Torfmoore in Brand setzt, wenn diese Gegenstände entweder fremdes Eigenthum sind, oder zwar dem Brandstifter eigenthümlich gehören, jedoch ihrer Beschaffenheit und Lage nach geeignet sind, das Feuer einer der im § 306 Nr. 1 bis 3 bezeichneten Räumlichkeiten oder einem der vorstehend bezeichneten fremden Gegenstände mitzutheilen.

Sind mildernde Umstände vorhanden, so tritt Gefängnißstrafe nicht unter sechs Monaten ein.

cf. §§ 265, 325 RStGB.

§ 309. Wer durch Fahrlässigkeit einen Brand der in den §§ 306 und 308 bezeichneten Art herbeiführt, wird mit Gefängniß bis zu Einem Jahre oder mit Geldstrafe bis zu neunhundert Mark, und, wenn durch den Brand der Tod eines Menschen verursacht worden ist, mit Gefängniß von Einem Monat bis zu drei Jahren bestraft.

cf. § 29 D. Mil. StGB.

§ 310. Hat der Thäter den Brand, bevor derselbe entdeckt und ein weiterer als der durch die bloße Inbrandsetzung bewirkte Schaden entstanden war, wieder gelöscht, so tritt Straflosigkeit ein.

cf. § 46 Nr. 2 RStGB.

§ 311. Die gänzliche oder theilweise Zerstörung einer Sache durch Gebrauch von Pulver oder anderen explodirenden Stoffen ist der Inbrandsetzung der Sache gleich zu achten.

cf. § 325 RStGB. u. § 4 des Einf. Ges.

§ 312. Wer mit gemeiner Gefahr für Menschenleben vorsätzlich eine Ueberschwemmung herbeiführt, wird mit Zuchthaus nicht unter drei Jahren und, wenn durch die Ueberschwemmung der Tod eines Menschen verursacht worden ist, mit Zuchthaus nicht unter zehn Jahren oder mit lebenslänglichem Zuchthaus bestraft.

cf. § 325 RStGB. u. § 4 des Einf. Ges.

§ 313. Wer mit gemeiner Gefahr für das Eigenthum vorsätzlich eine Ueberschwemmung herbeiführt, wird mit Zuchthaus bestraft.

cf. § 325 RStGB.

Ist jedoch die Absicht des Thäters nur auf Schutz seines Eigenthums gerichtet gewesen, so ist auf Gefängniß nicht unter Einem Jahre zu erkennen.

§ 314. Wer eine Ueberschwemmung mit gemeiner Gefahr für Leben oder Eigenthum durch Fahrlässigkeit herbeiführt, wird mit Gefängniß bis zu Einem Jahre und, wenn durch die Ueberschwemmung der Tod eines Menschen verursacht worden ist, mit Gefängniß von Einem Monat bis zu drei Jahren bestraft.

§ 315. Wer vorsätzlich Eisenbahnanlagen, Beförderungsmittel oder sonstiges Zubehör derselben dergestalt beschädigt, oder auf der Fahrbahn durch falsche Zeichen oder Signale oder auf andere Weise solche Hindernisse bereitet, daß dadurch der Transport in Gefahr gesetzt wird, wird mit Zuchthaus bis zu zehn Jahren bestraft.

Ist durch die Handlung eine schwere Körperverletzung verursacht worden, so tritt Zuchthausstrafe nicht unter fünf Jahren und, wenn der Tod eines Menschen verursacht worden ist, Zuchthausstrafe nicht unter zehn Jahren oder lebenslängliche Zuchthausstrafe ein.

§ 316. Wer fahrlässigerweise durch eine der vorbezeichneten Handlungen den Transport auf einer Eisenbahn in Gefahr setzt, wird mit Gefängniß bis zu Einem Jahre und, wenn durch die Handlung der Tod eines

Menschen verursacht worden ist, mit Gefängniß von Einem Monat bis zu drei Jahren bestraft.

Gleiche Strafe trifft die zur Leitung der Eisenbahnfahrten und zur Aufsicht über die Bahn und den Beförderungsbetrieb angestellten Personen, wenn sie durch Vernachlässigung der ihnen obliegenden Pflichten einen Transport in Gefahr setzen.

§ 317. Wer gegen eine zu öffentlichen Zwecken dienende Telegraphen-Anstalt vorsätzlich Handlungen begeht, welche die Benutzung dieser Anstalt verhindern oder stören, wird mit Gefängniß von Einem Monat bis zu drei Jahren bestraft.

§ 318. Wer gegen eine zu öffentlichen Zwecken dienende Telegraphen-Anstalt fahrlässigerweise Handlungen begeht, welche die Benutzung dieser Anstalt verhindern oder stören, wird mit Gefängniß bis zu Einem Jahre oder mit Geldstrafe bis zu neunhundert Mark bestraft.

cf. § 29 D. Mil. StGB.

Gleiche Strafe trifft die zur Beaufsichtigung und Bedienung der Telegraphen-Anstalten und ihrer Zubehörungen angestellten Personen, wenn sie durch Vernachlässigung der ihnen obliegenden Pflichten die Benutzung der Anstalt verhindern oder stören.

*§ 319. Wird einer der in den §§ 316 und 318 erwähnten Angestellten wegen einer der in den §§ 315 bis 318 bezeichneten Handlungen verurtheilt, so kann derselbe zugleich für unfähig zu einer Beschäftigung im Eisenbahn- oder Telegraphendienste oder in bestimmten Zweigen dieser Dienste erklärt werden.

§ 320. Die Vorsteher einer Eisenbahn-Gesellschaft, sowie die Vorsteher einer zu öffentlichen Zwecken dienenden Telegraphen-Anstalt, welche nicht sofort nach Mittheilung des rechtskräftigen Erkenntnisses die Entfernung des Verurtheilten bewirken, werden mit Geldstrafe bis zu dreihundert Mark oder mit Gefängniß bis zu drei Monaten bestraft.

Gleiche Strafe trifft denjenigen, welcher für unfähig zum Eisenbahn- oder Telegraphendienste erklärt worden ist, wenn er sich nachher bei einer Eisenbahn oder Telegraphen-Anstalt wieder anstellen läßt, sowie diejenigen, welche ihn wieder angestellt haben, obgleich ihnen die erfolgte Unfähigkeitserklärung bekannt war.

*§ 321. Wer vorsätzlich Wasserleitungen, Schleusen, Wehre, Deiche, Dämme oder andere Wasserbauten oder Brücken, Fähren, Wege oder Schutzwehre oder dem Bergwerksbetriebe dienende Vorrichtungen zur Wasserhaltung, zur Wetterführung oder zum Ein- und Ausfahren der Arbeiter zerstört oder beschädigt, oder in schiffbaren Strömen, Flüssen oder Kanälen das Fahrwasser stört und durch eine dieser Handlungen Gefahr für das Leben oder die Gesundheit Anderer herbeiführt, wird mit Gefängniß nicht unter drei Monaten bestraft.

Ist durch eine dieser Handlungen eine schwere Körperverletzung verursacht worden, so tritt Zuchthausstrafe bis zu fünf Jahren und, wenn der Tod eines Menschen verursacht worden ist, Zuchthausstrafe nicht unter fünf Jahren ein.

§ 322. Wer vorsätzlich ein zur Sicherung der Schifffahrt bestimmtes Feuerzeichen oder ein anderes zu diesem Zwecke aufgestelltes Zeichen zerstört, wegschafft oder unbrauchbar macht, oder ein solches Feuerzeichen auslöscht oder seiner Dienstpflicht zuwider nicht aufstellt, oder ein falsches Zeichen, welches geeignet ist, die Schifffahrt unsicher zu machen, aufstellt, insbesondere zur Nachtzeit auf der Strandhöhe Feuer anzündet, welches die Schifffahrt zu gefährden geeignet ist, wird mit Zuchthaus bis zu zehn Jahren bestraft.

Ist durch die Handlung die Strandung eines Schiffes verursacht worden, so tritt Zuchthausstrafe nicht unter fünf Jahren und, wenn der Tod eines Menschen verursacht worden ist, Zuchthausstrafe nicht unter zehn Jahren oder lebenslängliche Zuchthausstrafe ein.

cf. § 325 RStGB. u. § 4 Einf. Ges.

§ 323. Wer vorsätzlich die Strandung oder das Sinken eines Schiffes bewirkt und dadurch Gefahr für das Leben eines Anderen herbeiführt, wird mit Zuchthaus nicht unter fünf Jahren und, wenn durch die Handlung der Tod eines Menschen verursacht worden ist, mit Zuchthaus nicht unter zehn Jahren oder mit lebenslänglichem Zuchthaus bestraft.

cf. § 325 RStGB. u. § 4 des Einf. Ges.

§ 324. Wer vorsätzlich Brunnen oder Wasserbehälter, welche zum Gebrauche Anderer dienen, oder Gegenstände, welche zum öffentlichen Verkaufe oder Verbrauche bestimmt sind, vergiftet, oder denselben Stoffe beimischt, von denen ihm bekannt ist, daß sie die menschliche Gesundheit zu zerstören geeignet sind, ingleichen wer solche vergiftete oder mit gefährlichen Stoffen vermischte Sachen wissentlich und mit Verschweigung dieser Eigenschaft verkauft, feilhält oder sonst in Verkehr bringt, wird mit Zuchthaus bis zu zehn Jahren und, wenn durch die Handlung der Tod eines Menschen verursacht worden ist, mit Zuchthaus nicht unter zehn Jahren oder mit lebenslänglichem Zuchthaus bestraft.

cf. § 4 des Einf. Ges.

§ 325. Neben der nach den Vorschriften der §§ 306 bis 308, 311 bis 313, 315, 321 bis 324 erkannten Zuchthausstrafe kann auf Zulässigkeit von Polizei-Aufsicht erkannt werden.

§ 326. Ist eine der in den §§ 321 bis 324 bezeichneten Handlungen aus Fahrlässigkeit begangen worden, so ist, wenn durch die Handlung ein Schaden verursacht worden ist, auf Gefängniß bis zu Einem Jahre und, wenn der Tod eines Menschen verursacht worden ist, auf Gefängniß von Einem Monat bis zu drei Jahren zu erkennen.

§ 327. Wer die Absperrungs- oder Aufsichts-Maßregeln oder Einfuhrverbote, welche von der zuständigen Behörde zur Verhütung des Einführens oder Verbreitens einer ansteckenden Krankheit angeordnet worden sind wissentlich verletzt, wird mit Gefängniß bis zu zwei Jahren bestraft.

Ist in Folge dieser Verletzung ein Mensch von der ansteckenden Krankheit ergriffen worden, so tritt Gefängnißstrafe von drei Monaten bis zu drei Jahren ein.

§ 328. Wer die Absperrungs- oder Aufsichts-Maßregeln oder Einfuhrverbote, welche von der zuständigen Behörde zur Verhütung des Einführens oder Verbreitens von Viehseuchen angeordnet worden sind, wissentlich verletzt, wird mit Gefängniß bis zu Einem Jahre bestraft.

Ist in Folge dieser Verletzung Vieh von der Seuche ergriffen worden, so tritt Gefängnißstrafe von Einem Monat bis zu zwei Jahren ein.

cf. hinsichtl. der Abwehr der Rinderpest die Strafbestimmungen des R. G. v. 21. Mai 1878 R. G. Bl. S. 95. (cf. R. G. v. 7. 4. 69 u. Instruktion dazu v. 29. 5. 69.)

§ 329. Wer die mit einer Behörde geschlossenen Lieferungsverträge über Bedürfnisse des Heeres oder der Marine zur Zeit eines Krieges, oder über Lebensmittel zur Abwendung oder Beseitigung eines Nothstandes vorsätzlich entweder nicht zur bestimmten Zeit oder nicht in der vorbedungenen Weise erfüllt, wird mit Gefängniß nicht unter sechs Monaten bestraft; auch kann auf Verlust der bürgerlichen Ehrenrechte erkannt werden.

cf. Anm. zu §§ 32—34 RStGB. 58 Nr. 10 D. Mil. StGB.

Liegt der Nichterfüllung des Vertrages Fahrlässigkeit zum Grunde, so ist, wenn durch die Handlung ein Schaden verursacht worden ist, auf Gefängniß bis zu zwei Jahren zu erkennen.

Dieselben Strafen finden auch gegen die Unterlieferanten, Vermittler und Bevollmächtigten des Lieferanten Anwendung, welche mit Kenntniß des Zweckes der Lieferung die Nichterfüllung derselben vorsätzlich oder aus Fahrlässigkeit verursachen.

§ 330. Wer bei der Leitung oder Ausführung eines Baues wider die allgemein anerkannten Regeln der Baukunst dergestalt handelt, daß hieraus für Andere Gefahr entsteht, wird mit Geldstrafe bis zu neunhundert Mark oder mit Gefängniß bis zu Einem Jahre bestraft.

cf. § 29 D. Mil. StGB.

Achtundzwanzigster Abschnitt.

Verbrechen und Vergehen im Amte. †)

Inhalt:

1) Die Militärbeamten (cf. Anm. zu § 358) sind nur im Felde den Militärgesetzen und zwar auch nur hinsichtlich der im 1. bis 3., dem 6. und 8. Abschnitte des 1. Titel 1. Theils des D. Mil. StGB. mit Strafe bedrohten Handlungen unterworfen. Andere Pflichtverletzungen derselben sind nach den allgemeinen, für Beamte geltenden Vorschriften (des 28. Abschnittes) zu beurtheilen (§§ 153, 154, D. Mil. StGB.) Die Civilbeamten der Militärverwaltung sind nur dann den Militärgesetzen in dem oben angegebenen beschränkten Umfange unterworfen, wenn sie nach ausgesprochener Mobilmachung ausdrücklich den Militärbeamten zugezählt werden. (cf. meinen Kommentar zum D. Mil. StGB. Anm. 1 u. 2 zu §§ 153, 154). Dagegen kommen auch im Frieden gegen Militärbeamte die in den §§ 43 u. 45 des Allgemeinen Theiles des D. Mil. StGB enthaltenen die Strafvollstreckung und die Strafarten betreffenden Bestimmungen zur Anwendung.

Es kann daher (nach § 43 a. a. O.) gegen Militärbeamte auch im Frieden, abgesehen von den Fällen, in welchen nach dem RStGB. Amtsverlust geboten oder zulässig ist (§§ 31, 33, 34 Nr. 3, 35, 36, 81, 83, 84, 87—91, 128, 358,

†) Wegen der neben Zuchthaus, Gefängniß und Festungshaft zulässigen resp. gebotenen bürgerlichen oder militärischen Ehrenstrafen cf. Anm. zu §§ 32—35 u. 358 RStGB. Wegen gebotener Strafschärfung S. 29 unten.

[331, 339—341, 352—355 u. 357] RStGB.), auf diese Ehrenstrafe gegen Militärbeamte stets erkannt werden:

1) neben Gefängniß oder Festungshaft von mehr als einjähriger Dauer,
2) wenn die Verurtheilung wegen Diebstahls, Unterschlagung, Raubes, Erpressung, Hehlerei, Betruges oder Urkundenfälschung erfolgt (auch wenn der Verlust der bürgerlichen Ehrenrechte nicht eintritt).

Im Felde ist gegen Militärbeamte statt auf Versetzung in die 2. Klasse auf Amtsverlust zu erkennen (§ 153 a. a. O.)

2) Auch Personen des Soldatenstandes sind unter Umständen den Bestimmungen dieses Abschnittes unterworfen.

Nach § 145 D. Mil. StGB. ist nämlich „eine Person des Soldatenstandes, welche bei einem ihr übertragenen Geschäfte der Heeres- oder Marineverwaltung eine Handlung begeht, welche im Sinne der Allgemeinen Strafgesetze ein Verbrechen oder Vergehen im Amte darstellt, nach den in jenen Gesetzen für Beamte gegebenen Bestimmungen zu bestrafen."

a) Die „Geschäfte", (welche übrigens nicht auf die Verwaltung im engeren Sinne beschränkt sind, so daß z. B. die der untersuchungführenden Offiziere auch hierher gehören) müssen jedoch — wenn § 145 Anwendung finden soll — einer Person des Soldatenstandes zur selbstständigen Besorgung (gewissermaßen an Stelle eines Militärbeamten und unter eigener Verantwortung) übertragen sein. (cf. Beschluß d. Pr. Gen. Aud. v. 28. März 1873, Motive zum Entwurf u. meinen Kommentar z. D. Mil. StGB. Anm. zu § 145.)

b) Zu den Handlungen, welche im Sinne der allgemeinen Strafgesetze ein Verbrechen oder Vergehen im Amte darstellen, sind diejenigen nicht zu rechnen, welche an und für sich als militärische Verbrechen und Vergehen im D. Mil. StGB. mit Strafe bedroht sind. cf. die in den §§ 138, 140, 144 das. angeführten. Es folgt dies daraus, daß § 145 hauptsächlich nur eine Lücke ausfüllen soll. (Dafür Fleck Ausg. v. 1862 Anm. zu § 163. Weissenbach S. 106, Solms S. 67, Koppmann S. 438, cf. auch meinen Kommentar Anm. 6 zu § 145; contra Brauer S. 177, Keller Erläut. zu d. Kriegs-Artikeln S. 111, 112.

3) Die Landgendarmen sind nach dem Preuß. Mil. StGB. v. 3. April 1845 Personen des Soldatenstandes und als solche der Militärgerichtsbarkeit unterworfen.

Diese Bestimmungen sind nach Abs. 2 § 2 des Einf. Ges. zum D. Mil. StGB. in Kraft geblieben. In Preußen und im ganzen Geltungsgebiete des Preußischen Militär-Strafgesetzbuches finden daher auf die Landgendarmen in Beziehung auf materielles Strafrecht die Bestimmungen des an die Stelle Preuß. Mil. StGB. getretenen Mil. StGB. f. d. D. R. Anwendung.

Nur die besonderen Vorschriften des Preuß. Mil. StGB. über die von Landgendarmen begangenen strafbaren Handlungen bleiben in Kraft, nämlich folgende:

§ 48 alinea 2. Wo Versetzung in die 2. Klasse des Soldatenstandes oder Degradation stattfindet, ist gegen Landgendarmen stets noch außerdem auf Entlassung aus der Gendarmerie zu erkennen.

alinea 3. Auch muß auf diese Entlassung jederzeit erkannt werden, wenn ein Landgendarm wegen Verletzung seiner Amtspflichten zum dritten Male gerichtlich mit der ordentlichen gesetzlichen Strafe belegt wird.

§ 188. Landgendarmen, welche in Ausübung des Dienstes sich des Mißbrauchs der Dienstgewalt schuldig machen, sind ebenso zu bestrafen wie Vorgesetzte, die sich ein solches Verbrechen gegen Untergebene zu Schulden kommen lassen.

Machen sie sich des Mißbrauchs der Dienstgewalt gegen Personen schuldig, welche außer diesem Dienstverhältniß ihre Vorgesetzten sind, so ist dies bei Zumessung der Strafe als ein erschwerender

Umstand oder als ein Grund zur Verschärfung der Strafe zu betrachten.

(cf. Beschluß des Pr. Gen. Aud. v. 25. Sept. 1872.)

Der Umstand, daß das D. Mil. StGB. und das R. Mil. Ges. v. 2. Mai 1874 die Preußischen Landgendarmen nicht als Mitglieder „des Deutschen Heeres" aufführen ist für die vorliegende Frage ganz gleichgültig, da dieselbe allein durch § 2 Abs. 2 des Einf. Ges. zum D. Mil. StGB. und durch das Pr. Mil. StGB. entschieden wird.

Nach §§ 188 Pr. Mil. StGB. und § 2 Abs. 2 des Einf. Ges. z. D. Mil. StGB. sollen Verbrechen und Vergehen der Landgendarmen im Amte — denn etwas Anderes ist „der Mißbrauch der Dienstgewalt in Ausübung des Dienstes" nicht — nach dem VII. Abschn. des II. Theils D. Mil. StGB. als Mißbrauch der Dienstgewalt gegen Untergebene bestraft werden.

Damit ist klar ausgesprochen, daß dieselben als Beamte überhaupt nicht anzusehen und ausschließlich als Personen des Soldatenstandes zu behandeln sind. (cf. auch § 11 der Verord. vom 30. Dec. 1820. (G. S. 1821 p. 1.) u. § 15 der Verord. vom 23. Mai 1867 (G. S. 1867 p. 777 sq.)

Da nun eine dem § 145 D. Mil. StGP., (welcher auf Landgendarmen nicht paßt,) analoge Bestimmung nicht existirt, so wird, soweit sich die Vorschriften des VII. Abschnittes a. a. O. mit denen des 28. Abschnittes RStGB. nicht völlig decken, mit den dehnbaren Bestimmungen der §§ 121 oder 92 oder den sonstigen Bestimmungen des D. Mil. StGB. resp. den die strafbaren Handlungen von Nichtbeamten betreffenden Vorschriften des RStGB. ausgeholfen werden müssen, bis die Lücke durch die Gesetzgebung ausgefüllt sein wird.

Gleicher Ansicht Herbst (Goltdammer's Archiv Bd. 23, S. 88ff.) cf. auch die neuste Entsch. d. Pr. Ob. Trib. vom 10. Januar 1878 (Oppenhoff Rechtspr. Bd. XIX, S. 16 ff.) welche gleichfalls (entgegen früheren Entscheidungen) die Landgendarmen ausschließlich für Mitglieder der bewaffneten Macht und nicht für Beamte erachtet. Die Ausübung des Dienstes ist hier Thatbestandsmerkmal daher dieserhalb eine Straferhöhung aus § 55 Nr. 2 D. Mil. StGB. nicht geboten.

§ 331. Ein Beamter, welcher für eine in sein Amt einschlagende, an sich nicht pflichtwidrige Handlung Geschenke oder andere Vortheile annimmt, fordert oder sich versprechen läßt, wird mit Geldstrafe bis zu dreihundert Mark oder mit Gefängniß bis zu sechs Monaten bestraft.

1) cf. § 335 RStGB. u. 358 a. a. O. Gegen den Geschenkgeber enthält das Gesetz keine Strafbestimmung.
2) cf. §§ 154, 145, 29 D. Mil. StGB.
3) Pr. Landgendarmen sind auf Grund der §§ 114 D. Mil. StGB. 2 b. Einf. Ges. dazu und 188 Th. I Pr. Mil. StGB. v. 3. 4. 45 wegen Mißbrauchs der Dienstgewalt oder auf Grund der §§ 18 der Dienst-Instruktion für die Gendarmen (B. O.) v. 30. 12. 1820 und 92 D. Mil. StGB. wegen Ungehorsams zu bestrafen. (cf. Anm. 3 zum 28. Abschn.)

§ 332. Ein Beamter, welcher für eine Handlung, die eine Verletzung einer Amts- oder Dienstpflicht enthält, Geschenke oder andere Vortheile annimmt, fordert oder sich versprechen läßt, wird wegen Bestechung mit Zuchthaus bis zu fünf Jahren bestraft.

Sind mildernde Umstände vorhanden, so tritt Gefängnißstrafe ein.

1) cf. §§ 335, 358 RStGB.
2) § 332 findet auf Militärbeamte stets, auf Personen des Soldatenstandes selbst im Falle des § 145 D. Mil. StGB. niemals Anwendung. (cf. Anm. 2b zum 28. Abschn.) Gegen letztere greift § 140 D. Mil. StGB. Platz.
3) Gegen Pr. Landgendarmen findet § 140 D. Mil. StGB. Anwendung. (cf. Anm. 3 zum 28. Abschn. und Anm. 2 zu § 358.)

§ 333. Wer einem Beamten oder einem Mitgliede

der bewaffneten Macht Geschenke oder andere Vortheile anbietet, verspricht oder gewährt, um ihn zu einer Handlung, die eine Verletzung einer Amts- oder Dienstpflicht enthält, zu bestimmen, wird wegen Bestechung mit Gefängniß bestraft; auch kann auf Verlust der bürgerlichen Ehrenrechte erkannt werden.

Sind mildernde Umstände vorhanden, so kann auf Geldstrafe bis zu Eintausendfünfhundert Mark erkannt werden.

1) cf. § 335 RStGB.

2) Diese (eigentlich nicht in den 28. Abschnitt gehörende) Strafvorschrift gilt auch für alle Personen des Soldatenstandes ohne Ausnahme, also auch für Pr. Landgendarmen. (cf. Anm. 3 zum 28. Abschn.)

3) Wegen der bei Ehrverlust für Militärpersonen eintretenden, ev. ausdrücklich auszusprechenden Folgen cf. Anm. zu §§ 33, 34.

§ 334. Ein Richter, Schiedsrichter, Geschworener oder Schöffe, welcher Geschenke oder andere Vortheile fordert, annimmt oder sich versprechen läßt, um eine Rechtssache, deren Leitung oder Entscheidung ihm obliegt, zu Gunsten oder zum Nachtheile eines Betheiligten zu leiten oder zu entscheiden, wird mit Zuchthaus bestraft.

Derjenige, welcher einem Richter, Schiedsrichter, Geschworenen oder Schöffen zu dem vorbezeichneten Zwecke Geschenke oder andere Vortheile anbietet, verspricht oder gewährt, wird mit Zuchthaus bestraft. Sind mildernde Umstände vorhanden, so tritt Gefängnißstrafe ein.

cf. §§ 335 RStGB. 154, 145 D. Mil. StGB.

§ 335. In den Fällen der §§ 331 bis 334 ist im

Urtheile das Empfangene oder der Werth desselben für dem Staate verfallen zu erklären.

cf. für den Fall des § 140 D. Mil. StGB. §§ 40 RStGB. 2 D. Mil. StGB.

§ 336. Ein Beamter oder Schiedsrichter, welcher sich bei der Leitung oder Entscheidung einer Rechtssache vorsätzlich zu Gunsten oder zum Nachtheile einer Partei einer Beugung des Rechtes schuldig macht, wird mit Zuchthaus bis zu fünf Jahren bestraft.

cf. §§ 154, 145 D. Mil. StGB.

§ 337. (Fällt weg.) †)

§ 338. Ein Religionsdiener oder Personenstandsbeamter, welcher, wissend, daß eine Person verheirathet ist, eine neue Ehe derselben schließt, wird mit Zuchthaus bis zu fünf Jahren bestraft.

cf. § 154 D. Mil. StGB.

§ 339. Ein Beamter, welcher durch Mißbrauch seiner Amtsgewalt oder durch Androhung eines bestimmten Mißbrauchs derselben Jemand zu einer Handlung, Duldung oder Unterlassung widerrechtlich nöthigt, wird mit Gefängniß bestraft.

Der Versuch ist strafbar.

---

†) Der § 337 ist ersetzt (cf. Art. V d. Ges. v. 26. 2. 76) durch § 67 des Gesetzes über die Beurkundung des Personenstandes und die Eheschließung vom 6. Februar 1875 (Reichs-G.-Bl. S. 39), welcher lautet:

„Ein Geistlicher oder anderer Religionsdiener, welcher zu den religiösen Feierlichkeiten einer Eheschließung schreitet, bevor ihm nachgewiesen worden ist, daß die Ehe vor dem Standesbeamten geschlossen sei, wird mit Geldstrafe bis zu dreihundert Mark oder mit Gefängniß bis zu drei Monaten bestraft."

In den Fällen der §§ 106, 107, 167 und 253 tritt die daselbst angedrohte Strafe ein, wenn die Handlung von einem Beamten, wenn auch ohne Gewalt oder Drohung, aber durch Mißbrauch seiner Amtsgewalt oder Androhung eines bestimmten Mißbrauchs derselben begangen ist.

1) cf. § 358 RStGB.
2) cf. §§ 154, 145 D. Mil. StGB.
3) Pr. Landgendarmen sind auf Grund des § 114 D. Mil. StGB. resp. soweit sich dieser § und der vorliegende des RStGB.'s nicht decken nach § 240 RStGB. zu bestrafen. (cf. Anm. 3 zum 28. Abschn.)

§ 340. Ein Beamter, welcher in Ausübung oder in Veranlassung der Ausübung seines Amtes vorsätzlich eine Körperverletzung begeht oder begehen läßt, wird mit Gefängniß nicht unter drei Monaten bestraft. Sind mildernde Umstände vorhanden, so kann die Strafe bis auf Einen Tag Gefängniß ermäßigt oder auf Geldstrafe bis zu neunhundert Mark erkannt werden.

Ist die Körperverletzung eine schwere, so ist auf Zuchthaus nicht unter zwei Jahren zu erkennen. Sind mildernde Umstände vorhanden, so tritt Gefängnißstrafe nicht unter drei Monaten ein.

1) cf. § 358 RStGB.
2) cf. §§ 154, 145 D. Mil. StGB.
3) Pr. Landgendarmen werden nach den in mancher Beziehung viel weiter gehenden Bestimmungen der §§ 122, 123 D. Mil. StGB. auch wenn ein bloßes „Schlagen oder Stoßen" vorliegt, bestraft. (cf. Anm. 3 zum 28. Abschn.) Ist dabei die Dienstwaffe nicht nur gemißbraucht sondern rechtswidrig gebraucht, so ist mit Rücksicht auf die §§ 55 Nr. 2 und 149

D. Mil. StGB. (im Falle des § 122) nicht auf Arrest sondern auf Gefängniß oder Festungshaft zu erkennen, ist dieselbe nur gemißbraucht, so ist das niedrigste Strafmaß bei Annahme eines minder schweren Falles acht Tage (1 Woche + 1 Tage) gelinder Arrest. Die §§ 223a ff. kommen gar nicht in Frage, da es sich hier um ein rein militärisches Delikt handelt. Die „Ausübung des Dienstes" ist hier Thatbestandsmerkmal, daher kein Straferhöhungsgrund. (cf. meinen Kommentar z. D. Mil. StGB. Anm. zu §§ 55, 149, 122, 123.)

Soweit sich die §§ 122, 123 D. Mil. StGB. mit dem vorliegenden § nicht decken, wird § 92 a. a. O. aushülfsweise Anwendung finden müssen. (cf. Anm. 3 zum 28. Abschn.)

§ 341. Ein Beamter, welcher vorsätzlich, ohne hierzu berechtigt zu sein, eine Verhaftung oder vorläufige Ergreifung und Festnahme oder Zwangsgestellung vornimmt oder vornehmen läßt, oder die Dauer einer Freiheitsentziehung verlängert, wird nach Vorschrift des § 239, jedoch mindestens mit Gefängniß von drei Monaten bestraft.

1) cf. § 358 RStGB.

2) cf. §§ 154, 145 D. Mil. StGB. u. für Preußen Gesetz v. 12. Februar 1850.

3) Da sich § 121 D. Mil. StGB. mit dem vorliegenden § nicht deckt, wird gegen Pr. Landgendarmen meist die Vorschrift des § 239 RStGB. anzuwenden sein, derzufolge der Strafmindestbetrag bei einfacher Freiheitsberaubung (falls nicht Abs. 2 oder 3 a. a. O. Platz greifen) ein Tag Gefängniß ist. Nur in den die Requisite des § 239 nicht enthaltenden Fällen des § 341 kann § 121 D. Mil. StGB. zur Anwendung kommen. (cf. Anm. 3 zum 28. Abschn.)

§ 342. Ein Beamter der in Ausübung oder in Veranlassung der Ausübung seines Amtes einen Hausfriedensbruch (§ 123) begeht, wird mit Gefängniß bis zu

Einem Jahre oder mit Geldstrafe bis zu neunhundert Mark bestraft.

1) cf. §§ 154, 145 D. Mil. StGB.

2) Wegen der gegen Personen des Soldatenstandes (§ 145 D. Mil. StGB.) zulässigen Geldstrafen. cf. § 29 D. Mil. StGB.

3) § 121 D. Mil. StGB. deckt sich mit § 342 RStGB. nicht, es kommt demzufolge gegen Pr. Landgendarmen § 123 RStGB. ev. § 92 D. Mil. StGB. zur Anwendung (cf. Anm. 3 zum 28. Abschn.)

§ 343. Ein Beamter, welcher in einer Untersuchung Zwangsmittel anwendet oder anwenden läßt, um Geständnisse oder Aussagen zu erpressen, wird mit Zuchthaus bis zu fünf Jahren bestraft.

1) cf. §§ 154, 145 D. Mil. StGB.

2) Pr. Landgendarmen sind auf Grund des § 121 D. Mil. StGB. wegen vorschriftswidriger Behandlung zu bestrafen, da das Erpressen von Geständnissen ꝛc. durch Nichtbeamte nicht mit Strafe bedroht ist und § 240 RStGB. sich noch weniger als § 121 D. Mil. StGB. mit dem § 343 RStGB. deckt. (cf. Anm. 3 zum 28. Abschn.)

§ 344. Ein Beamter, welcher vorsätzlich zum Nachtheile einer Person, deren Unschuld ihm bekannt ist, die Eröffnung oder Fortsetzung einer Untersuchung beantragt oder beschließt, wird mit Zuchthaus bestraft.

cf. §§ 154, 145 D. Mil. StGB.

§ 345. Gleiche Strafe trifft den Beamten, welcher vorsätzlich eine Strafe vollstrecken läßt, von der er weiß, daß sie überhaupt nicht oder nicht der Art oder dem Maße nach vollstreckt werden darf.

Ist die Handlung aus Fahrlässigkeit begangen, so

tritt Gefängnißstrafe oder Festungshaft bis zu Einem Jahre oder Geldstrafe bis zu neunhundert Mark ein.

cf. §§ 154, 145, 29 D. Mil. StGB.

§ 346. Ein Beamter, welcher vermöge seines Amtes bei Ausübung der Strafgewalt oder bei Vollstreckung der Strafe mitzuwirken hat, wird mit Zuchthaus bis zu fünf Jahren bestraft, wenn er in der Absicht, Jemand der gesetzlichen Strafe rechtswidrig zu entziehen, die Verfolgung einer strafbaren Handlung unterläßt oder eine Handlung begeht, welche geeignet ist, eine Freisprechung oder eine dem Gesetze nicht entsprechende Bestrafung zu bewirken, oder die Vollstreckung der ausgesprochenen Strafe nicht betreibt, oder eine gelindere als die erkannte Strafe zur Vollstreckung bringt.

Sind mildernde Umstände vorhanden, so tritt Gefängnißstrafe nicht unter Einem Monat ein.

cf. §§ 154, 119, 145 D. Mil. StGB.

§ 347. Ein Beamter, welcher einen Gefangenen, dessen Beaufsichtigung, Begleitung oder Bewachung ihm anvertraut ist, vorsätzlich entweichen läßt oder dessen Befreiung vorsätzlich bewirkt oder befördert, wird mit Zuchthaus bis zu fünf Jahren bestraft. Sind mildernde Umstände vorhanden, so tritt Gefängnißstrafe nicht unter Einem Monat ein.

Ist die Entweichung durch Fahrlässigkeit befördert oder erleichtert worden, so tritt Gefängnißstrafe bis zu sechs Monaten oder Geldstrafe bis zu sechshundert Mark ein.

cf. § 154. — Gegen Personen des Soldatenstandes kommt auch im Falle des § 145 (cf. Anm. 2 zum 28. Abschn.) stets

§ 144 D. Mil. StGB. zur Anwendung; ebenso gegen die Pr. Landgendarmen.

§ 348. Ein Beamter, welcher, zur Aufnahme öffentlicher Urkunden befugt, innerhalb seiner Zuständigkeit vorsätzlich eine rechtlich erhebliche Thatsache falsch beurkundet oder in öffentliche Register oder Bücher falsch einträgt, wird mit Gefängniß nicht unter Einem Monat bestraft.

Dieselbe Strafe trifft einen Beamten, welcher eine ihm amtlich anvertraute oder zugängliche Urkunde vorsätzlich vernichtet, bei Seite schafft, beschädigt oder verfälscht.

§ 349. Wird eine der im § 348 bezeichneten Handlungen in der Absicht begangen, sich oder einem Anderen einen Vermögensvortheil zu verschaffen oder einem Anderen Schaden zuzufügen, so ist auf Zuchthaus bis zu zehn Jahren und zugleich auf Geldstrafe von Einhundertfunfzig bis zu dreitausend Mark zu erkennen.

Zu §§ 348 u. 349: cf. §§ 154, 145 D. Mil. StGB. und wegen der Pr. Landgendarmen §§ 267, 268, 271, 272 resp. 133 RStGB. (cf. Anm. zum 28. Abschn.)

§ 350. Ein Beamter, welcher Gelder oder andere Sachen, die er in amtlicher Eigenschaft empfangen oder in Gewahrsam hat, unterschlägt, wird mit Gefängniß nicht unter drei Monaten bestraft; auch kann auf Verlust der bürgerlichen Ehrenrechte erkannt werden.

1) § 350 findet auf Militärbeamte ohne Modifikation Anwendung. Auf Personen des Soldatenstandes kommt selbst im Falle des § 145 D. Mil. StGB. § 138 Abs. 1 D. Mil. StGB. zur Anwendung. (Näheres in Anm. 2b zum

28. Abschn.) Dasselbe findet hinsichtlich der Pr. Landgendarmen statt. (Näheres in Anm. 3 zum 28. Abschn.) cf. auch Anm. 2 zu § 358.

2) Wegen der gegen Militärpersonen bei Ehrverlust eintretenden ev. ausdrücklich auszusprechenden Folgen cf. Anm. zu §§ 33, 34 RStGB.

Der Versuch ist strafbar.

cf. §§ 43—46 RStGB.

§ 351. Hat der Beamte in Beziehung auf die Unterschlagung die zur Eintragung oder Kontrole der Einnahmen oder Ausgaben bestimmten Rechnungen, Register oder Bücher unrichtig geführt, verfälscht oder unterdrückt, oder unrichtige Abschlüsse oder Auszüge aus diesen Rechnungen, Registern oder Büchern, oder unrichtige Beläge zu denselben vorgelegt, oder ist in Beziehung auf die Unterschlagung auf Fässern, Beuteln oder Packeten der Geldinhalt fälschlich bezeichnet, so ist auf Zuchthaus bis zu zehn Jahren zu erkennen.

Sind mildernde Umstände vorhanden, so tritt Gefängnißstrafe nicht unter sechs Monaten ein.

§ 351 findet auf Militärbeamte durchweg und auch auf die im § 145 D. Mil. StGB. bezeichneten Personen des Soldatenstandes Anwendung. (cf. Anm. 2a u. b zum 28. Abschn.) Gegen Pr. Landgendarmen finden die bezüglichen für Nichtbeamten gegebenen Strafvorschriften und resp. §§ 138 Abs. 1 und 139 D. Mil. StGB. Anwendung. (cf. auch Anm. 2 zu § 358.)

§ 352. Ein Beamter, Advokat, Anwalt oder sonstiger Rechtsbeistand, welcher Gebühren oder andere Vergütungen für amtliche Verrichtungen zu seinem Vortheile zu erheben hat, wird, wenn er Gebühren oder Vergütungen erhebt, von denen er weiß, daß der Zahlende sie überhaupt nicht oder nur in geringerem Betrage verschuldet, mit Geldstrafe bis zu dreihundert Mark oder mit Gefängniß bis zu Einem Jahre bestraft.

cf. § 358 RStGB.

Der Versuch ist strafbar.

cf. §§ 43—46 RStGB.

§ 353. Ein Beamter, welcher Steuern, Gebühren oder andere Abgaben für eine öffentliche Kasse zu erheben hat, wird, wenn er Abgaben, von denen er weiß, daß der Zahlende sie überhaupt nicht oder nur in geringerem Betrage verschuldet, erhebt, und das rechtswidrig Erhobene ganz oder zum Theil nicht zur Kasse bringt, mit Gefängniß nicht unter drei Monaten bestraft.

Gleiche Strafe trifft den Beamten, welcher bei amtlichen Ausgaben an Geld oder Naturalien dem Empfänger vorsätzlich und rechtswidrig Abzüge macht und die Ausgaben als vollständig geleistet in Rechnung stellt.

cf. § 358 RStGB.

*§ 353a. Ein Beamter im Dienste des Auswärtigen Amtes des Deutschen Reichs, welcher die Amtsverschwiegenheit dadurch verletzt, daß er ihm amtlich anvertraute oder zugängliche Schriftstücke oder eine ihm von seinem Vorgesetzten ertheilte Anweisung oder deren Inhalt Anderen widerrechtlich mittheilt, wird, sofern nicht nach anderen Bestimmungen eine schwerere Strafe verwirkt ist, mit Gefängniß oder mit Geldstrafe bis zu fünftausend Mark bestraft.

Gleiche Strafe trifft einen mit einer auswärtigen

Mission betrauten oder bei einer solchen beschäftigten Beamten, welcher den ihm durch seinen Vorgesetzten amtlich ertheilten Anweisungen vorsätzlich zuwider handelt, oder welcher in der Absicht, seinen Vorgesetzten in dessen amtlichen Handlungen irrezuleiten, demselben erdichtete oder entstellte Thatsachen berichtet.

§ 354. Ein Postbeamter, welcher die der Post anvertrauten Briefe oder Packete in anderen, als den im Gesetze vorgesehenen Fällen eröffnet oder unterdrückt, oder einem Anderen wissentlich eine solche Handlung gestattet, oder ihm dabei wissentlich Hülfe leistet, wird mit Gefängniß nicht unter drei Monaten bestraft.

cf. § 358 RStGB.

§ 355. Telegraphenbeamte oder andere mit der Beaufsichtigung und Bedienung einer zu öffentlichen Zwecken dienenden Telegraphen-Anstalt betraute Personen, welche die einer Telegraphen-Anstalt anvertrauten Depeschen verfälschen oder in anderen, als in den im Gesetze vorgesehenen Fällen eröffnen oder unterdrücken, oder von ihrem Inhalte Dritte rechtswidrig benachrichtigen, oder einem Anderen wissentlich eine solche Handlung gestatten oder ihm dabei wissentlich Hülfe leisten, werden mit Gefängniß nicht unter drei Monaten bestraft.

cf. § 358 RStGB.

§ 356. Ein Advokat, Anwalt oder ein anderer Rechtsbeistand, welcher bei den ihm vermöge seiner amtlichen Eigenschaft anvertrauten Angelegenheiten in derselben Rechtssache beiden Parteien durch Rath oder Beistand pflichtwidrig dient, wird mit Gefängniß nicht unter drei Monaten bestraft.

Handelt derselbe im Einverständnisse mit der Gegenpartei zum Nachtheile seiner Partei, so tritt Zuchthausstrafe bis zu fünf Jahren ein.

§ 357. Ein Amtsvorgesetzter, welcher seine Untergebenen zu einer strafbaren Handlung im Amte vorsätzlich verleitet oder zu verleiten unternimmt, oder eine solche strafbare Handlung seiner Untergebenen wissentlich geschehen läßt, hat die auf diese strafbare Handlung angedrohte Strafe verwirkt.

Dieselbe Bestimmung findet auf einen Beamten Anwendung, welchem eine Aufsicht oder Kontrole über die Amtsgeschäfte eines anderen Beamten übertragen ist, sofern die von diesem letzteren Beamten begangene strafbare Handlung die zur Aufsicht oder Kontrole gehörenden Geschäfte betrifft.

cf. § 358 RStGB.

Zu §§ 352 ff. cf. §§ 154, 145, 29 D. Mil. StGB. und Anm. 1—3 zum 28. Abschn. u. Anm. zu § 358.

§ 358. Neben der nach Vorschrift der §§ 331, 339 bis 341, 352 bis 355 und 357 erkannten Gefängnißstrafe kann auf Verlust der Fähigkeit zur Bekleidung öffentlicher Aemter auf die Dauer von Einem bis zu fünf Jahren erkannt werden.

1) § 358 findet auf Militärbeamte und auf Personen des Soldatenstandes im Falle des § 145 D. Mil. StGB. Anwendung. Gegen Personen des Soldatenstandes muß neben Erkennung auf Unfähigkeit zur Bekleidung öffent-

licher Aemter auf Dienstentlassung und Degradation erkannt werden. (cf. §§ 34, 40 D. Mil. StGB. 35, 128, 129 RStGB.)

2) Gegen Pr. Landgendarmen kann § 358 nicht zur Anwendung kommen, da sie den Bestimmungen des 28. Abschnittes nicht unterliegen. Wird gegen sie auf Grund anderer gesetzlicher Bestimmungen auf Degradation erkannt, so ist nach § 48 Al. 2 u. 3 Th. I, u. § 16 Th. II Pr. Mil. StGB. § 2 Abs. 2 Einf. Ges. zum D. Mil. StGB. außerdem auf Entlassung aus der Gendarmerie zu erkennen. Dasselbe findet statt, wenn ein Landgendarm wegen Verletzung seiner Amts- (i. e. Dienst-) Pflichten zum dritten Male gerichtlich mit der ordentlichen Strafe belegt wird.

§ 359. Unter Beamten im Sinne dieses Strafgesetzes sind zu verstehen alle im Dienste des Reichs oder in unmittelbarem oder mittelbarem Dienste eines Bundesstaats, auf Lebenszeit, auf Zeit oder nur vorläufig angestellte Personen, ohne Unterschied, ob sie einen Diensteid geleistet haben oder nicht, ingleichen Notare, nicht aber Advokaten und Anwalte.

Für das Militär-Strafrecht kommen nur die „Militärbeamten" in Betracht, zu welchen der in der Anlage zum D. Mil. StGB. enthaltenen Definition zufolge alle im Heer und in der Marine für das Bedürfniß des Heeres oder der Marine dauernd oder auf Zeit angestellten, nicht zum Soldatenstande gehörenden und unter dem Kriegsminister oder Chef der Admiralität als Verwaltungschef stehenden Beamten, welche einen Militärrang haben, gehören. Es macht keinen Unterschied, ob sie einen Diensteid geleistet haben oder nicht. Die im Offizierrange stehenden sind obere, alle anderen untere Militärbeamte.

Die (übrigens den Militärgerichtsstand nicht habenden) Civilbeamten der Militärverwaltung gehören zwar auch zum Heer oder der Marine, sind aber nicht Militärbeamte, weil sie keinen Militärrang haben. (Näheres in Anm. 1 z. 28. Abschn. u. in Beil. I, 1.)

Neunundzwanzigster Abschnitt.

Uebertretungen.

Uebertretungen können niemals disziplinarisch geahndet werden; es ist vielmehr wegen derselben gerichtlich auf die angedrohte Geld- oder Haftstrafe zu erkennen, wobei jedoch zu berücksichtigen bleibt, daß, wo die Gesetze Geld- und Freiheitsstrafe wahlweise androhen, (Geld- oder Freiheitsstrafe) gegen Personen des Soldatenstandes auf Geldstrafe nicht erkannt werden darf wenn durch die strafbare Handlung zugleich eine militärische Dienstpflicht verletzt worden ist (§ 29 D. Mil. StGB.)

Daß bei Konkurrenz mit Verbrechen und Vergehen auf Haft stets (auch neben Arrest) gesondert zu erkennen ist und die einzeln arbitrirten Haftstrafen addirt werden müssen, da hier nicht § 74 sondern § 77 Abs. 2 RStGB. maßgebend ist, ist in den Anmerkungen zu den gedachten Paragraphen näher ausgeführt.

Eine Straferhöhung aus §§ 55, 53 D. Mil. StGB. ist bei Uebertretungen nicht geboten, da die gedachten Paragraphen sich nur auf Verbrechen und Vergehen beziehen. (cf. § 53 a. a. O.) Näheres in meinem Kommentar z. D. Mil. StGB. Anm. 2 zu § 53; contra Keller Erl. S. 121. Praktisch ist die Streitfrage von keiner erheblichen Bedeutung, da der Richter ja geneigt sein wird, die den Fällen des § 55 D. Mil. StGB. entsprechenden Thatumstände bei der Strafzumessung zu berücksichtigen, das Minimum der Haftstrafe selten in Betracht kommt, ferner nach dem in § 53 a. a. O. enthaltenen Grundsatze eine Ueberschreitung des Höchstbetrages der Haft (6 Wochen) überhaupt nicht zulässig sein würde und ev. der unberücksichtigt gebliebene Thatumstand im Disziplinarwege geahndet werden kann.

§ 360. Mit Geldstrafe bis zu Einhundertfunfzig Mark oder mit Haft wird bestraft:

1) wer ohne besondere Erlaubniß Risse von Festungen oder einzelnen Festungswerken aufnimmt oder veröffentlicht;

2) wer außerhalb seines Gewerbebetriebes heimlich oder wider das Verbot der Behörde Vorräthe von Waffen oder Schießbedarf aufsammelt;

*3) wer als beurlaubter Reservist oder Wehrmann der Land- oder Seewehr ohne Erlaubniß auswandert, ebenso wer als Ersatzreservist erster Klasse auswandert, ohne von seiner bevorstehenden Auswanderung der Militärbehörde Anzeige erstattet zu haben;

*4) wer ohne schriftlichen Auftrag einer Behörde Stempel, Siegel, Stiche, Platten oder andere Formen, welche zur Anfertigung von Metall- oder Papiergeld, oder von solchen Papieren, welche nach § 149 dem Papiergelde gleichgeachtet werden, oder von Stempelpapier, Stempelmarken, Stempelblanketten, Stempelabdrücken, öffentlichen Bescheinigungen oder Beglaubigungen dienen können, anfertigt oder an einen Andern als die Behörde verabfolgt;

5) wer ohne schriftlichen Auftrag einer Behörde den Abdruck der in Nr. 4 genannten Stempel, Siegel, Stiche, Platten oder Formen, oder einen Druck von Formularen zu den daselbst bezeichneten öffentlichen Papieren, Beglaubigungen oder Bescheinigungen unternimmt, oder Abdrücke an einen Andern als die Behörde verabfolgt;

6) wer Waaren-Empfehlungskarten, Ankündigungen oder andere Drucksachen oder Abbildungrn, welche in der Form oder Verzierung dem Papiergelde oder den dem Papiergelde nach § 149 gleich geachteten

Papieren ähnlich sind, anfertigt oder verbreitet, oder wer Stempel, Stiche, Platten oder andere Formen, welche zur Anfertigung von solchen Drucksachen oder Abbildungen dienen können, anfertigt;

*7) wer unbefugt die Abbildung des Kaiserlichen Wappens oder von Wappen eines Bundesfürsten oder von Landeswappen gebraucht;

8) wer unbefugt eine Uniform, eine Amtskleidung, ein Amtszeichen, einen Orden oder ein Ehrenzeichen trägt, oder Titel, Würden oder Adelsprädicate annimmt, ingleichen wer sich eines ihm nicht zukommenden Namens einem zuständigen Beamten gegenüber bedient;

1) Zweiklässige, welche die Nationalkokarde tragen sind in Preußen in Gemäßheit der A. K. O. v. 13. Oct. 1824 auf Grund des vorliegenden Paragraphen (Nr. 8) gerichtlich mit Haft zu bestrafen, Disziplinarbestrafung ist unzulässig (Oppenhoff, Anm. 46 zu § 360 u. Allgem. Verf. des Pr. Gen. Aud. v. 6. Nov. 1874.)

2) Gemeine (auch Gefreite), welche einem Pr. Landgendarmen gegenüber sich eines ihnen nicht zukommenden Namens bedienen, sind in Preußen nicht wegen Uebertretung sondern wegen des militärischen Vergehens „des Belügens eines Vorgesetzten" auf Grund des § 90 D. Mil. StGB. zu bestrafen.

9) wer gesetzlichen Bestimmungen zuwider ohne Genehmigung der Staatsbehörde Aussteuer-, Sterbe- oder Wittwenkassen, Versicherungs-Anstalten oder andere dergleichen Gesellschaften oder Anstalten errichtet, welche bestimmt sind, gegen Zahlung eines Einkaufsgeldes oder gegen Leistung von Geldbeiträgen beim Eintritt gewisser Bedingungen oder

Fristen, Zahlungen an Kapital oder Rente zu leisten;

10) wer bei Unglücksfällen oder gemeiner Gefahr oder Noth von der Polizei-Behörde oder deren Stellvertreter zur Hülfe aufgefordert, keine Folge leistet, obgleich er der Aufforderung ohne erhebliche eigene Gefahr genügen konnte;

11) wer ungebührlicherweise ruhestörenden Lärm erregt oder wer groben Unfug verübt;

ad 11 „In denjenigen Fällen, wo die Handlung vorwiegend gegen die militärische Zucht und Ordnung verstößt und nicht blos als ein bürgerliches Delikt sich darstellt, wird – allerdings abweichend von der Regel – häufiger von den zuständigen Befehlshabern disziplinarisch dagegen eingeschritten und im Disziplinarwege eine Arreststrafe wegen Excesses gegen die militärische Zucht und Ordnung verhängt." Keller Erl. zur Disziplinarstrafordnung S. 15, welcher diese Ausnahme zu billigen scheint.

*12) wer als Pfandleiher oder Rückkaufshändler bei Ausübung seines Gewerbes den darüber erlassenen Anordnungen zuwiderhandelt;

13) wer öffentlich oder in Aergerniß erregender Weise Thiere boshaft quält oder roh mißhandelt;

14) wer unbefugt auf einem öffentlichen Wege, einer Straße, einem öffentlichen Platze oder in einem öffentlichen Versammlungsorte Glücksspiele hält.

In den Fällen der Nummern 1, 2, 4, 5, 6 und 14 kann neben der Geldstrafe oder der Haft auf Einziehung der Risse von Festungen oder Festungswerken, der Vorräthe von Waffen oder Schießbedarf, der Stempel, Siegel,

Stiche, Platten oder anderen Formen, der Abdrücke oder Abbildungen oder der auf dem Spieltische oder in der Bank befindlichen Gelder erkannt werden, ohne Unterschied, ob sie dem Verurtheilten gehören oder nicht.

§ 361. Mit Haft wird bestraft:

1) wer, nachdem er unter Polizei-Aufsicht gestellt worden ist, den in Folge derselben ihm aufgelegten Beschränkungen zuwiderhandelt;
2) wer, nachdem er des Bundesgebietes oder des Gebietes eines Bundesstaats verwiesen ist, ohne Erlaubniß zurückkehrt;
3) wer als Landstreicher umherzieht;
4) wer bettelt oder Kinder zum Betteln anleitet oder ausschickt, oder Personen, welche seiner Gewalt und Aufsicht untergeben sind und zu seiner Hausgenossenschaft gehören, vom Betteln abzuhalten unterläßt;
5) Wer sich dem Spiel, Trunk oder Müssiggang dergestalt hingiebt, daß er in einen Zustand geräth, in welchem zu seinem Unterhalte oder zum Unterhalte derjenigen, zu deren Ernährung er verpflichtet ist, durch Vermittelung der Behörde fremde Hülfe in Anspruch genommen werden muß;

ad 5. Personen des Soldatenstandes, welche sich dem Spiel oder Trunk ergeben, sind theils wegen Trunkenheit im Dienst oder außer Dienst theils wegen unerlaubten Hazardirens auf Grund der §§ 151, 92 D. Mil. StGB. zu bestrafen. Bei Unverbesserlichkeit giebt das Gesetz durch die §§ 37, 38 D. Mil. StGB. Gelegenheit, derartige die Disziplin schädigende Elemente in die 2. Klasse des Soldatenstandes zu versetzen und demnächst einer Arbeiter-Abtheilung zu überweisen.

*6) eine Weibsperson, welche wegen gewerbsmäßiger Unzucht einer polizeilichen Aufsicht unterstellt ist, wenn sie den in dieser Hinsicht zur Sicherung der Gesundheit, der öffentlichen Ordnung und des öffentlichen Anstandes erlassenen polizeilichen Vorschriften zuwiderhandelt, oder welche, ohne einer solchen Aufsicht unterstellt zu sein, gewerbsmäßig Unzucht treibt;

7) wer, wenn er aus öffentlichen Armenmitteln eine Unterstützung empfängt, sich aus Arbeitsscheu weigert, die ihm von der Behörde angewiesene, seinen Kräften angemessene Arbeit zu verrichten;

8) wer nach Verlust seines bisherigen Unterkommens binnen der ihm von der zuständigen Behörde bestimmten Frist sich kein anderweitiges Unterkommen verschafft hat und auch nicht nachweisen kann, daß er solches der von ihm angewandten Bemühungen ungeachtet nicht vermocht habe;

*9) wer Kinder oder andere unter seiner Gewalt stehende Personen, welche seiner Aufsicht untergeben sind und zu seiner Hausgenossenschaft gehören, von der Begehung von Diebstählen, sowie von der Begehung strafbarer Verletzungen der Zoll- oder Steuergesetze oder der Gesetze zum Schutze der Forsten, der Feldfrüchte, der Jagd oder der Fischerei abzuhalten unterläßt. Die Vorschriften dieser Gesetze über die Haftbarkeit für die den Thäter treffenden Geldstrafen oder anderen Geldleistungen werden hierdurch nicht berührt.

In den Fällen der Nummer 9 kann statt der Haft

auf Geldstrafe bis zu Einhundertfunfzig Mark erkannt werden.

§ 362. Die nach Vorschrift des § 361 Nr. 3 bis 8 Verurtheilten können zu Arbeiten, welche ihren Fähigkeiten und Verhältnissen angemessen sind, innerhalb und, sofern sie von anderen freien Arbeitern getrennt gehalten werden, auch außerhalb der Strafanstalt angehalten werden.

Bei der Verurtheilung zur Haft kann zugleich erkannt werden, daß die verurtheilte Person nach verbüßter Strafe der Landespolizeibehörde zu überweisen sei. Die Landespolizeibehörde erhält dadurch die Befugniß, die verurtheilte Person entweder bis zu zwei Jahren in ein Arbeitshaus unterzubringen oder zu gemeinnützigen Arbeiten zu verwenden. Im Falle des § 361 Nr. 4 ist dieses jedoch nur dann zulässig, wenn der Verurtheilte in den letzten drei Jahren wegen dieser Uebertretung mehrmals rechtskräftig verurtheilt worden ist, oder wenn derselbe unter Drohungen oder mit Waffen gebettelt hat.

Ist gegen einen Ausländer auf Ueberweisung an die Landespolizeibehörde erkannt, so kann an Stelle der Unterbringung in ein Arbeitshaus Verweisung aus dem Bundesgebiete eintreten.

*§ 363. Wer, um Behörden oder Privatpersonen zum Zwecke seines besseren Fortkommens oder des besseren Fortkommens eines Anderen zu täuschen, Pässe, Militärabschiede, Wanderbücher oder sonstige Legitimationspapiere, Dienst- oder Arbeitsbücher oder sonstige auf Grund besonderer Vorschriften auszustellende Zeugnisse, sowie

Führungs- oder Fähigkeitszeugnisse falsch anfertigt oder verfälscht, oder wissentlich von einer solchen falschen oder verfälschten Urkunde Gebrauch macht, wird mit Haft oder mit Geldstrafe bis zu Einhundertfunfzig Mark bestraft.

Gleiche Strafe trifft denjenigen, welcher zu demselben Zwecke von solchen für einen Anderen ausgestellten echten Urkunden, als ob sie für ihn ausgestellt seien, Gebrauch macht, oder welcher solche für ihn ausgestellte Urkunden einem Andern zu dem gedachten Zwecke überläßt.

1) §§ 37 Abs. 2 Nr. 2, 31, 34, 40 Abs. 2 Nr. 3 D. Mil. StGB. welche bei „Urkundenfälschung" militärische Ehrenstrafen zulassen, finden auf die vorliegende Uebertretung keine Anwendung.

2) Die Anfertigung falscher und die Verfälschung richtiger Erlaubnißkarten zum Ausbleiben aus dem Quartier nach dem Zapfenstreich unterliegen nicht der Strafbestimmung des § 363 des RStGB. sondern der Disziplinar-Bestrafung; denn Zweck dieser Erlaubnißkarten ist nur die Kontrolirung des Aufenthalts der Unteroffiziere und Gemeinen nach dem Zapfenstreich im Bereich des Weichbildes ihrer Garnisonen. Ob und in wie weit die Benutzung einer solchen falschen oder verfälschten Urlaubskarte Seitens des Untergebenen dem Vorgesetzten gegenüber den Thatbestand der im § 139 oder § 90 des D. Mil. StGB. unter Strafe gestellten Vergehen enthält, ist Sache der thatsächlichen Feststellung. (Allgem. Verf. des Pr. Gen. Aud. an die Auditeure v. 6. Nov. 1874.)

§ 364. Mit Geldstrafe bis zu Einhundertfunfzig Mark wird bestraft, wer wissentlich schon einmal verwendetes Stempelpapier nach gänzlicher oder theilweiser Entfernung der darauf gesetzten Schriftzeichen oder schon einmal verwendete Stempelmarken, Stempelblankette ausgeschnittene oder sonst abgetrennte Stempelabdrücke der im § 276 bezeichneten Art veräußert oder feilhält.

§ 365. Wer in einer Schankstube oder an einem öffentlichen Vergnügungsorte über die gebotene Polizeistunde hinaus verweilt, ungeachtet der Wirth, sein Vertreter oder ein Polizeibeamter ihn zum Fortgehen aufgefordert hat, wird mit Geldstrafe bis zu funfzehn Mark bestraft.

Landgendarmen sind in Preußen nicht Polizeibeamte sondern Personen des Soldatenstandes und Vorgesetzte der Gefreiten und Gemeinen. (Näheres in Anm. 3 zum 28. Abschn.)

Der Wirth, welcher das Verweilen seiner Gäste über die gebotene Polizeistunde hinaus duldet, wird mit Geldstrafe bis zu sechszig Mark oder mit Haft bis zu vierzehn Tagen bestraft.

§ 366. Mit Geldstrafe bis zu sechszig Mark oder mit Haft bis zu vierzehn Tagen wird bestraft:

1) wer den gegen die Störung der Feier der Sonn- und Festtage erlassenen Anordnungen zuwiderhandelt;
2) wer in Städten oder Dörfern übermäßig schnell fährt oder reitet, oder auf öffentlichen Straßen oder Plätzen der Städte oder Dörfer mit gemeiner Gefahr Pferde einfährt oder zureitet;
*3) wer auf öffentlichen Wegen, Straßen, Plätzen oder Wasserstraßen das Vorbeifahren Anderer muthwillig verhindert;
4) wer in Städten mit Schlitten ohne feste Deichsel oder ohne Geläute oder Schelle fährt;

5) wer Thiere in Städten oder Dörfern, auf öffentlichen Wegen, Straßen oder Plätzen, oder an anderen Orten, wo sie durch Ausreißen, Schlagen oder auf andere Weise Schaden anrichten können, mit Vernachlässigung der erforderlichen Sicherheitsmaßregeln stehen läßt oder führt;

6) wer Hunde auf Menschen hetzt;

7) wer Steine oder andere harte Körper oder Unrath auf Menschen, auf Pferde oder andere Zug- oder Lastthiere, gegen fremde Häuser, Gebäude oder Einschließungen, oder in Gärten oder eingeschlossene Räume wirft;

*8) wer nach einer öffentlichen Straße oder Wasserstraße, oder nach Orten hinaus, wo Menschen zu verkehren pflegen, Sachen, durch deren Umstürzen oder Herabfallen Jemand beschädigt werden kann, ohne gehörige Befestigung aufstellt oder aufhängt, oder Sachen auf eine Weise ausgießt oder auswirft, daß dadurch Jemand beschädigt oder verunreinigt werden kann;

*9) wer auf öffentlichen Wegen, Straßen, Plätzen oder Wasserstraßen Gegenstände, durch welche der freie Verkehr gehindert wird, aufstellt, hinlegt oder liegen läßt;

*10) wer die zur Erhaltung der Sicherheit, Bequemlichkeit, Reinlichkeit und Ruhe auf den öffentlichen Wegen, Straßen, Plätzen oder Wasserstraßen erlassenen Polizei-Verordnungen übertritt.

*§ 366a. Wer die zum Schutze der Dünen und der

Fluß- und Meeresufer, sowie der auf denselben vorhandenen Anpflanzungen und Anlagen erlassenen Polizei-Verordnungen übertritt, wird mit Geldstrafe bis zu Einhundertfunfzig Mark oder mit Haft bestraft.

§ 367. Mit Geldstrafe bis zu Einhundertfunfzig Mark oder mit Haft wird bestraft:

1) wer ohne Vorwissen der Behörde einen Leichnam beerdigt oder bei Seite schafft, oder wer unbefugt einen Theil einer Leiche aus dem Gewahrsam der dazu berechtigten Personen wegnimmt;

2) wer den polizeilichen Anordnungen über vorzeitige Beerdigungen entgegenhandelt;

3) wer ohne polizeiliche Erlaubniß Gift oder Arzeneien, soweit der Handel mit denselben nicht freigegeben ist, zubereitet, feilhält, verkauft oder sonst an Andere überläßt;

4) wer ohne die vorgeschriebene Erlaubniß Schießpulver oder andere explodirende Stoffe oder Feuerwerke zubereitet;

*5) wer bei der Aufbewahrung oder bei der Beförderung von Giftwaaren, Schießpulver oder Feuerwerken oder bei der Aufbewahrung, Beförderung, Verausgabung oder Verwendung von Sprengstoffen oder anderen explodirenden Stoffen, oder bei Ausübung der Befugniß zur Zubereitung oder Feilhaltung dieser Gegenstände, sowie der Arzeneien, die deshalb ergangenen Verordnungen nicht befolgt;

6) wer Waaren, Materialien oder andere Vorräthe, welche sich leicht von selbst entzünden oder leicht

Feuer fangen, an Orten oder in Behältnissen aufbewahrt, wo ihre Entzündung gefährlich werden kann, oder wer Stoffe, die nicht ohne Gefahr einer Entzündung bei einander liegen können, ohne Absonderung aufbewahrt;

7) wer verfälschte oder verdorbene Getränke oder Eßwaaren, insbesondere trichinenhaltiges Fleisch feilhält oder verkauft;

*8) wer ohne polizeiliche Erlaubniß an bewohnten oder von Menschen besuchten Orten Selbstgeschosse, Schlageisen oder Fußangeln legt, oder an solchen Orten mit Feuergewehr oder anderem Schießwerkzeuge schießt, oder Feuerwerkskörper abbrennt;

9) wer einem gesetzlichen Verbot zuwider Stoß-, Hieb- oder Schußwaffen, welche in Stöcken oder Röhren oder in ähnlicher Weise verborgen sind, feilhält oder mit sich führt;

*10) wer bei einer Schlägerei, in welche er nicht ohne sein Verschulden hineingezogen worden ist, oder bei einem Angriff sich einer Waffe, insbesondere eines Messers oder eines anderen gefährlichen Werkzeuges bedient;

ad 10. cf. § 227. — Eines Antrages bedarf es im Falle des § 367 Nr. 10 nicht. Nicht das Treffen sondern das bloße Sichbedienen der Waffe wird hier mit Strafe bedroht. Ist die Waffe, mit welcher geschlagen worden ist, (ohne daß sich eine dadurch verursachte Körperverletzung nachweisen läßt) die Dienstwaffe des Soldaten, so wird die Strafbestimmung des § 149 D. Mil. StGB., welche für den rechtswidrigen Waffengebrauch 6 Wochen 1 Tag Gefängniß oder Festungshaft im Mindestbetrage androht, zur Anwendung kommen müssen, falls es sich um einen wirklichen rechtswidrigen Gebrauch und nicht um einen bloßen Mißbrauch handelt. cf. Anm. 2 zu § 223a u. Anm. zum 29. Abschn. am Schlusse.

11) wer ohne polizeiliche Erlaubniß gefährliche wilde Thiere hält, oder wilde oder bösartige Thiere frei umherlaufen läßt, oder in Ansehung ihrer die erforderlichen Vorsichtsmaßregeln zur Verhütung von Beschädigungen unterläßt;

12) wer auf öffentlichen Straßen, Wegen oder Plätzen, auf Höfen, in Häusern und überhaupt an Orten, an welchen Menschen verkehren, Brunnen, Keller, Gruben, Oeffnungen oder Abhänge dergestalt unverdeckt oder unverwahrt läßt, daß daraus Gefahr für Andere entstehen kann;

13) wer trotz der polizeilichen Aufforderung es unterläßt, Gebäude, welche den Einsturz drohen, auszubessern oder niederzureißen;

14) wer Bauten oder Ausbesserungen von Gebäuden, Brunnen, Brücken, Schleusen oder anderen Bauwerken vornimmt, ohne die von der Polizei angeordneten oder sonst erforderlichen Sicherungsmaßregeln zu treffen;

15) wer als Bauherr, Baumeister oder Bauhandwerker einen Bau oder eine Ausbesserung, wozu die polizeiliche Genehmigung erforderlich ist, ohne diese Genehmigung oder mit eigenmächtiger Abweichung von dem durch die Behörde genehmigten Bauplane ausführt oder ausführen läßt.

In den Fällen der Nummern 7 bis 9 kann neben der Geldstrafe oder der Haft auf die Einziehung der verfälschten oder verdorbenen Getränke oder Eßwaaren, ingleichen der Selbstgeschosse, Schlageisen oder Fußangeln, sowie der verbotenen Waffen erkannt werden, ohne Unterschied, ob sie dem Verurtheilten gehören oder nicht.

§ 368. Mit Geldstrafe bis zu sechzig Mark oder mit Haft bis zu vierzehn Tagen wird bestraft:

1) wer den polizeilichen Anordnungen über die Schließung der Weinberge zuwiderhandelt;
2) wer das durch gesetzliche oder polizeiliche Anordnungen gebotene Raupen unterläßt;
3) wer ohne polizeiliche Erlaubniß eine neue Feuerstätte errichtet oder eine bereits vorhandene an einen anderen Ort verlegt;
4) wer es unterläßt, dafür zu sorgen, daß die Feuerstätten in seinem Hause in baulichem und brandsicherem Zustande unterhalten, oder daß die Schornsteine zur rechten Zeit gereinigt werden;
5) wer Scheunen, Ställe, Böden oder andere Räume, welche zur Aufbewahrung feuerfangender Sachen dienen, mit unverwahrtem Feuer oder Licht betritt, oder sich denselben mit unverwahrtem Feuer oder Licht nähert;
6) wer an gefährlichen Stellen in Wäldern oder Haiden oder in gefährlicher Nähe von Gebäuden oder feuerfangenden Sachen Feuer anzündet;
7) wer in gefährlicher Nähe von Gebäuden oder feuer-

fangenden Sachen mit Feuergewehr schießt oder Feuerwerke abbrennt;

8) wer die polizeilich vorgeschriebenen Feuerlöschgeräthschaften überhaupt nicht oder nicht in brauchbarem Zustande hält oder andere feuerpolizeiliche Anordnungen nicht befolgt;

9) wer unbefugt über Gärten oder Weinberge, oder vor beendeter Ernte über Wiesen oder bestellte Aecker, oder über solche Aecker, Wiesen, Weiden oder Schonungen, welche mit einer Einfriedigung versehen sind, oder deren Betreten durch Warnungszeichen untersagt ist, oder auf einem durch Warnungszeichen geschlossenen Privatwege geht, fährt, reitet oder Vieh treibt;

10) wer ohne Genehmigung des Jagdberechtigten oder ohne sonstige Befugniß auf einem fremden Jagdgebiete außerhalb des öffentlichen, zum gemeinen Gebrauche bestimmten Weges, wenn auch nicht jagend, doch zur Jagd ausgerüstet, betroffen wird;

11) wer unbefugt Eier oder Junge von jagdbarem Federwild oder von Singvögeln ausnimmt.

*§ 369. Mit Geldstrafe bis zu Einhundert Mark oder mit Haft bis zu vier Wochen werden bestraft:

1) Schlosser, welche ohne obrigkeitliche Anweisung oder ohne Genehmigung des Inhabers einer Wohnung Schlüssel zu Zimmern oder Behältnissen in der letzteren anfertigen oder Schlösser an denselben öffnen, ohne Genehmigung des Hausbesitzers oder seines Stellvertreters einen Hausschlüssel anfertigen, oder

ohne Erlaubniß der Polizeibehörde Nachschlüssel oder Dietriche verabfolgen;

2) Gewerbtreibende, bei denen zum Gebrauche in ihrem Gewerbe geeignete, mit dem gesetzlichen Eichungsstempel nicht versehene oder unrichtige Maße, Gewichte oder Waagen vorgefunden werden, oder welche sich einer anderen Verletzung der Vorschriften über die Maß- und Gewichtspolizei schuldig machen;

3) Gewerbtreibende, welche in Feuer arbeiten, wenn sie die Vorschriften nicht befolgen, welche von der Polizeibehörde wegen Anlegung und Verwahrung ihrer Feuerstätten, sowie wegen der Art und der Zeit, sich des Feuers zu bedienen, erlassen sind.

Im Falle der Nr. 2 ist neben der Geldstrafe oder der Haft auf die Einziehung der vorschriftswidrigen Maße, Gewichte, Waagen oder sonstigen Meßwerkzeuge zu erkennen.

*§ 370. Mit Geldstrafe bis zu Einhundertfunfzig Mark oder mit Haft wird bestraft:

1) wer unbefugt ein fremdes Grundstück, einen öffentlichen oder Privatweg oder einen Grenzrain durch Abgraben oder Abpflügen verringert;

2) wer unbefugt von öffentlichen oder Privat-Wegen Erde, Steine oder Rasen, oder aus Grundstücken, welche einem Anderen gehören, Erde, Lehm, Sand, Grand oder Mergel gräbt, Plaggen oder Bülten haut, Rasen, Steine, Mineralien, zu deren Gewinnung es einer Verleihung, einer Concession oder einer Erlaubniß der Behörde nicht bedarf, oder ähnliche Gegenstände wegnimmt;

3) wer von einem zum Dienststande gehörenden Unteroffizier oder Gemeinen des Heeres oder der Marine ohne die schriftliche Erlaubniß des vorgesetzten Kommandeurs Montirungs- oder Armaturstücke kauft oder zum Pfande nimmt;

Nr. 3 findet — falls nicht Begünstigung oder Hehlerei vorliegt — unter der durch § 29 D. Mil. StGB. gegebenen Beschränkung auch auf Personen des Soldatenstandes Anwendung.

4) wer unberechtigt fischt oder krebst;
5) wer Nahrungs- oder Genußmittel von unbedeutendem Werthe oder in geringer Menge zum alsbaldigen Verbrauche entwendet.

Auch wenn die erschwerenden Momente des § 243 RStGB. vorliegen, ist der Fall als Uebertretung zu strafen. Liegt ein Strafantrag nicht vor oder ist der gestellte zurückgenommen (cf. Schlußsatz des § 370), so ist die Uebertretung als solche straflos.

Die Vorschrift des Kriegs-Artikel 51:

„Der Soldat, der einem Kameraden Eßwaaren, Getränke, Taback oder Gegenstände zum Reinigen oder Ausbessern von Montirungs- oder Armaturstücken, wenn auch nur von unbedeutendem Werthe oder von geringer Menge zum alsbaldigen eigenen Gebrauche entwendet oder veruntreut, wird nachdrücklich bestraft"

enthält nicht eine selbstständige Strafvorschrift, sondern zunächst nur ein Verbot und weist im Uebrigen auf die bestehenden gesetzlichen Vorschriften hin. Hat ein Soldat Nahrungs- oder Genußmittel von unbedeutendem Werthe oder in geringer Menge zum alsbaldigen Verbrauche einem Kameraden entwendet, so kommt — wie oben angedeutet — § 370 Nr. 5 gegen ihn zur Anwendung, sobald ein Strafantrag des betreffenden Kameraden vorliegt. Fehlt es daran, so liegt ein nach § 1 der Disziplinar-Strafordnung strafbares (eventuell auf Grund des § 92 als Ungehorsam gerichtlich zu ahndendes) Disziplinarvergehen vor.

Hat ein Soldat dagegen seinem Kameraden Gegenstände zum Reinigen ꝛc. von unbedeutendem Werthe oder in geringer Menge zum alsbaldigen Gebrauche entwendet, so kommt — selbstverständlich auch ohne Strafantrag — § 138 D. Mil. StGB. zur Anwendung. Hierbei ist aber zu berücksichtigen, daß wenn die Unbedeutendheit des Werthes zur Werthlosigkeit sinkt oder die Rechtswidrigkeit der Zueignung nicht erwiesen ist, höchstens ein Disziplinarvergehen vorliegt.

Eine Entwendung, welche von Verwandten aufsteigender Linie gegen Verwandte absteigender Linie oder von einem Ehegatten gegen den anderen begangen worden ist, bleibt straflos;

6) wer Getreide oder andere zur Fütterung des Viehes bestimmte oder geeignete Gegenstände wider Willen des Eigenthümers wegnimmt, um dessen Vieh damit zu füttern.

Der hier behandelte — dem Schlußsatz dieses § zufolge nur auf Antrag strafbare — sog. Futterdiebstahl ist kein Diebstahl, weil es dabei an der Absicht der Zueignung fehlt. (cf. Oppenhoff Anm. 29 zu § 370.)

In den Fällen der Nr. 5 und 6 tritt die Verfolgung nur auf Antrag ein. Die Zurücknahme des Antrages ist zulässig.

Beilage I.

Militärpersonen.

1. Begriff.

Unter „Militärpersonen" sind nach § 4 D. Mil. StGB. die Personen des Soldatenstandes und die Militärbeamten zu verstehen, welche zum Deutschen Heere oder zur Kaiserlichen Marine gehören. Die Klasseneintheilung der Militärpersonen ergiebt nach § 5 a. a. O. das dem D. Mil. StGB. beigefügte Verzeichniß. Dasselbe lautet:

„Die zum Deutschen Heer und zur Kaiserlichen Marine gehörenden Militärpersonen bestehen aus Personen des Soldatenstandes und aus Militärbeamten.

A. Personen des Soldatenstandes sind:

I. Die Offiziere.

Die Offiziere zerfallen in vier Hauptklassen:

im Heer:	in der Marine:
1. Generalität,	1. Flagg-Offiziere oder Admirale,
2. Stabs-Offiziere,	2. Stabs-Offiziere,
3. Hauptleute und Rittmeister,	3. Kapitän-Leutenants,
4. Subaltern-Offiziere (Premier- und Sekond-Leutenants).	4. Subaltern-Offiziere (Leutenants und Unterleutenants zur See).

II. Die Unteroffiziere

sind eingetheilt im Heer und in der Marine: in

1) solche, welche das Offizier-Portepee tragen (Portepee-Unteroffiziere),
2) solche, welche das Offizier-Portepee nicht tragen (Unteroffiziere ohne Portepee).

III. Die Gemeinen
mit Einschluß der Obergefreiten und Gefreiten.
IV. Die Mitglieder des Sanitäts-Korps, sowie
V. Die Mitglieder des Maschinen-Ingenieur-Korps
gehören nach Maßgabe ihres Militärranges zu den unter Nr. I, II. und III. aufgeführten Kategorien.

B. Militärbeamte.

sind alle im Heer und in der Marine für das Bedürfniß des Heeres oder der Marine dauernd oder auf Zeit angestellten, nicht zum Soldatenstande gehörenden und unter dem Kriegsminister oder Chef der Admiralität als Verwaltungschef stehenden Beamten, welche einen Militärrang haben. Es macht dabei keinen Unterschied, ob sie einen Dienstеid geleistet haben oder nicht. Militärbeamte, die im Offizierrange stehen, sind obere Militärbeamte, alle anderen Militärbeamten sind untere Militärbeamte."

Danach sind auch die Feldgendarmen (welche im § 111 D. Mil. StGB. ausdrücklich den Personen des Soldatenstandes zugezählt werden) Militärpersonen. In Preußen und dem früheren Geltungsbereiche des Preuß. Mil. StGB. vom 3. April 1845 sind auch die Landgendarmen — als Personen des Soldatenstandes — Militärpersonen, obwohl sie in dem obigen Verzeichniß nicht aufgeführt sind. (Näheres in Anm. 3 zum 28. Abschn. RStGB.)

Militärbeamte sind — obwohl sie Militärpersonen sind und den Militärgerichtsstand in Strafsachen haben — im Frieden den Bestimmungen des D. Mil. StGB. nicht unterworfen, im Felde nur wegen der im 1. bis 3., dem 6. und 8. Abschnitte des I. Titels I. Theils aufgeführten strafbaren Handlungen.

Andere Pflichtverletzungen der Militärbeamten sind nach den allgemeinen für Beamte geltenden Vorschriften zu beurtheilen. (Näheres in Anm. 1 zum 28. Abschn. RStGB.)

Civilbeamten der Militärverwaltung d. h. solche für das Bedürfniß des Heeres oder der Marine angestellte Beamte, welche einen Militärrang nicht haben, wie z. B. Garnison-Verwaltungs- und Proviantamts-Beamte, Lazarethbeamte zc., gehören nach § 38 R. Mil. Ges. v. 2. Mai 1874 zwar zum aktiven Heere, sind aber keine Militärpersonen im Sinne des D. Mil. StGBs. und nur dann den Bestimmungen des D. Mil. StGB. gleich den Militärbeamten unterworfen, wenn sie denselben nach erfolgter Mobilmachung ausdrücklich zugezählt werden. —

Nicht zu verwechseln mit dem Begriffe „Militärpersonen des D. Mil. StGB's." ist der der „Militärpersonen des aktiven Heeres" der §§ 38 ff. R. Mil. Ges. v. 2. Mai 1874 14 ff. 673 R. Str. P. O.

Zu letzteren gehören z. B. die Personen des Beurlaubtenstandes (cf. § 56 des R. Mil. Ges. vom 2. Mai 1874)*), welche ohne Einschränkung „Militärpersonen" im Sinne des D. Mil. StGB. sind, nur unter den im § 38 R. Mil. Ges.**) enthaltenen Voraussetzungen. (cf. Koppmann S. 53.)

*) § 56. Zum Beurlaubtenstande gehören:
1) die Offiziere, Aerzte, Beamten und Mannschaften der Reserve und Landwehr;
2) die vorläufig in die Heimath beurlaubten Rekruten und Freiwilligen (§ 34);
3) die bis zur Entscheidung über ihr ferneres Militärverhältniß zur Disposition der Ersatzbehörden entlassenen Mannschaften (§ 54);
4) die vor erfüllter aktiver Dienstpflicht zur Disposition der Truppentheile beurlaubten Mannschaften.

**) § 38. Zum aktiven Heere gehören:
A. die Militärpersonen des Friedensstandes, und zwar
1) die Offiziere, Aerzte und Militärbeamten des Friedensstandes vom Tage ihrer Anstellung bis zum Zeitpunkte ihrer Entlassung aus dem Dienste;
2) die Kapitulanten vom Beginn bis zum Ablauf oder bis zur Aufhebung der abgeschlossenen Kapitulation;
3) die Freiwilligen und die ausgehobenen Rekruten von dem Tage, mit welchem ihre Verpflegung durch die Militärverwaltung beginnt, Einjährig-Freiwillige von dem Zeitpunkte ihrer definitiven Einstellung in einen Truppentheil an sämmtlich bis zum Ablauf des Tages ihrer Entlassung aus dem aktiven Dienste.

B. 1) die aus dem Beurlaubtenstande (V. Abschnitt) zum Dienst einberufenen Offiziere, Aerzte, Militärbeamten und Mannschaften von dem Tage, zu welchem sie einberufen sind, bis zum Ablaufe des Tages der Wiederentlassung;
2) alle in Kriegszeiten zum Heeresdienst aufgebotenen oder freiwillig eingetretenen Offiziere, Aerzte, Militärbeamten und Mannschaften, welche zu keiner der vorgenannten Kategorien gehören, von dem Tage, zu welchem sie einberufen sind, bezw. vom Zeitpunkte des freiwilligen Eintritts an, bis zum Ablauf des Tages der Entlassung.

C. Die Civilbeamten der Militärverwaltung, vom Tage ihrer Anstellung bis zum Zeitpunkte ihrer Entlassung aus dem Dienste.

Personen des Beurlaubtenstandes unterliegen übrigens, obwohl sie „Militärpersonen" sind, den Vorschriften des D. Mil. StGB. grundsätzlich auch nur in der Zeit, in welcher sie sich im Dienste befinden. Außerhalb dieser Zeit finden auf die (sonst durchweg den allgemeinen Strafgesetzen unterworfenen, aber der militärischen Kontrole unterliegenden) Personen des Beurlaubtenstandes nur diejenigen Vorschriften Anwendung, welche im D. Mil. StGB. ausdrücklich auf sie für anwendbar erklärt sind (§ 6 D. Mil. StGB.), nämlich die Vorschriften der §§ 68, 69, 113 (101), 126, 42.

Dagegen sind einzelne Personen des Beurlaubtenstandes, nämlich die im § 56 R. Mil. Ges. (cf. S. 184 unten*) sub 2—4 aufgeführten Mannschaften den Bestimmungen des III. und IV. Abschn. II. Th. D. Mil. StGB. über unerlaubte Entfernung und Fahnenflucht, Selbstbeschädigung und Vorschützung von Gebrechen in gleicher Weise wie die Personen des aktiven Dienststandes unterworfen. (cf. Anm. zu §§ 141—143 RStGB.)

Die Ersatzreservisten I. Klasse gehören nicht zu den Personen des Beurlaubtenstandes, sind überhaupt nicht Militärpersonen. Dieselben sind jedoch in dem Falle des § 69 Nr. 5 des R. Mil. Ges. v. 2. Mai 1874 den Vorschriften der §§ 68 u. 69 D. Mil. StGB. unterworfen.

Außer den oben gedachten Militärpersonen sind den Bestimmungen des D. Mil. StGB. unterworfen und daher im Militärstrafrecht als solche zu behandeln:

a) die Offiziere à la suite, auch wenn sie nicht zu den Personen des Soldatenstandes gehören in den im § 2 Abs. 2 des Einf. Ges. zum D. Mil. StGB. angegebenen Fällen;
b) Das Gefolge des kriegführenden Heeres (§ 155 D. Mil. StGB.);
c) die zum kriegführenden Heere zugelassenen ausländischen Offiziere (§ 157 a. a. O.);
d) die Kriegsgefangenen (§ 158 a. a. O.);
e) die Angestellten eines Schiffes, sowie im Felde alle an Bord dienstlich eingeschifften Personen. (§ 166 a. a. O.)
f) Ausländer und Deutsche hinsichtlich der von ihnen auf dem

Kriegsschauplatze begangenen in den §§ 55—59 u. 134 D. Mil. StGB. vorgesehenen strafbaren Handlungen;

g) Ausländer oder Deutsche, welche in einem von Deutschen Truppen besetzten ausländischen Gebiete gegen Deutsche Truppen oder Angehörige derselben oder gegen eine auf Anordnung des Kaisers eingesetzte Behörde eine nach den Gesetzen des Deutschen Reichs strafbare Handlung begehen.

2. Gerichtsstand

der Militärpersonen in denjenigen Bundesstaaten, in welchen der 2. Theil des Preuß. Mil. StGB. v. 3. April 1845 gilt, seit der Geltung des D. Mil. StGB. v. 20. Juni 1872.

I. Der Militärgerichtsbarkeit sind unterworfen:

1) sämmtliche Personen des Soldatenstandes und die Militärbeamten, welche zum Deutschen Heer oder zur Kaiserlichen Marine gehören;
2) die im § 2 Abs. 3 d. Einf. Ges. zum D. Mil. StGB. näher bezeichneten Offiziere à la suite;
3) die Landgendarmen, sofern durch die Landesgesetze nicht ein Anderes bestimmt ist (§ 2 Abs. 2 a. a. O.);
4) alle mit Inaktivitätsgehalt entlassene, alle zur Disposition gestellte und alle mit Pension verabschiedete Offiziere;
5) die Militärlehrer und Zöglinge der militärischen Bildungsanstalten, soweit darüber durch besondere Vorschriften nicht ein Anderes bestimmt ist.

(cf. § 1 Th. II Pr. Mil. StGB. u. Cirk. Schr. des Preuß. Gen. Aud. v. 25. Sept. 1872, welches sich des Näheren über die Modifikationen ausspricht, welche die Bestimmungen des II. Th. Pr. Mil. StGB. durch das D. Mil. StGB. v. 20. Juni 1872 erlitten haben.)

II. Die Militärgerichtsbarkeit*) umfaßt die Strafsachen mit Einschluß der Injurien.

*) Die besondere Gerichtsbarkeit über Militärpersonen beschränkt sich auf Strafsachen (§ 39 R. Mil. Ges. v. 2. Mai 1874). Die Gerichtsbarkeit in bürgerlichen Rechtsstreitigkeiten wird von den ordentlichen Civilgerichten auch hinsichtlich der Militärpersonen des aktiven Dienststandes ausgeübt und es sind in der Civil-Straf-Prozeßordnung f. d. Deutsche Reich nur einzelne Bestimmungen in Betreff des Gerichtsstandes getroffen. (§§ 14, 15, 21.)

(cf. § 2 a. a. O. u. V. O. über die Ehrengerichte 2c. vom 2. Mai 1874.)

III. Den Civil-Behörden bleibt die Untersuchung und Entscheidung der Kontraventionen (Uebertretungen) gegen Finanz- und Polizei-Gesetze und gegen Jagd- und Fischerei-Verordnungen in dem Fall überlassen, wenn die Kontravention nur mit Geldbuße oder Konfiskation nicht aber wahlweise mit Freiheitsstrafe bedroht ist, (Freiheitsstrafe also nur für den Unvermögensfall substituirt werden kann, nicht aber selbstständig angedroht ist).

Ist dagegen im Gesetz die Kontravention (Uebertretung) nur oder alternativ mit Freiheitsstrafe bedroht, (ist also entweder Geldstrafe überhaupt nicht angedroht oder hat der Richter die Wahl zwischen Geldstrafe und Freiheitsstrafe gelassen,) oder trifft mit der Uebertretung eine andere gerichtlich zu verfolgende strafbare Handlung zusammen, so steht die Untersuchung und Entscheidung ausschließlich den Militärgerichten zu.

(cf. § 3 a. a. O. und das ad I cit. Cirk. Schr. d. Pr. Gen. Aud.)

IV. Durch Beurlaubung auf bestimmte Zeit, oder durch einstweilige Beschäftigung im Civil-Staatsdienst oder im Kommunaldienst wird der Militärgerichtsstand der oben ad I sub 1—5 gedachten Personen nicht geändert.

Betrifft jedoch die Anschuldigung lediglich ein Amtsverbrechen oder Vergehen im Civil-Staats- oder Kommunal-Dienst, und gehört der Angeschuldigte nicht dem Offizierstande an, so steht es den Militärgerichten frei, die Untersuchung und Bestrafung den Civilbehörden zu überlassen, welchen letzteren in jedem Falle das Disziplinarverfahren wegen kleiner Dienstvergehen verbleibt.

Die Vollstreckung der Strafen erfolgt aber durch die Militärgerichte. Eine Umwandlung der von Civilgerichten erkannten Freiheitsstrafen in militärische Strafen findet zufolge der Bestimmungen des D. Mil. StGB. f. d. D. R. nicht mehr statt.

(cf. § 4 a. a. O. u. das ad I cit. Cirk. Schr. d. Pr. Gen. Aud.)

V. Der Militärgerichtsstand beginnt für die Personen des Soldatenstandes

1) wenn sie zur Ergänzung des Heeres oder der Marine aus der militärpflichtigen Mannschaft ausgehoben werden,

a) mit dem Zeitpunkte, wo sie zur Einstellung in einen bestimmten Truppentheil von Seiten der Ersatzbehörde dem zu ihrem Empfang beauftragten Kommando übergeben werden, und

b) bei denen, welche nicht durch ein Militärkommando den Truppentheilen zugeführt werden, mit dem Tage, wo ihre Verpflegung durch die Militär-Verwaltung beginnt;

2) wenn sie freiwillig, sei es zur Ablösung ihrer gesetzlichen Militär-Verpflichtung oder zum dauernden Militärdienst eintreten, mit dem Zeitpunkt ihrer Einstellung in den Truppentheil.

Für die Militärbeamten beginnt derselbe mit ihrer definitiven Anstellung oder vertragsmäßigen Annahme.

(cf. § 5 a. a. O. Fleck Pr. Mil. StGO. Berlin 1873, S. 14. cf. auch § 60 Nr. 3 R. Mil. Ges. v. 2. Mai 1874 wegen der in § 56 a. a. O. sub 2—4 aufgeführten Mannschaften.)

VI. Alle zum Beurlaubtenstande gehörenden Personen des Soldatenstandes sind, während der Beurlaubung, in Strafsachen den Civilgerichten unterworfen. Von diesen Strafsachen sind ausgenommen und gehören vor die Militärgerichte:

1) Ungehorsam und Widersetzung gegen einen rechtmäßigen Befehl in dienstlichen Angelegenheiten (§ 113 D. Mil. StGB.);

2) Nichtgestellung im Falle des § 68 a. a. O. und Fahnenflucht (§ 69 a. a. O.);

3) Zuwiderhandeln gegen den § 101 a. a. O.;

4) Handlungen gegen die militärische Unterordnung im dienstlichen Verkehr mit dem Vorgesetzten oder in der Militär-Uniform (§ 113 a. a. O.);

5) Mißbrauch der Dienstgewalt im dienstlichen Verkehr mit dem Untergebenen oder in der Militär-Uniform (§ 126 a. a. O.);

6) Herausforderungen und Zweikämpfe beurlaubter (Reserve- und Landwehr-Offiziere) und der mit Vorbehalt der Dienstverpflichtung aus dem stehenden Heere ausgeschiedenen Offiziere; seit Aufhebung der Verordnung vom 20. Juli 1843 jedoch nicht mehr Theilnahme am Zweikampf, da § 6 Nr. 5 der Mil. StGO. sich nur auf die Duellanten und nicht auf die Theilnehmer am Zweikampfe bezieht.

7) die im § 42 Abs. 2 des D. Mil. StGB. bezeichneten Fälle.

(cf. § 6 a. a. O. und das ad I cit. Cirk. Schr. des Pr. Gen. Aud., Nr. 7 der Allgem Verf. deſſ. v. 6. Nov. 1874.)

VII. Wenn die zum Beurlaubtenstande gehörenden Personen des Soldatenstandes zu dienstlichen Zwecken einberufen werden, so haben sie während dieser Einberufung den Militärgerichtsstand.

Derselbe beginnt:

1) wenn die Einberufung zum Kriege oder wegen außerordentlicher Zusammenziehung der Reserve oder der Landwehr erfolgt, mit dem Empfange der Einberufungsordre.
2) wenn die Einberufung zu den größeren Uebungen stattfindet, mit dem Anfang des in der Einberufungs-Ordre bezeichneten Gestellungstages.

In beiden Fällen hört dieser Gerichtsstand mit dem Ablauf des Tages der Wiederentlassung auf.

Erfolgt dagegen

3) die Einberufung zu den kleineren Uebungen (welche nach Fleck Pr. Mil. StGO. S. 17 nicht mehr stattfinden) oder zu anderen dienstlichen Zwecken, so findet der Militärgerichtsstand nur für die Dauer der Anwesenheit des Beurlaubten im dienstlichen Verhältniß statt.

(cf. § 7 a. a. O.)

VIII. Die Militärgerichte dürfen jedoch in den Fällen des § 7 zu 2 u. 3 (VII, 2 u. 3) das Verfahren den Civilgerichten überlassen und den Angeschuldigten dazu ausliefern, wenn ein gemeines Delikt vorliegt und damit (auch ideell) kein militärisches zusammentrifft.

(cf. § 8 a. a. O. und das ad I cit. Cirk. Schr. des Pr. Gen. Aud.)

Gefährliche Körperverletzung verübt durch rechtswidrigen Gebrauch der Dienstwaffe (§§ 223a RStGB. 73 a. a. O. u. 149 D. Mil. StGB.) ist ein militärisches Vergehen. (cf. Anm. 2 zu § 223a RStGB.) Dadurch, daß bei einem bürgerlichen Verbrechen oder Vergehen gebotene Straferhöhungsgründe vorliegen (cf. §§ 55, 115 D. Mil. StGB. u. S. 29 unten) wird das Delikt kein militärisches. Der Civilrichter ist demzufolge genöthigt, auch das Mil. StGB. anzuwenden und die Straferhöhungsgründe zu beachten, da er diejenigen Gesetze anwenden muß, welche zur Zeit der That für den Thäter Geltung hatten. Dies kann um so weniger befremden, als nach § 17 Th. II Pr. Mil. StGB. (cf. Nr. XVII) der Civilrichter auch militärische Vergehen von Militärpersonen, welche erst nach dem gänzlichen Ausscheiden derselben aus den Militärverhältnissen zur Sprache kommen, abzuurtheilen hat.

IX. Kommen strafbare Handlungen, welche Personen des Soldatenstandes vor dem Eintritt in den Dienststand verübt haben, erst nach deren Eintritt zur Sprache, so steht die Untersuchung dem Militärgericht nur in dem Falle zu, wenn die wahrscheinlich zu erwartende Strafe eine sechswöchentliche Gefängnißstrafe (d. h. eine solche bürgerliche Freiheitsstrafe, welche in einem Militär-Arrestlokal vollstreckt werden kann) nicht übersteigt. Ist eine längere Freiheitsstrafe zu erwarten, so muß der Angeschuldigte entlassen und die Untersuchung dem kompetenten Civilgericht überwiesen werden.

(cf. § 9 a. a. O. und das ad I cit. Cirk. Schr. des Pr. Gen. Aud.)

X. Dieses Verfahren (IX) findet auch statt, wenn die Untersuchung bei dem Civilgericht eingeleitet und das Erkenntniß erster Instanz dem Angeschuldigten vor dem Eintritt in den Dienststand noch nicht publizirt worden ist.

(cf. § 10 a. a. O.)

XI. War das Erkenntniß 1. Instanz dem Angeschuldigten vor dem Eintritt in den Dienststand bereits publizirt, so verbleibt die fernere Verhandlung und die Entscheidung in 2. Instanz dem Civilgericht, von welchem das Urtheil, sobald es die Rechtskraft erlangt hat, dem Militärgericht zuzufertigen ist.

(cf. § 11 a. a. O.)

XII. Ist von dem Civilgericht rechtskräftig erkannt und übersteigt die erkannte Freiheitsstrafe nicht eine Gefängnißstrafe von sechs Wochen, so ist dieselbe durch das Militärgericht (ohne Umwandlung) zur Vollstreckung zu bringen; übersteigt aber die Freiheitsstrafe eine sechswöchentliche Gefängnißstrafe, so muß der Angeschuldigte zur Disposition der Aushebungs-Behörde entlassen und an das Civilgericht zur Vollstreckung der Strafe abgeliefert werden.

(cf. § 12 a. a. O.)

XIIa. Um solche Entlassungen möglichst zu vermeiden, sollen diejenigen, welche wegen einer strafbaren Handlung, welche mit Zuchthaus oder mit dem Verlust der bürgerlichen Ehrenrechte bestraft werden können, oder wegen welcher die Verurtheilung zu einer Freiheitsstrafe von mehr als sechswöchentlicher Dauer oder zu einer entsprechenden Geldstrafe zu erwarten ist, in Untersuchung sich befinden, nicht vor deren Beendigung, und wer zu einer Freiheitsstrafe oder zu einer in Freiheitsstrafe umzuwandelnden Geldstrafe rechtskräftig verurtheilt ist, nicht vor deren Vollstreckung oder Erlaß eingestellt werden. Die Zurückstellung solcher Personen ist bis zum fünften Dienstpflichtjahre zulässig. Dasselbe gilt von denjenigen, welche nicht im Besitz der bürgerlichen Ehrenrechte sind, für die Zeit, während welcher sie unter der Wirkung der Ehrenstrafen stehen.

Wenn dieselben jedoch vor Ablauf ihrer aktiven Dienstzeit in den Besitz der Ehrenrechte gelangen würden, so kann ihre Einstellung in eine Arbeiterabtheilung unter Anrechnung auf die Dienstzeit erfolgen.

(cf. § 18 R. Mil. Ges. v. 2. Mai 1874 u. Ers. Ordn. v. 28. 9. 75 §§ 28. 80.)

Wegen der von den Staatsanwälten an andere Behörden zu machenden Mittheilungen über Einleitung der Untersuchung gegen Militärpflichtige und Bestrafung derselben cf. Erlaß des Pr. Justizmin. an die Ober-Staatsanwälte v. 8. Dec. 1877, welcher seiner großen Wichtigkeit wegen hier wörtlich folgt:

„Nach einer Mittheilung des Herrn Kriegs-Ministers haben auf Grund der Vorschriften des Reichs-Militärgesetzes vom 2. Mai 1874 (§. 18) und der Ersatzordnung vom 28. September 1875 (§ 28 Nr. 1 und § 80 Nr. 3) 154 Militärpflichtige, welche während des Ersatzjahres 1876 ausgehoben und eingestellt waren, aus dem aktiven Dienste wieder entlassen werden müssen, weil sich herausstellte, daß gegen dieselben vor dem Dienstantritt ein gerichtliches Strafurtheil erlassen oder doch eine strafgerichtliche Untersuchung eingeleitet worden war.

Die diesseits herbeigeführten Ermittelungen haben ergeben, daß in einer beträchtlichen Zahl der Fälle die vorschriftswidrige Aushebung und Einstellung jener Personen erfolgt ist, weil Seitens der Beamten der Staatsanwaltschaft die durch die §§ 2 Nr. 4 und 4 Nr. 5

der Kontrolordnung vom 28. September 1875 und durch die diesseitigen Allgemeinen Verfügungen vom 29. Juni 1859 (Justiz-Min.-Bl. S. 230), 8. Oktober 1860 (Justiz-Min.-Bl. S. 374) und 31. Januar 1868 (Justiz-Min.-Bl. S. 46) vorgesehenen Mittheilungen entweder ganz unterlassen, oder nicht rechtzeitig bewirkt, oder nicht an die zutreffenden Behörden gerichtet worden waren.

Durch solche Entlassungen eingestellter Mannschaften werden die Interessen sowohl des Staates als auch der Armee und der einzelnen militärpflichtigen Personen in empfindlicher Weise geschädigt. Nicht nur, daß die auf die militärische Ausbildung der zur Entlassung kommenden Mannschaften verwendete Mühe ohne Zweck bleibt, so müssen auch in Folge der nothwendig werdenden Einstellung des Nach-Ersatzes Anforderungen an das militärische Ausbildungspersonal gestellt werden, unter denen der allgemeine Dienst der Truppen wesentlich leidet; es erwachsen ferner durch die außerterminliche Ausfüllung der entstandenen Lücken persönliche Nachtheile für die plötzlich und unerwartet zum aktiven Dienst einberufenen Personen, und auch die Staatskasse wird nicht unerheblich in Mitleidenschaft gezogen.

Ich habe deshalb wiederholt Veranlassung genommen, auf die Wichtigkeit der diesseitigen Allgemeinen Verfügungen hinzuweisen, welche zur Verhütung jener Uebelstände eine rechtzeitige Mittheilung der gegen militärpflichtige Personen eingeleiteten gerichtlichen Untersuchungen anordnen.

Die Erfahrungen aus dem letzten Ersatzjahre bestimmen mich, Euer Hochwohlgeboren von Neuem darauf hinzuweisen, daß es dringend geboten ist, die Ihnen untergeordneten Beamten zu einer pünktlichen Befolgung der einschlagenden Vorschriften mit aller Strenge anzuhalten.

Hieran schließe ich folgende Bemerkungen:

Die eingegangenen Berichte lassen ersehen, daß in zahlreichen Fällen die vorgeschriebenen Mittheilungen unterblieben sind, weil im Vorverfahren die persönlichen Verhältnisse der Beschuldigten nicht genügend klar gestellt worden waren. Es wird deshalb dahin zu wirken sein, daß auf diese Ermittelungen mehr Sorgfalt verwendet werde.

In anderen Fällen sind Seitens der Staatsanwälte zwar Benachrichtigungen erlassen, dieselben sind aber um deswillen nicht an die zuständigen Behörden gelangt, weil die hinsichtlich der eigentlichen Militärpflichtigen und der Ersatzreservisten erster Klasse gegebenen Vorschriften mit denjenigen verwechselt wurden, welche auf die Personen des Beurlaubtenstandes Anwendung finden sollen. Es wird darauf zu halten sein, daß derartige Irrthümer künftig vermieden werden.

Nicht gering ist außerdem die Zahl derjenigen Fälle, in denen die militärische Einstellung vermieden sein würde, wenn die Staatsanwälte ihre Mittheilungen nicht erst — allerdings in Uebereinstimmung mit den diesseitigen allgemeinen Verfügungen, nach der Eröffnung der Untersuchung, beziehungsweise nach der Einleitung der Voruntersuchung, sondern schon zur Zeit der Einbringung des auf Untersuchungseröffnung oder Voruntersuchungseinleitung gerichteten Antrages hätten ausgehen lassen. Dieser Zeitpunkt wird fortan als der für den Erlaß der fraglichen Benachrichtigungen einzuhaltende bestimmt, er ist schon deshalb für den hier verfolgten Zweck besonders geeignet, weil in dem gedachten Prozeßstadium der Staatsanwalt ohnehin auf eine genaue Prüfung ebensowohl der Sachlage als der persönlichen Verhältnisse des Beschuldigten angewiesen ist, mithin einen Fehlgriff in Betreff der ihm obliegenden Benachrichtigung kaum ohne verschuldete Fahrlässigkeit thun kann.

Dieser praktischen Rücksicht gegenüber kann der Umstand, daß es in den nicht häufigen Fällen einer endgültigen Zurückweisung des Antrags auf Eröffnung der Untersuchung einer abermaligen Benachrichtigung der Ersatzbehörden bedürfen wird, nicht erheblich in's Gewicht fallen.

Euer Hochwohlgeboren wollen hiernach den Ihnen untergebenen Beamten die entsprechenden Weisungen ertheilen und zugleich Vorkehrungen dahin treffen, daß Sie von jedem Falle einer aus dem Grunde einer gerichtlichen Bestrafung oder Untersuchungseröffnung nothwendig gewordenen Entlassung eingestellter Mannschaften in Kenntniß gesetzt werden. Sobald ein solcher Fall sich ereignet, ist genau zu untersuchen, welcher Behörde die Verantwortung für die vorschriftswidrige Einstellung zufällt, oder welche Umstände es herbeigeführt haben, daß ohne die Konkurrenz eines behördlichen Versehens der in Untersuchung Befindliche zum Militär hat eingestellt werden können.

Die Ergebnisse derartiger Ermittelungen sind fortan in die Jahresberichte aufzunehmen.

Gleichzeitig wird Ihrer Erwägung anheimgegeben, ob es sich generell empfehlen möchte, daß bei Abfassung einer Anklageschrift durch geeignete Vermerke alle diejenigen Mittheilungen sichergestellt werden, welche in der Sache später — nach Erlaß eines Strafurtheils oder nach rechtskräftiger Aburtheilung — an andere Behörden zu machen sind."

Dieser Erlaß ist durch nachstehendes Schreiben des Kriegsministeriums v. 4. 4. 1878 an die General-Kommando's zur allgemeinen Kenntniß gebracht:

„Auf Grund der von den Königlichen General-Kommandos zum 10. Juli v. J. zur Vorlage gebrachten Nachweisungen und unter Uebermittelung eines Auszuges derselben, hatte das Kriegsministerium an den Königlich preußischen Herrn Justizminister das Ersuchen gestellt, in geeignet erscheinender Weise darauf einzuwirken, daß die in Gemäßheit des § 2, 1 und 4 der Kontrol-Ordnung durch die Gerichte ꝛc. zu machenden Mittheilungen stets ohne Verzug erfolgen, wie dies das allgemeine und besonders das militärische Interesse erheischt.

In welcher Weise der vorstehenden Anforderung entsprochen worden ist, wolle das Königliche General-Kommando aus der beiliegenden Abschrift eines Erlasses des Herrn Justizministers an sämmtliche Oberstaatsanwälte ꝛc. vom 8. Dezember v. J. Nr. I. 4671 gefälligst ersehen. Das Kriegs-Ministerium theilt denselben unter dem Anheimstellen ergebenst mit, ihn, wo erforderlich, als Grundlage für gleichartige Anträge an die höchsten Justizbehörden andrer Bundesstaaten ohne eigne Militär-Verwaltung zu benutzen, indem dasselbe ebenmäßig bemerkt, wie nach einer Deklaration des Herrn Reichskanzlers unter „Gerichte" im § 2, 4 der Kontrol-Ordnung auch „Polizeigerichte" zu verstehen sind."

XIII. Gegen Personen des Beurlaubtenstandes, welche zum Kriege, zu einer außerordentlichen Zusammenziehung der Truppen, oder zur größeren Uebung (VII Nr. 1 u. 2) einberufen werden, müssen die bei den Civilgerichten eingeleiteten Untersuchungen, sowie die Strafvollstreckung, für die Dauer dieser militärischen Dienstleistung des Einberufenen in den Fällen suspendirt bleiben, wo nicht die Verhaftung entweder bereits erfolgt ist, oder bei der Untersuchung gesetzlich eintreten muß.

cf. § 13 Th. II Pr. Mil. StGB.

XIV. Die Fortsetzung einer Untersuchung, welche beim Eintritt des Termins der Entlassung aus dem Dienststande noch schwebt, kann, wenn dieselbe eine strafbare Handlung des gemeinen Strafrechts zum Gegenstande hat, und kein gerichtlich zu bestrafendes militärisches Verbrechen oder Vergehen damit zusammentrifft, insofern der Angeschuldigte nicht verhaftet ist, dem Civilgericht überlassen werden.

(cf. § 14 a. a. O. und das ad I cit. Cirk. Schr. d. Pr. Gen. Aud.)

XV. Kommt eine während des Dienststandes begangene strafbare Handlung erst nach dem Uebertritt in den Beurlaubtenstand zur Sprache, so steht deren Untersuchung und Bestrafung nur dann den Civilgerichten zu, wenn dieselbe eine strafbare Handlung des gemeinen Strafrechts ist und mit keinem gerichtlich zu bestrafenden militärischen Verbrechen oder Vergehen zusammentrifft.

(cf. § 15 a. a. O. und das ad I cit. Cirk. Schr. des Pr. Gen. Aud.)

XVa. Wird gegen eine Person des Beurlaubtenstandes (vom Civilgericht) während der Beurlaubung auf Zuchthaus, auf Verlust der bürgerlichen Ehrenrechte oder auf Unfähigkeit zur Bekleidung öffentlicher Aemter erkannt, so treten diejenigen militärischen Ehrenstrafen, auf welche bei einer solchen Verurtheilung nach den Bestimmungen der §§ 33—40 erkannt werden muß von Rechtswegen ein. (§ 42 D. Mil. StGB. Abs. 1.)

Erfolgt die Verurtheilung wegen Diebstahls, Unterschlagung, Raubes, Erpressung, Hehlerei, Betruges oder Urkundenfälschung (§ 37 Abs. 2 Nr. 2), so kann ein besonderes Verfahren des Militärgerichts zur Entscheidung darüber angeordnet werden, ob auf Dienstentlassung oder auf Degradation zu erkennen ist. (Abs. 2 a. a. O.)

Daß in allen Fällen des § 42 die Staatsanwälte den Bezirkskommandos entsprechende Mittheilungen machen, ist im militärischen Dienstinteresse unerläßlich. Im Uebrigen siehe wegen der Pflicht der Staatsanwälte zur Benachrichtigung der Bezirkskommandos von Einleitungen der Untersuchung gegen Beurlaubte und Bestrafungen derselben Rescr. v. 24. August 1852 (Just. Min. Blatt S. 319.) cf. auch XIIIa am Schluß.

XVI. Der Militärgerichtsstand hört auf:

1) bei Offizieren:
   a) durch Verabschiedung ohne Pension,
   b) durch Entfernung aus dem Heer oder der Marine;
2) bei Unteroffizieren und Gemeinen mit dem Ausscheiden aus den Militärverhältnissen durch Verabschiedung, Entlassung oder Entfernung aus dem Heer oder der Marine;
3) bei Militärbeamten durch Verabschiedung, Entlassung und Amtsverlust;
4) wenn Militärpersonen im Civil-Staatsdienst oder im Kommunaldienst definitiv angestellt werden.

(cf. § 16 a. a. O. und das ad I cit. Cirk. Schr. des Pr. Gen. Aud.)

XVII. Kommt ein von einer Militärperson begangenes militärisches oder gemeines Verbrechen erst nach dem gänzlichen Ausscheiden aus den Militärverhältnissen zur Sprache, so gehört die Sache ausschließlich vor die Civilgerichte.

Die Civilgerichte können demgemäß in die Lage kommen, militärische Verbrechen und Vergehen nach dem D. Mil. StGB. abzuurtheilen. Daß sie unter Umständen auch bei gemeinen Verbrechen oder Vergehen die Straferhöhungsgründe der §§ 55, 115 D. Mil. StGB. anzuwenden haben, ist ad XIV ausgeführt.

Wegen Fortsetzung einer vor dem Ausscheiden bei den Militärgerichten begonnenen Untersuchung kommen die Bestimmungen ad XIV zur Anwendung.

(cf. § 17 a. a. O. und das ad I cit. Cirk. Schr. des Pr. Gen. Aud.)

XVIII. In Kriegszeiten haben außer den ad I bezeichneten Personen den Militärgerichtsstand:

1) alle Personen, welche sich in irgend einem Dienst- oder Vertrags-Verhältnisse bei dem kriegführenden Heere befinden oder sich sonst bei demselben aufhalten oder ihm folgen — § 155 des D. Mil. StGB.
2) ausländische Offiziere, welche zu dem kriegführenden Heere zugelassen sind, sofern der Kaiser nicht ein Anderes bestimmt hat — § 157 a. a. O.
3) das Gefolge dieser Offiziere — § 157 a. a. O.
4) die Kriegsgefangenen — § 158 a. a. O.
5) Ausländer oder Deutsche, welche während eines gegen das Deutsche Reich ausgebrochenen Krieges auf dem Kriegsschauplatze sich einer der in den §§ 57, 58, 59 u. 134 des D. Mil. StGB. vorgesehenen Handlungen schuldig machen — § 160 a. a. O.
6) Ausländer oder Deutsche, welche in einem von Deutschen Truppen besetzten ausländischen Gebiete gegen Deutsche Truppen oder Angehörige derselben oder gegen eine auf Anordnung des Kaisers eingesetzte Behörde eine nach den Gesetzen des Deutschen Reichs strafbare Handlung begehen — § 161 a. a. O.

(cf. § 18 a. a. O. und das ad I cit. Cirk. Schr. des Pr. Gen. Aud. sowie die V. O. v. 21. Juli 1867.)

Anhang.

Gemischtes Untersuchungsverfahren.*)

Wenn zwischen Militär- und Civilpersonen Beleidigungen oder Thätlichkeiten**) wechselseitig vorfallen, oder wenn eine strafbare Handlung von Militär- und Civilpersonen gemeinschaftlich verübt wird, so muß die Untersuchung von einem aus Militär- und Civilgerichtspersonen zusammengesetzten Gericht geführt werden.

Der kompetente (mit der höheren resp. niederen** Gerichts-

*) Durch dasselbe wird eine Aenderung des Gerichtsstandes nicht bedingt f. S. 198.

**) Im Falle des § 223a RStGB. sind (auch wenn § 149 D Mil. StGB. nicht konkurrirt) die Regimentsgerichte nicht kompetent.

barkeit betraute) Gerichtsherr ernennt die Militär-Mitglieder. Der höchste kommandirte Offizier hat in diesem gemeinschaftlichen Untersuchungsgericht den Vorrang.

Die Verhandlungen, welche die Mitangeschuldigten des Militärstandes betreffen, sind zu besonderen Akten zu nehmen.

Nach beendigter Untersuchung ist zuerst gegen die angeklagten Militärpersonen von dem Militärgericht zu erkennen. Wenn besondere Umstände ein Anderes erfordern, so ist darüber die Entscheidung des Königs durch das General-Auditoriat einzuholen.

Diese in den §§ 52, 53 Th. II Pr. Mil. StGB. v. 3. April 1845 enthaltenen Vorschriften sind durch Art. 147 d. Ges. v. 3. Mai 1853 nicht aufgehoben (Plen. Beschl. des Pr. Ob. Trib. v. 5. Mai 1858). Dieselben kommen nur dann nicht zur Anwendung, wenn einfache, gegen die betheiligten Civilpersonen im Injurienverfahren zu verfolgende Beleidigungen vorliegen.

Nach Ernennung der Militär-Mitglieder werden die Akten dem betr. Staatsanwalt ꝛc. mit dem Ersuchen übersandt, die Einleitung des gemischten Untersuchungsverfahrens in die Wege zu leiten. Demnächst tritt das Civilgericht mit dem Militärgericht in Verbindung. Bei den Verhören verhandelt gewöhnlich nur einer der Inquirenten, es können aber auch beide verhandeln. Vielfach ist es auch üblich, daß die Militärpersonen vom Militär-Inquirenten, die Civilpersonen vom Civil-Inquirenten vernommen werden. Die im Laufe der Untersuchung nöthigen Verfügungen werden von dem „gemischten Untersuchungsgericht" resp. im Auftrage desselben vom Civil- oder Militärgericht erlassen.

Ist die Untersuchung beendigt, so sind dem Militär-Befehlshaber, welcher die Militär-Mitglieder des Untersuchungsgerichts ernannt hat, die Akten einzureichen.

(cf. Fleck Komm. zum Pr. Mil. StGB. Th. II §§ 72, 73; Solms S. 99, 100.)

Beilage II.

Militär-Strafgesetzbuch

für das

Deutsche Reich.

Vom 20. Juni 1872.

Einführungsgesetz
zum
Militär-Strafgesetzbuche
für das
Deutsche Reich.
Vom 20. Juni 1872.

Wir Wilhelm, von Gottes Gnaden Deutscher Kaiser, König von Preußen 2c.

verordnen im Namen des Deutschen Reichs, nach erfolgter Zustimmung des Bundesrathes und des Reichstages, was folgt:

§ 1.

Das Militär-Strafgesetzbuch für das Deutsche Reich tritt im ganzen Umfange des Bundesgebietes mit dem 1. Oktober 1872 in Kraft.

§ 2.

Mit diesem Tage treten im ganzen Bundesgebiete alle Militärstrafgesetze, insoweit sie materielles Strafrecht zum Gegenstande haben, außer Kraft.

In Kraft bleiben die Vorschriften über die Bestrafung der von Landgendarmen begangenen strafbaren Handlungen, sowie die Vorschriften über die Bestrafung der Fahnenflüchtigen im Wege des Ungehorsams- (Kontumazial-) Verfahrens.

Dagegen finden die Bestimmungen des Militär-Strafgesetzbuches auch auf die Offiziere à la suite Anwendung, welche nicht zum Soldatenstande gehören, wenn und insolange sie zu vorübergehender Dienstleistung zugelassen sind, sowie in Bezug auf Handlungen gegen die militärische Unterordnung, welche sie begehen, während sie die Militäruniform tragen.

§ 3.

Eine Bestrafung in Gemäßheit des Militär-Strafgesetzbuches kann nur auf Grund eines gerichtlichen Erkenntnisses erfolgen.

In leichteren Fällen können im Disziplinarwege geahndet werden:

1) Vergehen wider die §§ 64, 89 Abs. 1, 90, 91 Abs. 1, 92, 121 Abs. 1, 137, 141 Abs. 1, 146, 151;
2) Vergehen wider § 114, wenn die strafbare Handlung nur in dem Borgen von Geld oder in der Annahme von Geschenken ohne Vorwissen des gemeinschaftlichen Vorgesetzten besteht.

Jedoch darf im Disziplinarwege keine andere Freiheitsstrafe, als Arrest festgesetzt werden, und die Dauer desselben vier Wochen gelinden Arrestes oder Stubenarrestes, drei Wochen mittleren Arrestes oder vierzehn Tage strengen Arrestes nicht übersteigen.

Urkundlich unter Unserer Höchsteigenhändigen Unterschrift und beigedrucktem Kaiserlichen Insiegel.

Gegeben Schloß Babelsberg, den 20. Juni 1872.

(L. S.) **Wilhelm.**

Fürst v. Bismarck.

Militär-Strafgesetzbuch

für das

Deutsche Reich.

Vom 20. Juni 1872.

Wir Wilhelm, von Gottes Gnaden Deutscher Kaiser, König von Preußen rc.

verordnen im Namen des Deutschen Reichs, nach erfolgter Zustimmung des Bundesrathes und des Reichstages, was folgt:

Einleitende Bestimmungen.

§ 1.

Eine Handlung, welche dieses Gesetz mit dem Tode, mit Zuchthaus, oder mit Gefängniß oder Festungshaft von mehr als fünf Jahren bedroht, ist ein militärisches Verbrechen.

Eine Handlung, welche dieses Gesetz mit Freiheitsstrafe (§ 16) bis zu fünf Jahren bedroht, ist ein militärisches Vergehen.

§ 2.

Diejenigen Bestimmungen, welche nach den Vorschriften des Deutschen Strafgesetzbuches in Beziehung auf Verbrechen und Vergehen allgemein gelten, finden auf militärische Verbrechen und Vergehen entsprechende Anwendung.

§ 3.

Strafbare Handlungen der Militärpersonen, welche nicht militärische Verbrechen oder Vergehen sind, werden nach den allgemeinen Strafgesetzen beurtheilt.

§ 4.

Unter Militärpersonen sind die Personen des Soldatenstandes

und die Militärbeamten zu verstehen, welche zum Heer oder zur Marine gehören.

Unter Heer ist das Deutsche Heer, unter Marine die Kaiserliche Marine zu verstehen.

§ 5.

Die Klasseneintheilung der Militärpersonen ergiebt das diesem Gesetze beigefügte Verzeichniß.

Die Mitglieder des Sanitätskorps und des Maschinen-Ingenieur-Korps unterliegen den für andere Personen des Soldatenstandes gegebenen Vorschriften nach Maßgabe ihres Militärranges.

§ 6.

Personen des Beurlaubtenstandes unterliegen den Strafvorschriften dieses Gesetzes in der Zeit, in welcher sie sich im Dienst befinden; außerhalb dieser Zeit finden auf sie nur diejenigen Vorschriften Anwendung, welche in diesem Gesetze ausdrücklich auf Personen des Beurlaubtenstandes für anwendbar erklärt sind.

§ 7.

Strafbare Handlungen, welche von Militärpersonen im Auslande, während sie dort bei den Truppen oder sonst in dienstlicher Stellung sich befinden, begangen werden, sind ebenso zu bestrafen, als wenn diese Handlungen von ihnen im Bundesgebiete begangen wären.

§ 8.

Militärische Verbrechen und Vergehen, welche gegen Militärpersonen verbündeter Staaten in gemeinschaftlichen Dienstverhältnissen begangen werden, sind, wenn Gegenseitigkeit verbürgt ist, ebenso zu bestrafen, als wenn diese Handlungen gegen Militärpersonen des Heeres oder der Marine begangen wären.

§ 9.

Die in diesem Gesetze für strafbare Handlungen im Felde gegebenen Vorschriften (Kriegsgesetze) gelten:

1) für die Dauer des mobilen Zustandes des Heeres, der Marine oder einzelner Theile derselben;
2) für die Dauer des nach Vorschrift der Gesetze erklärten Kriegszustandes in den davon betroffenen Gebieten;

3) in Ansehung derjenigen Truppen, denen bei einem Aufruhr, einer Meuterei, oder einem kriegerischen Unternehmen der befehligende Offizier dienstlich bekannt gemacht hat, daß die Kriegsgesetze für sie in Kraft treten, für die Dauer dieser Zustände;
4) in Ansehung derjenigen Kriegsgefangenen, welchen der höchste an ihrem Aufenthaltsorte befehligende Offizier dienstlich bekannt gemacht hat, daß die Kriegsgesetze für sie in Kraft treten.

§ 10.

Den Kriegsgesetzen unterworfen sind im Falle des § 9 Nr. 1:
1) die Personen des aktiven Dienststandes von dem Tage ihrer Mobilmachung bis zu ihrer Demobilmachung;
2) die Personen des Beurlaubtenstandes von dem Tage, zu welchem sie einberufen sind, bis zu ihrer Entlassung.

§ 11.

Im Sinne dieses Gesetzes ist als vor dem Feinde befindlich jede Truppe zu betrachten, bei welcher in Gewärtigung eines Zusammentreffens mit dem Feinde der Sicherheitsdienst gegen denselben begonnen hat.

§ 12.

Diejenigen Vorschriften dieses Gesetzes, welche die Strafe mit Rücksicht darauf bestimmen, daß eine Handlung vor versammelter Mannschaft begangen worden ist, finden Anwendung, wenn außer dem Vorgesetzten und dem einzelnen Betheiligten noch mindestens drei andere zu militärischem Dienste versammelte Personen des Soldatenstandes gegenwärtig gewesen sind.

§ 13.

Wo das Gesetz die Strafe mit Rücksicht auf den Rückfall bestimmt, tritt dieselbe ein, wenn der Thäter, nachdem er wegen eines militärischen Verbrechens oder Vergehens durch ein Deutsches Gericht verurtheilt und bestraft worden ist, dasselbe militärische Verbrechen oder Vergehen abermals begeht.

Diese Bestimmung findet Anwendung, auch wenn die frühere Strafe nur theilweise verbüßt, oder ganz oder theilweise erlassen ist. Sie bleibt jedoch ausgeschlossen, wenn seit der Verbüßung oder dem

Erlasse der Strafe bis zur Begehung der neuen strafbaren Handlung fünf Jahre verflossen sind.

Dasselbe gilt bei wiederholtem Rückfalle.

Erster Theil.
Von der Bestrafung im Allgemeinen.
Erster Abschnitt.
Strafen gegen Personen des Soldatenstandes.

§ 14.

Die Todesstrafe ist durch Erschießen zu vollstrecken, wenn sie wegen eines militärischen Verbrechens, im Felde auch dann, wenn sie wegen eines nicht militärischen Verbrechens erkannt worden ist.

§ 15.

Hat eine Person des Soldatenstandes vor oder nach ihrem Eintritte in den Dienst eine Freiheitsstrafe verwirkt, so wird diese von den Militärbehörden vollstreckt.

Ist nach den Vorschriften des Deutschen Strafgesetzbuches eine Beschäftigung des Verurtheilten zulässig oder geboten, so findet dieselbe zu militärischen Zwecken und unter militärischer Aufsicht statt. Die zu Gefängniß verurtheilten Unteroffiziere und Gemeinen können auch ohne ihre Zustimmung außerhalb der Anstalt beschäftigt werden.

Ist Zuchthaus verwirkt, oder wird auf Entfernung aus dem Heer oder der Marine, oder auf Dienstentlassung erkannt, oder wird das militärische Dienstverhältniß aus einem anderen Grunde aufgelöst, so geht die Vollstreckung der Strafe auf die bürgerlichen Behörden über.

§ 16.

Freiheitsstrafe im Sinne dieses Gesetzes ist Gefängniß, Festungshaft oder Arrest.

Die Freiheitsstrafe ist eine lebenslängliche oder eine zeitige. Der Höchstbetrag der zeitigen Freiheitsstrafe ist funfzehn Jahre, ihr Mindestbetrag Ein Tag.

Wo dieses Gesetz die Freiheitsstrafe nicht ausdrücklich als eine lebenslängliche androht, ist dieselbe eine zeitige.

§ 17.

Die Freiheitsstrafe ist, wenn ihre Dauer mehr als sechs Wochen beträgt, Gefängniß oder Festungshaft, bei kürzerer Dauer Arrest.

Ist eine angedrohte Zuchthausstrafe auf eine kürzere als einjährige Dauer zu ermäßigen, so tritt an deren Stelle Gefängniß von gleicher Dauer.

§ 18.

Die Zeit einer Freiheitsstrafe von mehr als sechs Wochen wird auf die gesetzliche Dienstzeit im stehenden Heer oder in der Flotte nicht angerechnet.

§ 19.

Der Arrest zerfällt in Stubenarrest, gelinden Arrest, mittleren Arrest, strengen Arrest.

§ 20.

Der Stubenarrest findet gegen Offiziere statt, der gelinde Arrest gegen Unteroffiziere und Gemeine, der mittlere Arrest gegen Unteroffiziere ohne Portepee und gegen Gemeine, der strenge Arrest nur gegen Gemeine.

§ 21.

Ist in diesem Gesetze Freiheitsstrafe angedroht, so sind darunter, je nach der Zeitdauer des Strafmaßes, Gefängniß, Festungshaft und Arrest als wahlweise angedroht zu erachten.

§ 22.

Ist in diesem Gesetze Arrest angedroht, so kann auf jede der nach dem Militärrange des Thäters statthaften Arten des Arrestes erkannt werden.

Ist in diesem Gesetze eine bestimmte Arrestart angedroht und dieselbe gegen den Thäter nach seinem Militärrange nicht statthaft, so ist auf die nächstfolgende nach seinem Range statthafte Arrestart zu erkennen.

Strenger Arrest ist, wo das Gesetz ihn nicht in einzelnen Fällen ausdrücklich androht, nur gegen denjenigen zulässig, welcher wegen militärischer Verbrechen oder Vergehen bereits mit einer Freiheitsstrafe bestraft worden ist.

§ 23.

Der Stubenarrest wird von dem Verurtheilten in seiner Wohnung verbüßt. Der Verurtheilte darf während der Dauer des Stubenarrestes seine Wohnung nicht verlassen, auch Besuche nicht annehmen. Gegen Hauptleute, Rittmeister und Subaltern-Offiziere kann durch Richterspruch die Strafvollstreckung in einem besonderen Offizier-Arrestzimmer angeordnet werden (geschärfter Stubenarrest).

§ 24.

Der gelinde, der mittlere und der strenge Arrest werden in Einzelhaft verbüßt. Der Höchstbetrag des strengen Arrestes ist vier Wochen.

§ 25.

Der mittlere Arrest wird in der Art vollstreckt, daß der Verurtheilte eine harte Lagerstätte und als Nahrung Wasser und Brot erhält. Diese Schärfungen kommen am vierten, achten, zwölften und demnächst an jedem dritten Tage in Fortfall.

§ 26.

Der strenge Arrest wird in einer dunkelen Arrestzelle, im Uebrigen wie der mittlere Arrest vollstreckt. Die Schärfungen kommen am vierten, achten und demnächst an jedem dritten Tage in Fortfall.

§ 27.

Läßt der körperliche Zustand des Verurtheilten die Verbüßung des strengen oder mittleren Arrestes nicht zu, so tritt eine gelindere Arrestart ein.

§ 28.

Die Abweichungen, welche bei Vollstreckung von Arreststrafen dadurch bedingt werden, daß sie während eines Krieges oder auf den in Dienst gestellten Schiffen oder anderen Fahrzeugen der Marine zu vollziehen sind, werden durch Kaiserliche Anordnung bestimmt.

§ 29.

Wo die allgemeinen Strafgesetze Geldstrafe und Freiheitsstrafe wahlweise androhen, darf, wenn durch die strafbare Handlung zugleich eine militärische Dienstpflicht verletzt worden ist, auf Geldstrafe nicht erkannt werden.

§ 30.

Die besonderen Ehrenstrafen gegen Personen des Soldatenstandes sind:

1) Entfernung aus dem Heer oder der Marine;
2) gegen Offiziere: Dienstentlassung;
3) gegen Unteroffiziere und Gemeine: Versetzung in die zweite Klasse des Soldatenstandes;
4) gegen Unteroffiziere: Degradation.

§ 31.

Auf Entfernung aus dem Heer oder der Marine muß gegen Unteroffiziere und Gemeine neben Zuchthaus stets, neben dem Verluste der bürgerlichen Ehrenrechte dann erkannt werden, wenn die Dauer dieses Verlustes drei Jahre übersteigt.

Gegen Offiziere muß auf diese Entfernung erkannt werden:
1) neben Zuchthaus oder dem Verluste der bürgerlichen Ehrenrechte ohne Rücksicht auf die Dauer derselben;
2) wo gegen Unteroffiziere oder Gemeine die Versetzung in die zweite Klasse des Soldatenstandes geboten ist.

Auf Entfernung ans dem Heer oder der Marine kann erkannt werden neben Gefängniß von längerer als fünfjähriger Dauer, außerdem gegen Offiziere, in allen Fällen, in denen gegen Unteroffiziere oder Gemeine die Versetzung in die zweite Klasse des Soldatenstandes zulässig ist.

§ 32.

Die Entfernung aus dem Heer oder der Marine hat
1) den Verlust der Dienststelle und der damit verbundenen Auszeichnungen, sowie aller durch den Militärdienst erworbenen Ansprüche, soweit dieselben durch Richterspruch aberkannt werden können;
2) den dauernden Verlust der Orden und Ehrenzeichen;
3) die Unfähigkeit zum Wiedereintritte in das Heer und in die Marine

von Rechtswegen zur Folge.

§ 33.

Gegen pensionirte Offiziere ist statt auf Entfernung aus dem Heer oder der Marine auf Verlust des Offiziertitels zu erkennen. Mit diesem Verluste treten zugleich die im § 32 Nr. 2 und 3 bezeichneten Folgen, sowie die Verwirkung des Rechts, die Offizieruniform zu tragen, von Rechtswegen ein.

§ 34.

Auf Dienstentlassung muß erkannt werden:

1) neben Erkennung auf Unfähigkeit zur Bekleidung öffentlicher Aemter;
2) wo gegen Unteroffiziere Degradation geboten ist.

Auf Dienstentlassung kann erkannt werden:

1) neben Freiheitsstrafe von längerer als einjähriger Dauer;
2) wo gegen Unteroffiziere Degradation zulässig ist.

§ 35.

Die Dienstentlassung hat den Verlust der Dienststelle und aller durch den Dienst als Offizier erworbenen Ansprüche, soweit dieselben durch Richterspruch aberkannt werden können, ingleichen die Verwirkung des Rechts, die Offizieruniform zu tragen, von Rechtswegen zur Folge. Der Verlust des Diensttitels ist mit dieser Strafe nicht verbunden.

§ 36.

Gegen pensionirte Offiziere, welche das Recht zum Tragen der Offizieruniform haben, ist statt auf Dienstentlassung auf Verlust dieses Rechts zu erkennen.

§ 37.

Auf Versetzung in die zweite Klasse des Soldatenstandes muß erkannt werden neben dem Verluste der bürgerlichen Ehrenrechte, wenn die Dauer dieses Verlustes nicht drei Jahre übersteigt.

Auf Versetzung in die zweite Klasse des Soldatenstandes kann erkannt werden:

1) in wiederholtem Rückfalle;
2) wenn die Verurtheilung wegen Diebstahls, Unterschlagung, Raubes, Erpressung, Hehlerei, Betruges oder Urkundenfälschung erfolgt, auch wenn der Verlust der bürgerlichen Ehrenrechte nicht eintritt.

§ 38.

Wer wegen militärischer Vergehen bereits zweimal gerichtlich verurtheilt und bestraft worden ist, kann, wenn er zum dritten Male wegen eines militärischen Vergehens verurtheilt wird, neben der Freiheitsstrafe in die zweite Klasse des Soldatenstandes versetzt werden.

Dasselbe kann geschehen, wenn außer einer gerichtlichen Strafe mehrmalige Disziplinarstrafen des höchsten Grades vollstreckt worden sind und zum zweiten Male wegen eines militärischen Vergehens eine Verurtheilung erfolgt.

Die Strafschärfung bleibt jedoch ausgeschlossen, wenn seit der zuletzt bestraften Handlung bis zur Begehung des Vergehens sechs Monate verflossen sind.

§ 39.

Die Versetzung in die zweite Klasse des Soldatenstandes hat den dauernden Verlust der Orden und Ehrenzeichen von Rechtswegen zur Folge, auch darf der zu dieser Strafe Verurtheilte die Militärkokarde nicht tragen und Versorgungsansprüche, soweit dieselben durch Richterspruch aberkannt werden können, nicht geltend machen.

§ 40.

Auf Degradation muß erkannt werden:

1) neben Gefängniß von längerer als einjähriger Dauer;
2) neben Versetzung in die zweite Klasse des Soldatenstandes;
3) neben Aberkennung der Fähigkeit zur Bekleidung öffentlicher Aemter.

Auf Degradation kann erkannt werden:

1) neben Gefängniß von einjähriger oder kürzerer Dauer;
2) wegen wiederholten Rückfalls;
3) wegen einer strafbaren Handlung der im § 37 Absatz 2 Nr. 2 bezeichneten Art.

§ 41.

Die Degradation hat den Rücktritt in den Stand der Gemeinen und den Verlust der durch den Dienst als Unteroffizier erworbenen Ansprüche, soweit dieselben durch Richterspruch aberkannt werden können, von Rechtswegen zur Folge.

§ 42.

Wird gegen eine Person des Beurlaubtenstandes während der Beurlaubung auf Zuchthaus, auf Verlust der bürgerlichen Ehrenrechte oder auf Unfähigkeit zur Bekleidung öffentlicher Aemter erkannt, so treten diejenigen militärischen Ehrenstrafen, auf welche bei einer solchen Verurtheilung nach den Bestimmungen der §§ 30—40 erkannt werden muß, von Rechtswegen ein.

Erfolgt die Verurtheilung einer Person des Beurlaubtenstandes während der Beurlaubung wegen einer strafbaren Handlung der im § 37 Absatz 2 Nr. 2 bezeichneten Art, so kann ein besonderes Verfahren des Militärgerichts zur Entscheidung darüber angeordnet werden, ob auf Dienstentlassung oder auf Degradation zu erkennen ist.

Zweiter Abschnitt.

Strafen gegen Militärbeamte.

§ 43.

Auf Amtsverlust kann gegen Militärbeamte erkannt werden:

1) neben Freiheitsstrafe von mehr als einjähriger Dauer;
2) wenn die Verurtheilung wegen einer strafbaren Handlung der in § 37 Absatz 2 Nr. 2 bezeichneten Art erfolgt.

§ 44.

Der Arrest findet gegen obere Militärbeamte als Stubenarrest, gegen untere Militärbeamte als gelinder Arrest statt.

§ 45.

Die Vorschriften der §§ 14 und 15 finden auch auf Militärbeamte Anwendung.

Dritter Abschnitt.

Versuch.

§ 46.

Wenn neben der Strafe des vollendeten Verbrechens oder Vergehens militärische Ehrenstrafen (§ 30) zulässig oder geboten sind, so sind dieselben neben der Versuchsstrafe zulässig.

Vierter Abschnitt.

Theilnahme.

§ 47.

Wird durch die Ausführung eines Befehls in Dienstsachen ein Strafgesetz verletzt, so ist dafür der befehlende Vorgesetzte allein verantwortlich. Es trifft jedoch den gehorchenden Untergebenen die Strafe des Theilnehmers:

1) wenn er den ihm ertheilten Befehl überschritten hat, oder
2) wenn ihm bekannt gewesen, daß der Befehl des Vorgesetzten eine Handlung betraf, welche ein bürgerliches oder militärisches Verbrechen oder Vergehen bezweckte.

Fünfter Abschnitt.

Gründe, welche die Strafe ausschließen, mildern oder erhöhen.

§ 48.

Die Strafbarkeit einer Handlung oder Unterlassung ist dadurch nicht ausgeschlossen, daß der Thäter nach seinem Gewissen oder den Vorschriften seiner Religion sein Verhalten für geboten erachtet hat.

§ 49.

Die Verletzung einer Dienstpflicht aus Furcht vor persönlicher Gefahr ist ebenso zu bestrafen, wie die Verletzung der Dienstpflicht aus Vorsatz.

Bei strafbaren Handlungen gegen die Pflichten der militärischen Unterordnung, sowie bei allen in Ausübung des Dienstes begangenen strafbaren Handlungen bildet die selbstverschuldete Trunkenheit des Thäters keinen Strafmilderungsgrund.

§ 50.

Bei Bestrafung militärischer Verbrechen oder Vergehen ist die Erkennung der angedrohten Strafe unabhängig von dem Alter des Thäters.

§ 51.

Die Verfolgung eines militärischen Verbrechens oder Vergehens ist unabhängig von dem Antrage des Verletzten oder einer anderen zum Antrage berechtigten Person.

§ 52.

Bei Berechnung der Verjährungsfrist einer Strafverfolgung oder Strafvollstreckung ist der Arrest der Haft gleich zu achten.

§ 53.

Wo dieses Gesetz eine erhöhte Freiheitsstrafe androht, kann dieselbe das Doppelte der für das betreffende Verbrechen oder Vergehen angedrohten Freiheitsstrafe erreichen; sie darf jedoch den gesetzlich zulässigen Höchstbetrag der zu verhängenden Strafart nicht übersteigen (§§ 16, 17, 24).

§ 54.

Wenn mehrere zeitige Freiheitsstrafen zusammentreffen, so ist auf eine Gesammtstrafe nach den Vorschriften des Deutschen Strafgesetzbuches zu erkennen. Dieselbe darf in keinem Falle den gesetzlich zulässigen Höchstbetrag der zu verhängenden Strafart übersteigen. Ist die Gesammtstrafe wegen Zusammentreffens militärischer Verbrechen und Vergehen mit bürgerlichen Verbrechen und Vergehen zu erkennen, so ist der Höchstbetrag der Strafe wegen letzterer durch die Vorschriften des Deutschen Strafgesetzbuches bestimmt.

Bestehen die zusammentreffenden Freiheitsstrafen nur in Arreststrafen, so darf auch die Gesammtstrafe nur in Arrest bestehen. Sind die Arreststrafen ungleichartige, so gilt Ein Tag strengen Arrestes gleich zwei Tagen mittleren Arrestes, Ein Tag mittleren Arrestes gleich zwei Tagen gelinden Arrestes.

Die Verurtheilung zu einer Gesammtstrafe schließt die Verurtheilung zu einer Ehrenstrafe nicht aus, wenn diese auch nur neben einer der verwirkten Einzelstrafen zulässig oder geboten ist.

§ 55.

Auf erhöhte Strafe (§ 53) ist, sofern in diesem Gesetze nicht besondere Bestimmungen getroffen sind, zu erkennen:

1) gegen Vorgesetzte, welche gemeinschaftlich mit Untergebenen eine strafbare Handlung ausführen oder sich sonst an einer strafbaren Handlung Untergebener betheiligen;
2) wenn strafbare Handlungen unter Mißbrauch der Waffen oder der dienstlichen Befugnisse oder während der Ausübung des Dienstes ausgeführt werden;
3) wenn Mehrere unter Zusammenrottung oder vor einer Menschenmenge strafbare Handlungen gemeinschaftlich ausführen.

Zweiter Theil.
Von den einzelnen Verbrechen und Vergehen und deren Bestrafung.

Erster Titel.
Militärische Verbrechen und Vergehen der Personen des Soldatenstandes.

Erster Abschnitt.
Hochverrath, Landesverrath, Kriegsverrath.

§ 56.

Auf eine Person des Soldatenstandes, welche sich eines Hochverraths oder eines Landesverraths schuldig macht, finden die Vorschriften des Deutschen Strafgesetzbuches (§§ 80—93) Anwendung.

§ 57.

Wer im Felde einen Landesverrath begeht, wird wegen Kriegsverraths mit Zuchthaus nicht unter zehn Jahren oder mit lebenslänglichem Zuchthaus bestraft.

§ 58.

Wegen Kriegsverraths (§ 57) wird mit dem Tode bestraft, wer mit dem Vorsatze, einer feindlichen Macht Vorschub zu leisten oder den deutschen oder verbündeten Truppen Nachtheil zuzufügen,

1) eine der im § 90 des Deutschen Strafgesetzbuchs bezeichneten strafbaren Handlungen begeht,
2) Wege oder Telegraphenanstalten zerstört oder unbrauchbar macht,
3) das Geheimniß des Postens, das Feldgeschrei oder die Losung verräth,
4) vor dem Feinde Meldungen oder dienstliche Mittheilungen falsch macht, oder richtige zu machen unterläßt,
5) dem Feinde als Wegweiser zu einer militärischen Unternehmung gegen deutsche oder verbündete Truppen dient, oder als Wegweiser kriegführende deutsche oder verbündete Truppen irre leitet,

6) vor dem Feinde, in einer Weise, welche geeignet ist, die Truppen zu beunruhigen oder irre zu leiten, militärische Signale oder andere Zeichen giebt, zur Flucht auffordert oder das Sammeln zerstreuter Mannschaften verhindert,
7) einen Dienstbefehl ganz oder theilweise unausgeführt läßt oder eigenmächtig abändert,
8) es unternimmt, mit Personen im feindlichen Heer, in der feindlichen Marine oder im feindlichen Lande über Dinge, welche die Kriegführung betreffen, mündlich oder schriftlich Verkehr zu pflegen oder einen solchen Verkehr zu vermitteln,
9) feindliche Aufrufe oder Bekanntmachungen im Heer verbreitet,
10) die pflichtmäßige Fürsorge für die Verpflegung der Truppen unterläßt,
11) feindliche Kriegsgefangene freiläßt, oder
12) dem Feinde ein Signalbuch oder einen Auszug aus einem solchen mittheilt.

In minder schweren Fällen tritt Zuchthaus nicht unter zehn Jahren oder lebenslängliches Zuchthaus ein.

§ 59.

Haben Mehrere einen Kriegsverrath verabredet, ohne daß es zur Ausführung oder zu einem strafbaren Versuche desselben gekommen ist, so tritt Zuchthaus nicht unter fünf Jahren ein.

§ 60.

Wer von dem Vorhaben eines Kriegsverraths (§§ 57—59) zu einer Zeit, in welcher die Verhütung des Verbrechens möglich ist, glaubhafte Kenntniß erhält und es unterläßt, hiervon rechtzeitig Anzeige zu machen, ist, wenn das Verbrechen oder ein strafbarer Versuch desselben begangen worden, mit der Strafe des Mitthäters zu belegen.

§ 61.

Straflosigkeit tritt für den an dem Vorhaben eines Kriegsverraths Betheiligten ein, wenn er von demselben zu einer Zeit, wo die Dienstbehörde nicht schon anderweit davon unterrichtet ist, in einer Weise Anzeige macht, daß die Verhütung des Verbrechens möglich ist.

Zweiter Abschnitt.
Gefährdung der Kriegsmacht im Felde.

§ 62.

Wer im Felde eine Dienstpflicht vorsätzlich verletzt und dadurch bewirkt, daß die Unternehmungen des Feindes befördert werden oder den kriegführenden deutschen oder verbündeten Truppen Gefahr oder Nachtheil bereitet wird, ist mit Zuchthaus bis zu zehn Jahren oder mit Gefängniß*) oder Festungshaft*) bis zu zehn Jahren zu bestrafen. In minder schweren Fällen, ingleichen wenn die Verletzung der Dienstpflicht nicht vorsätzlich geschehen ist, tritt Freiheitsstrafe**) bis zu drei Jahren ein.

Auch kann neben Gefängniß auf Versetzung in die zweite Klasse des Soldatenstandes erkannt werden.

§ 63.

Mit dem Tode wird bestraft

1) der Kommandant eines festen Platzes, welcher denselben dem Feinde übergiebt, ohne zuvor alle Mittel zur Vertheidigung des Platzes erschöpft zu haben;
2) der Befehlshaber, welcher im Felde mit Vernachlässigung der ihm zu Gebote stehenden Vertheidigungsmittel den ihm anvertrauten Posten verläßt oder dem Feinde übergiebt;
3) der Befehlshaber, welcher auf freiem Felde kapitulirt, wenn dies das Strecken der Waffen für die ihm untergebenen Truppen zur Folge gehabt und er nicht zuvor Alles gethan hat, was die Pflicht von ihm erfordert;
4) der Befehlshaber eines Schiffes der Marine, welcher dasselbe oder dessen Bemannung dem Feinde übergiebt, ohne zuvor zu Vermeidung dieser Uebergabe Alles gethan zu haben, was die Pflicht von ihm erfordert.

In minder schweren Fällen der Nummern 2 und 3 tritt Festungshaft nicht unter fünf Jahren oder lebenslängliche Festungshaft ein.

---

*) Gefängniß und Festungshaft für militärische Verbrechen und Vergehen beginnen mit sechs Wochen einem Tage (da wo die Arreststrafen aufhören (§§ 16, 17).

**) Freiheitsstrafe ist bis zu 6 (resp. 4) Wochen Arrest, darüber hinaus Gefängniß oder Festungshaft. (§§ 16, 17, 24.)

Dritter Abschnitt.

Unerlaubte Entfernung und Fahnenflucht.

§ 64.

Wer von seiner Truppe oder von seiner Dienststellung sich eigenmächtig entfernt oder vorsätzlich fern bleibt, oder wer den ihm ertheilten Urlaub eigenmächtig überschreitet, wird wegen unerlaubter Entfernung mit Freiheitsstrafe*) bis zu sechs Monaten bestraft.

§ 65.

Der unerlaubten Entfernung wird es gleich geachtet, wenn eine Person des Soldatenstandes im Felde es unterläßt,

1) der Truppe, von welcher sie abgekommen ist, oder der nächsten Truppe sich wieder anzuschließen, oder
2) nach beendigter Kriegsgefangenschaft sich unverzüglich bei einem Truppentheile zu melden.

Dasselbe gilt, wenn eine Person der Marine, welche außerhalb der heimischen Gewässer von einem Schiffe abgekommen ist, es unterläßt, sich bei demselben oder einem anderen Deutschen Kriegsschiffe oder dem nächsten Deutschen Konsulate unverzüglich zu melden.

§ 66.

Dauert durch Verschulden des Abwesenden die Abwesenheit länger als sieben Tage, im Felde länger als drei Tage, so tritt Gefängniß**) oder Festungshaft**) bis zu zwei Jahren ein.

§ 67.

Freiheitsstrafe*) von sechs Monaten bis zu fünf Jahren tritt ein, wenn die Abwesenheit im Felde länger als sieben Tage dauert.

§ 68.

Gleiche Strafe (§ 67) trifft eine Person des Beurlaubtenstandes, welche nach bekannt gemachter Kriegsbereitschaft oder nach angeordneter Mobilmachung ihrer Einberufung zum Dienste oder einer öffentlichen Aufforderung zur Stellung nicht binnen drei Tagen nach Ablauf der bestimmten Frist Folge leistet.

---

*) Freiheitsstrafe von sechs Monat bis zu fünf Jahren ist: Gefängniß oder Festungshaft. (§ 17.)

**) Gefängniß und Festungshaft für militärische Verbrechen und Vergehen beginnen mit sechs Wochen einem Tage (da wo die Arreststrafen aufhören) §§ 16; 17.

§ 69.

Wer sich einer unerlaubten Entfernung (§§ 64, 65, 68) in der Absicht, sich seiner gesetzlichen oder von ihm übernommenen Verpflichtung zum Dienste dauernd zu entziehen, schuldig macht, ist wegen Fahnenflucht (Desertion) zu bestrafen.

§ 70.

Die Fahnenflucht wird mit Gefängniß von sechs Monaten bis zu zwei Jahren, im ersten Rückfalle mit Gefängniß von Einem Jahre bis zu fünf Jahren, im wiederholten Rückfalle mit Zuchthaus von fünf bis zu zehn Jahren bestraft.

Der Versuch ist strafbar.

§ 71.

Die Fahnenflucht im Felde wird mit Gefängniß von fünf bis zu zehn Jahren bestraft; im Rückfalle tritt, wenn die frühere Fahnenflucht nicht im Felde begangen ist, Zuchthaus nicht unter fünf Jahren und, wenn die frühere Fahnenflucht im Felde begangen ist, Todesstrafe ein.

§ 72.

Haben Mehrere eine Fahnenflucht verabredet und gemeinschaftlich ausgeführt, so wird die an sich verwirkte Zuchthausstrafe oder Gefängnißstrafe um die Dauer von Einem Jahre bis zu fünf Jahren erhöht.

Ist die Handlung im Felde begangen, so tritt statt des Gefängnisses Zuchthaus von gleicher Dauer, gegen den Rädelsführer und gegen den Anstifter Todesstrafe ein.

§ 73.

Die Fahnenflucht vom Posten vor dem Feinde oder aus einer belagerten Festung wird mit dem Tode bestraft.

Dieselbe Strafe trifft den Fahnenflüchtigen, welcher zum Feinde übergeht.

§ 74.

Neben dem wegen Fahnenflucht verwirkten Gefängniß ist auf Versetzung in die zweite Klasse des Soldatenstandes zu erkennen.

§ 75.

Stellt sich ein Fahnenflüchtiger innerhalb sechs Wochen nach erfolgter Fahnenflucht, so kann, wenn dieselbe nicht im Felde begangen ist, die an sich verwirkte Zuchthausstrafe oder Gefängnißstrafe bis auf die Hälfte ermäßigt, auch kann, wenn kein Rückfall vorliegt, von der Versetzung in die zweite Klasse des Soldatenstandes abgesehen werden. Gegen Unteroffiziere muß jedoch auf Degradation erkannt werden.

§ 76.

Die Verjährung der Strafverfolgung wegen Fahnenflucht beginnt mit dem Tage, an welchem der Fahnenflüchtige, wenn er die Handlung nicht begangen hätte, seine gesetzliche oder von ihm übernommene Verpflichtung zum Dienste erfüllt haben würde.

§ 77.

Wer von dem Vorhaben einer Fahnenflucht zu einer Zeit, in welcher deren Verhütung möglich ist, glaubhafte Kenntniß erhält und es unterläßt, hiervon seinem Vorgesetzten rechtzeitig Anzeige zu machen, ist, wenn die Fahnenflucht begangen worden, mit Freiheitsstrafe*) bis zu sechs Monaten und, wenn die Fahnenflucht im Felde begangen worden, mit Freiheitsstrafe*) von Einem Jahre bis zu drei Jahren zu bestrafen.

§ 78.

Wer einen Anderen zur Fahnenflucht vorsätzlich verleitet oder die Fahnenflucht desselben vorsätzlich befördert, wird, wenn die Fahnenflucht erfolgt ist, mit Gefängniß von sechs Monaten bis zu zwei Jahren, im Felde mit Gefängniß von fünf bis zu zehn Jahren bestraft; zugleich kann auf Versetzung in die zweite Klasse des Soldatenstandes erkannt werden.

Der Versuch ist strafbar.

§ 79.

Ein Gefangener, welcher sich selbst befreit, wird, wenn nicht die härtere Strafe der Fahnenflucht verwirkt ist, mit Freiheitsstrafe*) bis zu sechs Monaten bestraft.

§ 80.

Ein Offizier, welcher während der Verbüßung des Stubenarrestes

*) Freiheitsstrafe ist bis zu 6 (resp. 4) Wochen Arrest, darüber hinaus Gefängniß oder Festungshaft. (§§ 16, 17, 24.)

eigenmächtig seine Wohnung verläßt, wird mit Freiheitsstrafe*) bis zu sechs Monaten bestraft; zugleich ist auf Dienstentlassung zu erkennen.

Ein Offizier, welcher während der Verbüßung des Stubenarrestes dem Verbot des § 23 zuwider Besuche annimmt, wird mit Freiheitsstrafe*) bis zu sechs Monaten bestraft; in schweren Fällen ist zugleich auf Dienstentlassung zu erkennen.

Vierter Abschnitt.

Selbstbeschädigung und Vorschützung von Gebrechen.

§ 81.

Wer sich vorsätzlich durch Selbstverstümmelung oder auf andere Weise zur Erfüllung seiner gesetzlichen oder von ihm übernommenen Verpflichtung zum Dienste untauglich macht oder durch einen Anderen untauglich machen läßt, wird mit Gefängniß von Einem Jahre bis zu fünf Jahren bestraft; zugleich ist auf Versetzung in die zweite Klasse des Soldatenstandes zu erkennen.

Wird durch die Handlung die Unfähigkeit zu Arbeiten für militärische Zwecke verursacht, so ist die an sich verwirkte Gefängnißstrafe um die Dauer von drei Monaten bis zu Einem Jahre zu erhöhen; zugleich ist auf Entfernung aus dem Heer oder der Marine zu erkennen.

Der Versuch ist strafbar.

§ 82.

Dieselben Freiheitsstrafen (§ 81) treffen denjenigen, welcher einen Anderen auf dessen Verlangen zur Erfüllung seiner gesetzlichen oder von ihm übernommenen Verpflichtung zum Dienste untauglich macht; zugleich kann auf Versetzung in die zweite Klasse des Soldatenstandes erkannt werden.

§ 83.

Wer in der Absicht, sich der Erfüllung seiner gesetzlichen oder von ihm übernommenen Verpflichtung zum Dienste ganz oder theil-

*) Freiheitsstrafe ist hier bis zu 6 Wochen Stubenarrest, darüber hinaus Gefängniß oder Festungshaft. (§§ 16, 17, 20.)

weise zu entziehen, ein auf Täuschung berechnetes Mittel anwendet, wird mit Freiheitsstrafe*) bis zu fünf Jahren bestraft; zugleich kann auf Versetzung in die zweite Klasse des Soldatenstandes erkannt werden.

Dieselbe Strafvorschrift findet auf den Theilnehmer Anwendung.

Fünfter Abschnitt.

Feigheit.

§ 84.

Wer während des Gefechts aus Feigheit die Flucht ergreift und die Kameraden durch Worte oder Zeichen zur Flucht verleitet, wird mit dem Tode bestraft.

§ 85.

Mit Zuchthaus bis zu fünf Jahren wird bestraft, wer aus Feigheit

1) bei dem Vormarsche zum Gefecht, während des Gefechts oder auf dem Rückzuge von seinem Truppentheile heimlich zurückbleibt, von demselben sich wegschleicht oder sich versteckt hält, die Flucht ergreift, seine Waffen oder Munition wegwirft oder im Stiche läßt, oder sein Pferd oder seine Waffen unbrauchbar macht, oder
2) durch Vorschützung einer Verwundung oder eines Leidens, oder durch absichtlich veranlaßte Trunkenheit sich dem Gefechte oder vor dem Feinde einer sonstigen, mit Gefahr für seine Person verbundenen Dienstleistung zu entziehen sucht.

In minder schweren Fällen tritt Gefängniß von Einem Jahre bis zu fünf Jahren und Versetzung in die zweite Klasse des Soldatenstandes ein.

§ 86.

Ist in den Fällen des § 85 durch die Feigheit ein erheblicher Nachtheil verursacht worden, so tritt Zuchthaus nicht unter fünf

*) Freiheitsstrafe ist bis zu 6 (resp. 4) Wochen Arrest, darüber hinaus Gefängniß oder Festungshaft. (§§ 16, 17, 24.)

Jahren, und wenn der Tod eines Menschen verursacht worden, Zuchthaus nicht unter zehn Jahren oder lebenslängliches Zuchthaus ein.

§ 87.

Wer in anderen, als den in den §§ 84 und 85 benannten Fällen aus Besorgniß vor persönlicher Gefahr eine militärische Dienstpflicht verletzt, wird mit Freiheitsstrafe*) bis zu drei Jahren bestraft; zugleich kann auf Versetzung in die zweite Klasse des Soldatenstandes erkannt werden.

§ 88.

Hat der Thäter in den Fällen der §§ 85 und 86 nach der That hervorragende Beweise von Muth abgelegt, so kann die Strafe unter den Mindestbetrag der angedrohten Freiheitsstrafe ermäßigt und in den Fällen der §§ 85 und 87 von der Bestrafung gänzlich abgesehen werden.

Sechster Abschnitt.

Strafbare Handlungen gegen die Pflichten der militärischen Unterordnung.

§ 89.

Wer im Dienste oder in Beziehung auf eine Diensthandlung die dem Vorgesetzten schuldige Achtung verletzt, insbesondere laut Beschwerde oder gegen einen Verweis Widerrede führt, wird mit Arrest bestraft.

Wird die Achtungsverletzung unter dem Gewehr oder vor versammelter Mannschaft begangen, oder stellt sich dieselbe als eine Drohung dar, so ist auf strengen Arrest nicht unter vierzehn Tagen, oder auf Gefängniß**) oder Festungshaft**) bis zu drei Jahren zu erkennen.

§ 90.

Wer auf Befragen in dienstlichen Angelegenheiten dem Vorgesetzten wissentlich die Unwahrheit sagt, wird mit Arrest bestraft.

---

*) Freiheitsstrafe ist bis zu 6 (resp. 4) Wochen Arrest, darüber hinaus Gefängniß oder Festungshaft. (§§ 16, 17, 24.)

**) Gefängniß und Festungshaft für militärische Verbrechen und Vergehen beginnen mit sechs Wochen einem Tage (da wo die Arreststrafen aufhören). §§ 16, 17.

§ 91.

Wer einen Vorgesetzten oder im Dienstrange Höheren beleidigt, wird mit Freiheitsstrafe*) bis zu zwei Jahren und, wenn die Beleidigung im Dienste oder in Beziehung auf eine Diensthandlung begangen, mit Freiheitsstrafe*) bis zu drei Jahren bestraft.

Ist die Beleidigung durch Verbreitung von Schriften, Darstellungen oder Abbildungen begangen, so ist auf Gefängniß**) oder Festungshaft**) bis zu fünf Jahren zu erkennen.

Ist die Beleidigung eine verleumderische, so tritt Gefängniß**) bis zu fünf Jahren ein.

§ 92.

Ungehorsam gegen einen Befehl in Dienstsachen durch Nichtbefolgung oder durch eigenmächtige Abänderung oder Ueberschreitung desselben wird mit Arrest bestraft.

§ 93.

Wird durch den Ungehorsam ein erheblicher Nachtheil verursacht, so tritt strenger Arrest nicht unter vierzehn Tagen oder Gefängniß**) oder Festungshaft**) bis zu zehn Jahren, im Felde Freiheitsstrafe*) nicht unter Einem Jahre oder lebenslängliche Freiheitsstrafe ein.

Wird durch den Ungehorsam die Gefahr eines erheblichen Nachtheils herbeigeführt, so tritt Freiheitsstrafe*) bis zu zwei Jahren, im Felde Freiheitsstrafe*) von drei Monaten bis zu drei Jahren ein.

§ 94.

Wer den Gehorsam ausdrücklich verweigert oder seinen Ungehorsam sonst durch Worte, Geberden oder andere Handlungen zu erkennen giebt, ingleichen wer den Vorgesetzten über einen von ihm erhaltenen Dienstbefehl oder Verweis zur Rede stellt, oder auf wiederholt erhaltenen Befehl in Dienstsachen im Ungehorsam beharrt, wird mit strengem Arrest nicht unter vierzehn Tagen oder mit Gefängniß**) oder Festungshaft**) bis zu drei Jahren bestraft.

§ 95.

Wird eine der in dem § 94 bezeichneten Handlungen vor ver-

*) Freiheitsstrafe ist bis zu 6 Wochen Arrest, darüber hinaus Gefängniß oder Festungshaft. (§§ 16, 17, 24.)

**) Gefängniß und Festungshaft für militärische Verbrechen und Vergehen beginnen mit sechs Wochen einem Tage (da wo die Arreststrafen aufhören). §§ 16, 17.

sammelter Mannschaft oder gegen den Befehl, unter das Gewehr zu treten oder unter dem Gewehr begangen, so tritt Gefängniß*) oder Festungshaft*) bis zu fünf Jahren, im Felde Gefängniß oder Festungshaft nicht unter Einem Jahre ein.

Ist eine solche Handlung vor dem Feinde begangen, so tritt Freiheitsstrafe**) nicht unter zehn Jahren ein. Besteht die Handlung darin, daß der Gehorsam gegen einen vor dem Feinde ertheilten Befehl durch Wort oder That ausdrücklich verweigert wird, so tritt Todesstrafe, in minder schweren Fällen Freiheitsstrafe nicht unter zehn Jahren oder lebenslängliche Freiheitsstrafe ein.

§ 96.

Wer es unternimmt, einen Vorgesetzten mittels Gewalt oder Drohung an der Ausführung eines Dienstbefehls zu hindern oder zur Vornahme oder Unterlassung einer Diensthandlung zu nöthigen, wird wegen Widersetzung mit Freiheitsstrafe**) von sechs Monaten bis zu zehn Jahren, im Felde mit Gefängniß nicht unter zwei Jahren bestraft.

Dieselbe Strafe tritt ein, wenn die Handlung gegen die zur Unterstützung des Vorgesetzten befehligten oder zugezogenen Mannschaften begangen wird.

§ 97.

Wer sich an einem Vorgesetzten thätlich vergreift oder einen thätlichen Angriff gegen denselben unternimmt, wird mit Freiheitsstrafe***) nicht unter drei Jahren, in minder schweren Fällen mit Freiheitsstrafe***) nicht unter Einem Jahre bestraft. Wird die Handlung unter dem Gewehr oder sonst im Dienste, oder vor versammelter Mannschaft, oder mit einer Waffe oder einem anderen gefährlichen Werkzeuge ausgeführt, so tritt Freiheitsstrafe***) nicht unter fünf Jahren, in minder schweren Fällen Freiheitsstrafe***) nicht unter zwei Jahren ein.

Statt auf Gefängniß oder Festungshaft ist auf Zuchthaus von

---

*) Gefängniß und Festungshaft für militärische Verbrechen und Vergehen beginnen mit sechs Wochen einem Tage (da wo die Arreststrafen aufhören.) §§ 16, 17.

**) Freiheitsstrafe ist bis zu 6 Wochen Arrest, darüber hinaus Gefängniß oder Festungshaft, (§§ 16, 17, 24.)

***) Freiheitsstrafe ist hier Gefängniß oder Festungshaft, (§ 17.)

gleicher Dauer zu erkennen, wenn die Thätlichkeit eine schwere Körperverletzung oder den Tod des Vorgesetzten verursacht hat.

Ist die Thätlichkeit im Felde begangen, so tritt Todesstrafe, in minder schweren Fällen oder wenn die Thätlichkeit außer dem Dienste begangen ist, Freiheitsstrafe*) nicht unter zehn Jahren oder lebenslängliche Freiheitsstrafe ein.

Neben Gefängniß und neben Festungshaft ist auf Dienstentlassung zu erkennen.

§ 98.

Ist ein Untergebener dadurch, daß der Vorgesetzte ihn vorschriftswidrig behandelt oder die Grenzen seiner Dienstgewalt überschritten hat, gereizt und auf der Stelle zu einer der in den §§ 89—97 bezeichneten strafbaren Handlungen hingerissen worden, so ist, wenn die Handlung mit dem Tode oder mit lebenslänglicher Freiheitsstrafe bedroht ist, auf Freiheitsstrafe*) nicht unter drei Jahren zu erkennen; ist zeitige Freiheitsstrafe angedroht, so kann die Strafe bis zur Hälfte des Mindestbetrages der angedrohten Freiheitsstrafe, und wenn diese Hälfte mehr als Ein Jahr beträgt, bis auf die Dauer Eines Jahres ermäßigt, gegen Offiziere auch von der Dienstentlassung abgesehen werden.

Stellt sich die Handlungsweise des Vorgesetzten als eine Mißhandlung oder sonst als herabwürdigende Behandlung des Untergebenen dar, so kann die Strafe, wo die Hälfte des Mindestbetrages der angedrohten Strafe mehr als sechs Monate beträgt, auf die Dauer von sechs Monaten ermäßigt werden; die Strafe darf nicht den dritten Theil des Höchstbetrages der angedrohten Strafe übersteigen.

§ 99.

Wer eine Person des Soldatenstandes zur Verweigerung des Gehorsams, zur Widersetzung oder zu einer Thätlichkeit gegen den Vorgesetzten auffordert oder anreizt, ist gleich dem Anstifter zu bestrafen, wenn die Aufforderung oder Anreizung die strafbare Handlung oder einen strafbaren Versuch derselben zur Folge gehabt hat.

Ist die Aufforderung oder Anreizung ohne Erfolg geblieben, so

*) Freiheitsstrafe ist hier: Gefängniß oder Festungshaft. (§ 17.)

ist auf Freiheitsstrafe*) bis zu zwei Jahren, im Felde auf mittleren oder strengen Arrest oder auf Gefängniß**) oder Festungshaft**) bis zu fünf Jahren zu erkennen. Die Strafe darf jedoch, der Art oder dem Maße nach, keine schwerere sein, als die auf die Handlung selbst angedrohte.

§ 100.

Wer mehrere Personen des Soldatenstandes auffordert oder anreizt, gemeinschaftlich entweder dem Vorgesetzten den Gehorsam zu verweigern, oder sich ihm zu widersetzen oder eine Thätlichkeit gegen denselben zu begehen, wird ohne Rücksicht darauf, ob ein Erfolg eingetreten ist, wegen Aufwiegelung mit Gefängniß nicht unter fünf Jahren bestraft.

Ist durch die Handlung ein erheblicher Nachtheil für den Dienst verursacht worden, so tritt Gefängniß nicht unter zehn Jahren ein; im Felde kann auf lebenslängliches Gefängniß erkannt werden.

§ 101.

Wer unbefugt eine Versammlung von Personen des Soldatenstandes behufs Berathung über militärische Angelegenheiten oder Einrichtungen veranstaltet, oder zu einer gemeinsamen Vorstellung oder Beschwerde über solche Angelegenheiten oder Einrichtungen Unterschriften sammelt, wird mit Freiheitsstrafe*) bis zu drei Jahren bestraft; zugleich kann auf Dienstentlassung erkannt werden.

Die an einer solchen Versammlung, Vorstellung oder Beschwerde Betheiligten werden mit Freiheitsstrafe*) bis zu sechs Monaten bestraft.

§ 102.

Wer es unternimmt, Mißvergnügen in Beziehung auf den Dienst unter seinen Kameraden zu erregen, wird, wenn dies durch mündliche Aeußerungen geschieht, mit Freiheitsstrafe*) bis zu drei Jahren bestraft.

Ist die Handlung durch Verbreitung von Schriften, Darstellungen oder Abbildungen oder ist sie im Felde begangen, so ist auf

---

*) Freiheitsstrafe ist bis zu 6 Wochen Arrest, darüber hinaus Gefängniß oder Festungshaft. (§§ 16, 17, 24.)

**) Gefängniß und Festungshaft für militärische Verbrechen und Vergehen beginnen mit sechs Wochen einem Tage (da wo die Arreststrafen aufhören). §§ 16, 17.

mittleren oder strengen Arrest nicht unter vierzehn Tagen oder auf Gefängniß*) oder Festungshaft*) bis zu fünf Jahren zu erkennen.

§ 103.

Verabreden Mehrere eine gemeinschaftliche Verweigerung des Gehorsams oder eine gemeinschaftliche Widersetzung oder Thätlichkeit gegen den Vorgesetzten, so werden dieselben wegen Meuterei bestraft. Die Strafe ist nach demjenigen Gesetze festzusetzen, welches auf die Handlung Anwendung findet, deren Begehung verabredet worden ist, und zugleich um die Dauer von drei Monaten bis zu zwei Jahren zu erhöhen.

Ist in Folge der Verabredung die strafbare Handlung begangen worden, so ist die Strafe, mit welcher die Handlung bedroht ist, nach § 53 zu erhöhen, wenn die hiernach zulässige Strafe höher ist, als die nach den Bestimmungen des ersten Absatzes verwirkte Strafe.

§ 104.

Wer von einer Meuterei zu einer Zeit, in welcher die Verhütung der verabredeten strafbaren Handlung möglich ist, glaubhafte Kenntniß erhält und es unterläßt, hiervon rechtzeitig Anzeige zu machen, wird, wenn die verabredete strafbare Handlung begangen worden ist, mit Freiheitsstrafe**) bis zu drei Jahren bestraft.

§ 105.

Straflosigkeit tritt für den an der Meuterei Betheiligten ein, welcher von der Meuterei zu einer Zeit, wo die Dienstbehörde nicht schon anderweit davon unterrichtet ist, in einer Weise Anzeige macht, daß die Verhütung der verabredeten Handlung möglich ist.

§ 106.

Wenn Mehrere sich zusammenrotten und mit vereinten Kräften es unternehmen, dem Vorgesetzten den Gehorsam zu verweigern, sich ihm zu widersetzen oder eine Thätlichkeit gegen denselben zu begehen, so wird jeder, welcher an der Zusammenrottung Theil nimmt, wegen militärischen Aufruhrs mit Gefängniß nicht unter fünf Jahren, im

---

*) Gefängniß und Festungshaft für militärische Verbrechen und Vergehen beginnen mit sechs Wochen einem Tage (da wo die Arreststrafen aufhören). §§ 16, 17.

**) Freiheitsstrafe ist bis zu 6 Wochen Arrest, darüber hinaus Gefängniß oder Festungshaft. (§§ 16, 17, 24.)

Felde mit Gefängniß nicht unter zehn Jahren bestraft; zugleich ist auf Versetzung in die zweite Klasse des Soldatenstandes zu erkennen.

§ 107.

Die Rädelsführer und Anstifter eines militärischen Aufruhrs, sowie diejenigen Aufrührer, welche eine Gewaltthätigkeit gegen den Vorgesetzten begehen, werden mit Zuchthaus nicht unter fünf Jahren oder mit lebenslänglichem Zuchthaus, und wenn der Aufruhr im Felde begangen wird, mit dem Tode bestraft.

§ 108.

Wird der militärische Aufruhr vor dem Feinde begangen, so tritt gegen sämmtliche Betheiligte die Todesstrafe ein.

§ 109.

Die an einem militärischen Aufruhr Betheiligten, welche zur Ordnung zurückkehren, bevor es zu einer Gewaltthätigkeit gegen den Vorgesetzten gekommen, werden mit Gefängniß*) oder Festungshaft*) bis zu zwei Jahren bestraft, wenn sie nicht Anstifter oder Rädelsführer sind.

Ist in einem solchen Falle die Rückkehr zur Ordnung von allen an dem Aufruhr Betheiligten erfolgt, so ist gegen Anstifter und Rädelsführer auf Gefängniß oder Festungshaft von zwei bis zu fünf Jahren zu erkennen.

§ 110.

Dem Anstifter eines militärischen Aufruhrs gleich zu bestrafen ist derjenige an dem Aufruhr Betheiligte, welcher

1) persönlich von dem Vorgesetzten zum Gehorsam aufgefordert, diesen durch Wort oder That ausdrücklich verweigert,
2) durch Mißbrauch militärischer Signale oder durch Aufruhrzeichen den Aufruhr befördert, oder
3) unter den Aufrührern den höchsten Dienstrang einnimmt.

§ 111.

Wer gegen eine militärische Wache die ihr schuldige Achtung verletzt oder sich einer Beleidigung, eines Ungehorsams, einer Wider-

*) Gefängniß und Festungshaft für militärische Verbrechen und Vergehen beginnen mit sechs Wochen einem Tage (da wo die Arreststrafen aufhören). §§ 16, 17.

setzung oder einer Thätlichkeit schuldig macht, wird ebenso bestraft, als wenn er die Handlung gegen einen Vorgesetzten begangen hätte.

Als militärische Wache, im Sinne dieses Gesetzes, sind anzusehen alle zum Wacht- oder militärischen Sicherheitsdienst befehligten Personen des Soldatenstandes, mit Einschluß der Feldgendarmen und des Personals der Stabswache der Marine, welche in Ausübung dieses Dienstes begriffen und als solche äußerlich erkennbar sind.

§ 112.

Wer einen Vorgesetzten oder einen im Dienstrange Höheren aus dienstlicher Veranlassung zum Zweikampfe herausfordert, wird mit Freiheitsstrafe*) nicht unter Einem Jahre, und, wenn der Zweikampf vollzogen wird, mit Freiheitsstrafe*) nicht unter drei Jahren bestraft; zugleich ist auf Dienstentlassung zu erkennen.

Gleiche Strafen treffen den Vorgesetzten, welcher die Herausforderung annimmt oder den Zweikampf vollzieht.

§ 113.

Eine Person des Beurlaubtenstandes wird, auch während sie sich nicht im Dienste befindet, nach den Vorschriften dieses Abschnitts bestraft, wenn sie dem § 101 zuwiderhandelt, oder eine andere der in diesem Abschnitte vorgesehenen strafbaren Handlungen im dienstlichen Verkehr mit dem Vorgesetzten oder in der Militäruniform begeht, oder wenn sie sich des Ungehorsams oder der Widersetzung gegen einen rechtmäßigen Befehl in dienstlichen Angelegenheiten schuldig macht.

Siebenter Abschnitt.

Mißbrauch der Dienstgewalt.

§ 114.

Wer seine Dienstgewalt über einen Untergebenen zu Befehlen oder Forderungen, die in keiner Beziehung zum Dienste stehen, oder zu Privatzwecken mißbraucht, ingleichen wer von dem Untergebenen Geschenke fordert, von ihm, ohne Vorwissen des gemeinschaftlichen Vorgesetzten, Geld borgt oder Geschenke annimmt, oder den Unter-

*) Freiheitsstrafe ist hier Gefängniß oder Festungshaft. (§ 17.)

gebenen sonst durch seine dienstliche Stellung veranlaßt, gegen ihn Verbindlichkeiten einzugehen, die demselben nachtheilig sind oder auf das gegenseitige Dienstverhältniß von nachtheiligem Einflusse sein können, wird mit Gefängniß*) oder Festungshaft*) bis zu zwei Jahren, in minder schweren Fällen mit Arrest bestraft.

In schwereren Fällen, insbesondere im Rückfalle, kann zugleich auf Dienstentlassung oder Degradation erkannt werden.

§ 115.

Wer durch Mißbrauch seiner Dienstgewalt oder seiner dienstlichen Stellung einen Untergebenen zu einer von demselben begangenen, mit Strafe bedrohten Handlung vorsätzlich bestimmt hat, wird als Thäter oder als Anstifter mit erhöhter Strafe belegt.

§ 116.

Wer es unternimmt, durch Mißbrauch seiner Dienstgewalt oder seiner dienstlichen Stellung einen Untergebenen zur Begehung einer mit Strafe bedrohten Handlung zu bestimmen, wird mit Freiheitsstrafe**) bis zu Einem Jahre bestraft.

§ 117.

Ein Vorgesetzter, welcher einen oder mehrere Untergebene mit Androhung nachtheiliger Folgen oder durch andere widerrechtliche Mittel von dem Führen oder Verfolgen von Beschwerden abzuhalten sucht, oder eine an ihn vorschriftsmäßig gelangte Beschwerde, zu deren Weiterbeförderung oder Untersuchung er verpflichtet ist, unterdrückt oder zu unterdrücken versucht, wird mit Freiheitsstrafe**) bis zu fünf Jahren bestraft; zugleich kann auf Dienstentlassung oder Degradation erkannt werden.

§ 118.

Wer vorsätzlich seine Strafbefugnisse überschreitet, insbesondere wer wissentlich unverdiente oder unerlaubte Strafen verhängt, wird mit Gefängniß*) bis zu fünf Jahren bestraft; zugleich kann auf Dienstentlassung erkannt werden.

---

*) Gefängniß und Festungshaft für militärische Verbrechen und Vergehen beginnen mit sechs Wochen einem Tage (da wo die Arreststrafen aufhören). §§ 16, 17.

**) Freiheitsstrafe ist bis zu 6 Wochen Arrest, darüber hinaus Gefängniß oder Festungshaft. (§§ 16, 17, 24.)

§ 119.

Wer vorsätzlich einen gesetzwidrigen Einfluß auf die Rechtspflege ausübt, wird mit Gefängniß*) bis zu fünf Jahren bestraft; zugleich kann auf Dienstentlassung oder Degradation erkannt werden.

In minder schweren Fällen ist auf Festungshaft*) bis zu fünf Jahren zu erkennen.

§ 120.

Wer unbefugt eine Handlung vornimmt, die nur kraft einer Befehlsbefugniß oder Strafgewalt vorgenommen werden darf, wird mit Freiheitsstrafe**) bis zu Einem Jahre bestraft.

§ 121.

Wer einen Untergebenen beleidigt oder einer vorschriftswidrigen Behandlung desselben sich schuldig macht, wird mit Freiheitsstrafe**) bis zu zwei Jahren bestraft.

Ist die Beleidigung eine verleumderische, so tritt Gefängniß*) bis zu fünf Jahren ein.

§ 122.

Wer vorsätzlich einen Untergebenen stößt oder schlägt, oder auf andere Weise körperlich mißhandelt oder an der Gesundheit beschädigt, wird mit Gefängniß*) oder Festungshaft*) bis zu drei Jahren bestraft; in minder schweren Fällen kann die Strafe bis auf Eine Woche Arrest ermäßigt werden.

Auch kann, im wiederholten Rückfalle muß neben Gefängniß oder Festungshaft, auf Dienstentlassung oder Degradation erkannt werden.

§ 123.

Ist durch die Handlung eine schwere Körperverletzung des Untergebenen verursacht worden, so tritt Zuchthaus bis zu fünf Jahren, in minder schweren Fällen Gefängniß oder Festungshaft von sechs Monaten bis zu fünf Jahren ein.

War die schwere Körperverletzung beabsichtigt und eingetreten, so ist auf Zuchthaus von zwei bis zu zehn Jahren zu erkennen.

---

*) Gefängniß und Festungshaft für militärische Verbrechen und Vergehen beginnen mit sechs Wochen einem Tage (da wo die Arreststrafen aufhören). §§ 16, 17.

**) Freiheitsstrafe ist bis zu 6 Wochen Arrest, darüber hinaus Gefängniß oder Festungshaft. (§§ 16, 17, 24.)

Ist durch die Körperverletzung (§ 122) der Tod des Untergebenen verursacht worden, so tritt Zuchthaus nicht unter drei Jahren, in minder schweren Fällen Gefängniß oder Festungshaft nicht unter Einem Jahre ein.

§ 124.

Diejenigen Handlungen, welche der Vorgesetzte begeht, um einen thätlichen Angriff des Untergebenen abzuwehren, oder um seinen Befehlen im Fall der äußersten Noth und dringendsten Gefahr Gehorsam zu verschaffen, sind nicht als Mißbrauch der Dienstgewalt anzusehen.

Dies gilt namentlich auch für den Fall, wenn ein Offizier in Ermangelung anderer Mittel, den durchaus nothwendigen Gehorsam zu erhälten, sich in der Lage befunden hat, gegen den thätlich sich ihm widersetzenden Untergebenen von der Waffe Gebrauch zu machen.

§ 125.

Eine militärische Wache, welche eine der in den §§ 114—116, 118—123 bezeichneten Handlungen begeht, wird ebenso bestraft, als wenn ein Vorgesetzter diese Handlung begangen hätte. Ist die Handlung gegen eine solche Person begangen, die außer dem Dienstverhältnisse der Wache deren Vorgesetzter ist, so tritt erhöhte Strafe ein.

Die in dem § 124 enthaltene Vorschrift findet auch hier Anwendung.

§ 126.

Eine Person des Beurlaubtenstandes wird, auch während sie sich nicht im Dienste befindet, nach den Vorschriften dieses Abschnitts bestraft, wenn sie eine der in demselben vorgesehenen strafbaren Handlungen im dienstlichen Verkehr mit dem Untergebenen oder in der Militäruniform begeht.

Achter Abschnitt.

Widerrechtliche Handlungen im Felde gegen Personen oder Eigenthum.

§ 127.

Begeht eine Person des Soldatenstandes im Felde einen Diebstahl, eine Unterschlagung, eine Körperverletzung oder ein Verbrechen oder Vergehen wider die Sittlichkeit, so ist die Verfolgung der strafbaren Handlung unabhängig von dem Antrage des Verletzten oder einer anderen zum Antrage berechtigten Person.

§ 128.

Wer im Felde, um Beute zu machen, sich von der Truppe eigenmächtig entfernt, oder Sachen, welche an sich dem Beuterecht unterworfen sind, eigenmächtig zur Beute macht, wird mit Freiheitsstrafe*) bis zu drei Jahren bestraft; zugleich kann auf Versetzung in die zweite Klasse des Soldatenstandes erkannt werden.

Gleiche Strafe trifft denjenigen, welcher rechtmäßig von ihm erbeutetes Gut, das er abzuliefern verpflichtet ist, sich rechtswidrig zueignet.

§ 129.

Der Plünderung macht sich schuldig, wer im Felde unter Benutzung des Kriegsschreckens oder unter Mißbrauch seiner militärischen Ueberlegenheit

1) in der Absicht rechtswidriger Zueignung eine Sache der Landeseinwohner offen wegnimmt oder denselben abnöthigt, oder
2) unbefugt Kriegsschatzungen oder Zwangslieferungen erhebt oder das Maß der von ihm vorzunehmenden Requisitionen überschreitet, wenn dies des eigenen Vortheils wegen geschieht.

§ 130.

Als eine Plünderung ist es nicht anzusehen, wenn die Aneignung nur auf Lebensmittel, Heilmittel, Bekleidungsgegenstände, Feuerungsmittel, Fourage oder Transportmittel sich erstreckt und nicht außer Verhältniß zu dem vorhandenen Bedürfnisse steht.

§ 131.

Die Plünderung wird mit Gefängniß**) bis zu fünf Jahren und mit Versetzung in die zweite Klasse des Soldatenstandes bestraft.

§ 132.

Boshafte oder muthwillige Verheerung oder Verwüstung frem-

---

*) Freiheitsstrafe ist bis zu 6 Wochen Arrest, darüber hinaus Gefängniß oder Festungshaft. (§§ 16, 17, 24.)

**) Gefängniß für militärische Verbrechen und Vergehen beginnt mit sechs Wochen einem Tage (da wo die Arreststrafen aufhören). §§ 16, 17.

der Sachen im Felde wird mit Freiheitsstrafe*) bis zu zwei Jahren, in schweren Fällen der Plünderung gleich bestraft.

§ 133.

Wird die Plünderung oder eine ihr gleich zu bestrafende Handlung unter Gewaltthätigkeit gegen eine Person begangen, so ist auf Zuchthaus bis zu zehn Jahren zu erkennen. Ist durch die Gewaltthätigkeit eine schwere Körperverletzung verursacht worden, so tritt Zuchthaus nicht unter zehn Jahren und, wenn der Tod eines Menschen verursacht worden ist, Todesstrafe, in minder schweren Fällen lebenslängliches Zuchthaus ein.

In gleicher Weise werden die Rädelsführer bestraft, wenn die That von Mehreren begangen wird. Diejenigen, welche sich an einer solchen That betheiligen, ohne selbst eine Gewaltthätigkeit gegen eine Person zu begehen, trifft Gefängniß**) bis zu zehn Jahren; zugleich ist auf Versetzung in die zweite Klasse des Soldatenstandes zu erkennen.

§ 134.

Wer im Felde in der Absicht rechtswidriger Zueignung einem auf dem Kampfplatze gebliebenen Angehörigen der deutschen oder verbündeten Truppen eine Sache abnimmt, oder einem Kranken oder Verwundeten auf dem Kampfplatze, auf dem Marsche, auf dem Transporte oder im Lazareth, oder einem seinem Schutze anvertrauten Kriegsgefangenen eine Sache wegnimmt oder abnöthigt, wird mit Zuchthaus bis zu zehn Jahren, in minder schweren Fällen mit Gefängniß**) bis zu fünf Jahren und Versetzung in die zweite Klasse des Soldatenstandes bestraft; zugleich kann auf Verlust der bürgerlichen Ehrenrechte erkannt werden.

§ 135.

Wer im Felde als Nachzügler Bedrückungen gegen die Landeseinwohner begeht, wird wegen Marodirens mit Gefängniß von sechs Monaten bis zu fünf Jahren bestraft; zugleich kann auf Versetzung in die zweite Klasse des Soldatenstandes erkannt werden.

---

*) Freiheitsstrafe ist bis zu 6 Wochen 1 Tage Arrest, darüber hinaus Gefängnis oder Festungshaft. (§§ 16, 17, 24.)

**) Gefängniß beginnt mit sechs Wochen einem Tage (da wo die Arreststrafen aufhören). §§ 16, 17.

Wird die Handlung von Mehreren begangen, die sich zur fortgesetzten Bedrückung des Landeseinwohner verbunden haben, oder artet dieselbe in eine Plünderung oder in eine derselben gleich zu bestrafende Handlung aus, so tritt gegen jeden Betheiligten Zuchthaus bis zu zehn Jahren ein.

§ 136.

Wird eine nach den §§ 129—133 und 135 strafbare Handlung gegen einen Deutschen oder einen Angehörigen eines verbündeten Staates begangen, so ist auf erhöhte Strafe und, wenn in den allgemeinen Strafgesetzen eine härtere Strafe angedroht ist, auf diese letztere zu erkennen.

Neunter Abschnitt.

Andere widerrechtliche Handlungen gegen das Eigenthum.

§ 137.

Wer vorsätzlich und rechtswidrig einen Dienstgegenstand beschädigt, zerstört oder preisgiebt, wird mit Freiheitsstrafe*) bis zu zwei Jahren bestraft; in besonders schweren Fällen kann zugleich auf Versetzung in die zweite Klasse des Soldatenstandes erkannt werden.

§ 138.

Wer bei Ausübung des Dienstes oder unter Verletzung eines militärischen Dienstverhältnisses sich eines Diebstahls oder einer Unterschlagung an Sachen schuldig macht, welche ihm vermöge des Dienstes oder jenes Verhältnisses zugänglich oder anvertraut sind, wird mit mittlerem oder strengem Arrest nicht unter vierzehn Tagen oder mit Gefängniß**) bis zu fünf Jahren bestraft; zugleich kann auf Verlust der bürgerlichen Ehrenrechte erkannt werden. Gleiche Strafe trifft denjenigen, welcher einen Diebstahl oder eine Unterschlagung gegen einen Vorgesetzten oder einen Kameraden, gegen seinen Quartierwirth oder eine zu dessen Hausstand gehörige Person begeht.

---

*) Freiheitsstrafe ist bis zu 6 Wochen Arrest, darüber hinaus Gefängniß oder Festungshaft. (§§ 16, 17, 24.)

**) Gefängniß für militärische Verbrechen und Vergehen beginnt mit sechs Wochen einem Tage (da wo die Arreststrafen aufhören). §§ 16, 17.

Ist die Handlung ein Verbrechen im Sinne der allgemeinen Strafgesetze, so ist auf die in diesen Gesetzen angedrohte Strafe zu erkennen.

Zehnter Abschnitt.

Verletzung von Dienstpflichten bei Ausübung besonderer Dienstverrichtungen.

§ 139.

Wer vorsätzlich unrichtige Dienstatteste ausstellt oder Rapporte, dienstliche Meldungen oder dienstliche Berichte unrichtig abstattet, oder solche wissentlich weiter befördert, wird mit Gefängniß von sechs Monaten bis zu drei Jahren und mit Versetzung in die zweite Klasse des Soldatenstandes bestraft. In minder schweren Fällen tritt mittlerer oder strenger Arrest oder Gefängniß*) oder Festungshaft*) bis zu sechs Monaten ein.

§ 140.

Wer für eine Handlung, die eine Verletzung einer Dienstpflicht enthält, Geschenke oder andere Vortheile annimmt, fordert oder sich versprechen läßt, wird wegen Bestechung mit Zuchthaus bis zu fünf Jahren bestraft. In minder schweren Fällen tritt Freiheitsstrafe**) bis zu drei Jahren ein; auch kann neben dem Gefängniß auf Versetzung in die zweite Klasse des Soldatenstandes erkannt werden.

§ 141.

Wer als Befehlshaber einer militärischen Wache, eines Kommandos oder einer Abtheilung, oder wer als Schildwache oder als Posten in schuldhafter Weise sich außer Stand setzt, den ihm obliegenden Dienst zu versehen, oder eigenmächtig seinen Posten verläßt oder sonst den ihm in Bezug auf jenen Dienst ertheilten Vorschriften entgegenhandelt, wird mit mittlerem oder strengem Arrest nicht unter vierzehn Tagen, im Felde mit mittlerem oder strengem

*) Gefängniß und Festungshaft für militärische Verbrechen und Vergehen beginnen mit sechs Wochen einem Tage (da wo die Arreststrafen aufhören). §§ 16, 17.

**) Freiheitsstrafe ist bis zu 6 Wochen Arrest, darüber hinaus Gefängniß oder Festungshaft. (§§ 16, 17, 24.)

Arrest nicht unter drei Wochen oder mit Gefängniß*) oder Festungshaft*) bis zu zwei Jahren bestraft.

Wird durch die Pflichtverletzung ein Nachtheil verursacht, so tritt Gefängniß*) oder Festungshaft*) bis zu drei Jahren, im Felde Gefängniß oder Festungshaft nicht unter drei Jahren, und wenn dieselbe vor dem Feinde begangen ist, Todesstrafe, in minder schweren Fällen Freiheitsstrafe**) nicht unter zehn Jahren oder lebenslängliche Freiheitsstrafe ein.

Wird durch die Pflichtverletzung im Felde die Gefahr eines erheblichen Nachtheils herbeigeführt, so tritt Freiheitsstrafe**) nicht unter Einem Jahre, und wenn die Pflichtverletzung vor dem Feinde begangen ist, Freiheitsstrafe**) nicht unter zehn Jahren ein.

§ 142.

Wer durch Fahrlässigkeit in der Wahrnehmung seines Dienstes eine erhebliche Beschädigung eines Schiffes oder dessen Zubehörs herbeiführt, wird mit Freiheitsstrafe**) bis zu drei Jahren bestraft; in schwereren Fällen kann zugleich auf Dienstentlassung erkannt werden.

§ 143.

Wer als Befehlshaber einer militärischen Wache, eines Kommandos oder einer Abtheilung, oder wer als Schildwache oder als Posten eine strafbare Handlung wissentlich begehen läßt, welche er verhindern konnte und zu verhindern dienstlich verpflichtet war, wird ebenso bestraft, als ob die Handlung von ihm selbst begangen wäre.

§ 144.

Wer einen Gefangenen, dessen Beaufsichtigung, Begleitung oder Bewachung ihm anvertraut ist, vorsätzlich entweichen läßt, oder dessen Befreiung vorsätzlich bewirkt oder befördert, ingleichen wer eine von seinem Vorgesetzten ihm befohlene oder eine ihm dienstlich obliegende Verhaftung vorsätzlich nicht zur Ausführung bringt, wird mit mittlerem oder strengem Arrest nicht unter vierzehn Tagen oder mit Ge-

*) Gefängniß und Festungshaft für militärische Verbrechen und Vergehen beginnen mit sechs Wochen einem Tage (da wo die Arreststrafen aufhören). §§ 16, 17.

**) Freiheitsstrafe ist bis zu 6 Wochen Arrest, darüber hinaus Gefängniß oder Festungshaft. (§§ 16, 17, 24.)

fängniß*) oder Festungshaft*) bis zu fünf Jahren bestraft; auch kann neben Gefängniß auf Versetzung in die zweite Klasse des Soldatenstandes erkannt werden.

Ist die Entweichung des Gefangenen nur durch Fahrlässigkeit befördert oder erleichtert worden, oder ist die Verhaftung nur aus Fahrlässigkeit unterblieben, so tritt Freiheitsstrafe**) bis zu sechs Monaten ein.

§ 145.

Eine Person des Soldatenstandes, welche bei einem ihr übertragenen Geschäfte der Heeres- oder Marineverwaltung eine Handlung begeht, welche im Sinne der allgemeinen Strafgesetze ein Verbrechen oder Vergehen im Amte darstellt, ist nach den in jenen Gesetzen für Beamte gegebenen Bestimmungen zu bestrafen.

Elfter Abschnitt.

Sonstige Handlungen gegen die militärische Ordnung.

§ 146.

Wer ohne Erlaubniß die Wache oder bei einem Kommando oder auf dem Marsche seinen Platz verläßt, wird mit Arrest bestraft; im Felde tritt mittlerer oder strenger Arrest oder Gefängniß*) oder Festungshaft*) bis zu sechs Monaten ein.

§ 147.

Wer die ihm obliegende Beaufsichtigung seiner Untergebenen in schuldhafter Weise verabsäumt, oder wer die ihm obliegende Meldung oder Verfolgung strafbarer Handlungen seiner Untergebenen vorsätzlich unterläßt, wird mit Freiheitsstrafe**) bis zu sechs Monaten bestraft; gegen Offiziere kann zugleich auf Dienstentlassung erkannt werden.

---

*) Gefängniß und Festungshaft für militärische Verbrechen und Vergehen beginnen mit sechs Wochen einem Tage (da wo die Arreststrafen aufhören.) §§ 16, 17.

**) Freiheitsstrafe ist bis zu 6 Wochen Arrest, darüber hinaus Gefängniß oder Festungshaft. (§§ 16, 17, 24.)

§ 148.

Wer durch unvorsichtige Behandlung von Waffen oder Munition einen Menschen körperlich verletzt, wird mit Freiheitsstrafe*) bis zu drei Jahren und, wenn der Tod eines Menschen verursacht worden ist, mit Gefängniß**) oder Festungshaft**) bis zu fünf Jahren bestraft.

§ 149.

Wer rechtswidrig von seiner Waffe Gebrauch macht, oder einen Untergebenen zum rechtswidrigen Waffengebrauche auffordert, wird vorbehaltlich der verwirkten höheren Strafe mit Gefängniß**) oder Festungshaft**) bis zu Einem Jahre bestraft.

§ 150.

Wer ohne die erforderliche dienstliche Genehmigung sich verheirathet, wird mit Festungshaft**) bis zu drei Monaten bestraft; zugleich kann auf Dienstentlassung erkannt werden.

Auf die Rechtsgültigkeit der geschlossenen Ehe ist der Mangel der dienstlichen Genehmigung ohne Einfluß.

§ 151.

Wer im Dienste oder, nachdem er zum Dienste befehligt worden, sich durch Trunkenheit zur Ausführung seiner Dienstverrichtung untauglich macht, wird mit mittlerem oder strengem Arrest oder mit Gefängniß**) oder Festungshaft**) bis zu Einem Jahre bestraft; zugleich kann auf Dienstentlassung erkannt werden.

§ 152.

Wer wider besseres Wissen eine auf unwahre Behauptungen gestützte Beschwerde anbringt, wird mit Freiheitsstrafe*) bis zu Einem Jahre bestraft.

Wer wiederholt und leichtfertig auf unwahre Behauptungen gestützte Beschwerden oder wer eine Beschwerde unter Abweichung von dem vorgeschriebenen Dienstwege einbringt, wird mit Arrest bestraft.

---

*) Freiheitsstrafe ist bis zu 6 Wochen Arrest, darüber hinaus Gefängniß oder Festungshaft. (§§ 16, 17, 24.)

**) Gefängniß und Festungshaft für militärische Verbrechen und Vergehen beginnen mit sechs Wochen einem Tage (da wo die Arreststrafen aufhören.) §§ 16, 17.

Zweiter Titel.

Militärische Verbrechen und Vergehen der Militärbeamten.

§ 153.

Ein Militärbeamter, welcher sich im Felde einer der in dem ersten bis dritten, dem sechsten und achten Abschnitt des ersten Titels bezeichneten strafbaren Handlungen schuldig macht, wird nach den daselbst für Personen des Soldatenstandes gegebenen Bestimmungen bestraft; statt auf Versetzung in die zweite Klasse des Soldatenstandes ist auf Amtsverlust zu erkennen.

§ 154.

Andere Pflichtverletzungen der Militärbeamten sind nach den allgemeinen, für Beamte geltenden Vorschriften zu beurtheilen.

Dritter Titel.

Strafbestimmungen für Personen, welche den Militärgesetzen nur in Kriegszeiten unterworfen sind.

§ 155.

Während eines gegen das Deutsche Reich ausgebrochenen Krieges sind alle Personen, welche sich in irgend einem Dienst- oder Vertragsverhältnisse bei dem kriegführenden Heere befinden, oder sonst sich bei demselben aufhalten oder ihm folgen, den Strafvorschriften dieses Gesetzes, insbesondere den Kriegsgesetzen, unterworfen.

§ 156.

Neben einer jeden Freiheitsstrafe, welche gegen eine Person verhängt wird, die sich zu den Truppen in einem Dienst- oder Vertragsverhältnisse befindet, kann zugleich auf Aufhebung dieses Verhältnisses erkannt werden.

§ 157.

Ausländische Offiziere, welche zu dem kriegführenden Heere zugelassen sind, werden, wenn der Kaiser nicht etwa besondere Bestimmungen getroffen hat, nach den für Deutsche Offiziere geltenden Vorschriften beurtheilt.

Auf das Gefolge solcher Offiziere findet die Vorschrift des § 155 Anwendung.

§ 158.

Auf strafbare Handlungen eines Kriegsgefangenen finden nach Maßgabe seines Militärranges die Vorschriften dieses Gesetzes entsprechende Anwendung.

§ 159.

Ein Kriegsgefangener, welcher unter Bruch des gegebenen Ehrenwortes entweicht, oder, auf Ehrenwort entlassen, die gegebene Zusage bricht, wird mit dem Tode bestraft.

Dieselbe Strafe trifft denjenigen, welcher den Bedingungen, unter denen er aus der Kriegsgefangenschaft entlassen, vor Beendigung des Krieges entgegenhandelt.

§ 160.

Ein Ausländer oder Deutscher, welcher während eines gegen das Deutsche Reich ausgebrochenen Krieges auf dem Kriegsschauplatze sich einer der in den §§ 57—59 und 134 vorgesehenen Handlungen schuldig macht, ist nach den in diesen Paragraphen gegebenen Bestimmungen zu bestrafen.

§ 161.

Ein Ausländer oder Deutscher, welcher in einem von Deutschen Truppen besetzten ausländischen Gebiete gegen Deutsche Truppen oder Angehörige derselben oder gegen eine auf Anordnung des Kaisers eingesetzte Behörde eine nach den Gesetzen des Deutschen Reichs strafbare Handlung begeht, ist ebenso zu bestrafen, als wenn diese Handlung von ihm im Bundesgebiete begangen wäre.

Vierter Titel.

Zusatzbestimmungen für die Marine.

§ 162.

Von den in diesem Gesetze den Verhältnissen des Heeres entlehnten Ausdrücken sind für die Marine als gleichbedeutend zu betrachten:

Heer als gleichbedeutend mit Marine oder Flotte;

Truppe als gleichbedeutend mit Schiff;

Befehlshaber einer militärischen Wache als gleichbedeutend mit Offizier der Wache;
Militärische Kokarde als gleichbedeutend mit dem entsprechenden Abzeichen in der Marine;
Stubenarrest als gleichbedeutend mit Kammerarrest;
Wohnung als gleichbedeutend mit Kammer.

§ 163.

Unter Schiff im Sinne dieses Gesetzes ist jedes Fahrzeug der Marine zu verstehen, auf welchem ein militärischer Befehlshaber nebst Besatzung eingeschifft ist.

§ 164.

Als mobiler Zustand gilt in der Marine der Kriegszustand eines Schiffes. Als im Kriegszustande befindlich ist jedes Schiff der Marine zu betrachten, welches außerhalb der heimischen Gewässer allein fährt.

Für die am Lande befindlichen Militärpersonen der Marine tritt im Sinne dieses Gesetzes die Mobilmachung unter denselben Voraussetzungen ein, wie für die Militärpersonen des Heeres.

§ 165.

Als vor dem Feinde befindlich zu betrachten ist ein Schiff, so lange in Gewärtigung eines Zusammentreffens mit dem Feinde ein oder mehrere Geschütze des Schiffes scharf geladen sind.

§ 166.

Außer den Militärpersonen sind die Angestellten des Schiffes den Militärstrafgesetzen unterworfen.

Andere am Borde des Schiffes dienstlich eingeschiffte Personen unterliegen den Kriegsgesetzen, so lange das Schiff sich im Kriegszustande befindet.

Urkundlich unter Unserer Höchsteigenhändigen Unterschrift und beigedrucktem Kaiserlichen Insiegel.

Gegeben Schloß Babelsberg, den 20. Juni 1872.

(L. S.) **Wilhelm.**

Fürst v. Bismarck.

Anlage.

Verzeichniß

der

zum Deutschen Heer und zur Kaiserlichen Marine gehörenden Militärpersonen.

Die zum Deutschen Heer und zur Kaiserlichen Marine gehörenden Militärpersonen bestehen aus Personen des Soldatenstandes und aus Militärbeamten.

A. Personen des Soldatenstandes sind:

I. Die Offiziere.

Die Offiziere zerfallen in vier Hauptklassen:

im Heer:	in der Marine:
1. Generalität,	1. Flagg-Offiziere oder Admirale,
2. Stabs-Offiziere,	2. Stabs-Offiziere,
3. Hauptleute und Rittmeister,	3. Kapitän-Leutenants,
4. Subaltern-Offiziere (Premier- und Sekond-Leutenants).	4. Subaltern-Offiziere (Leutenants und Unterleutenants zur See).

II. Die Unteroffiziere

sind eingetheilt im Heer und in der Marine: in

1) solche, welche das Offizier-Portepee tragen (Portepee-Unteroffiziere),
2) solche, welche das Offizier-Portepee nicht tragen (Unteroffiziere ohne Portepee).

III. Die Gemeinen
mit Einschluß der Obergefreiten und Gefreiten.

IV. Die Mitglieder des Sanitäts-Korps, sowie

V. Die Mitglieder des Maschinen-Ingenieur-Korps
gehören nach Maßgabe ihres Militärranges zu den unter Nr. I, II. und III. aufgeführten Kategorien.

B. Militärbeamte

sind alle im Heer und in der Marine für das Bedürfniß des Heeres oder der Marine dauernd oder auf Zeit angestellten, nicht zum Soldatenstande gehörenden und unter dem Kriegsminister oder Chef der Admiralität als Verwaltungschef stehenden Beamten, welche einen Militärrang haben. Es macht dabei keinen Unterschied, ob sie einen Diensteid geleistet haben oder nicht.

Militärbeamte, die im Offizierrange stehen, sind obere Militärbeamte, alle anderen Militärbeamten sind untere Militärbeamte.

Sach-Register

zum

StGB. f. d. D. R. und zu Beil. I (Militärpersonen).

Die Zahlen ohne Zusatz bezeichnen die Paragraphen. E. G. bedeutet Einführungsgesetz vom 31. Mai 1870. S. = Seite.

A.

B.

C.

D.

E.

F.

G.

H.

M.

N.

O.

P.

Q.

R.

S.

T.

W.

Z.

Sach-Register

zum

D. Mil. StGB. (Beil. II).

Die Zahlen ohne Zusatz bezeichnen die Paragraphen. E. G. bedeutet Einführungsgesetz vom 20. Juni 1872.

A.

B.

C.

D.

E.

F.

G.

H.

I.

K.

L.

M.

N.

O.

P.

Q.

R.

S.

T.

U.

V.

W.

Z.

Berichtigungen und Zusätze.

S. 15 Z. 16 v. o. lies „bei der“ statt „die“ und „verwirkten“ statt „verwirkte“.
S. 29 Z. 10 v. u. hinter Dienstes: Komma.
S. 59 sind in § 115 die Absätze 2 und 3 zu einem Absatz zu verbinden.
S. 64 sind in § 125 die Absätze 2 und 3 zu einem Absatz zu verbinden.
S. 64 Anm. zu § 128: „cf. wegen gebotener Dienstentlassung § 34 Abs. 1 Nr. 1 D. Mil. StGB.“.
S. 65 Anmerkung zu § 129: ebenso.
S. 70 Z. 4 v. o. lies RStPO. statt RStGB.
S. 77 Z. 11 v. u. lies: „153—155“ statt „53—55“.
S. 120 sind die Absätze 2 und 4 des § 261 mit den vorhergehenden zu einem zu verbinden.
S. 148 Z. 2 v. o. ist „gegen Militärbeamte“ zu streichen.
S. 195 zu XV Zusatz: „cf. auch S. 189 VIII“.
S. 196 Z. 8 v. u. lies „VIII“ statt „XIV“.

FSC
www.fsc.org
MIX
Papier | Fördert gute Waldnutzung
FSC® C083411

Kolibri 360 GmbH
Ferdinand-Jühlke-Straße 7
99095 Erfurt, Deutschland
produktsicherheit@kolibri360.de